W0095517

rororo computer
Herausgegeben von Ludwig Moos

Jeder, der einen Computer kaufen oder den vorhandenen PC aufrüsten möchte, steht vor einem verwirrenden Angebot an Ausstattungsvariablen. Es gilt eine Konfiguration zu finden, die optimal auf den geplanten Einsatz von Software abgestimmt ist. Nur wenn die Architektur stimmt, macht das Arbeiten, Lernen oder Spielen mit dem PC Spaß. Dabei zwingt die rasche Entwicklung auch den erfahrenen Nutzer, sich stets neu zu informieren. In jüngster Zeit beeinflußt insbesondere Multimedia mit seinen faszinierenden Möglichkeiten, Bild und Ton zu kombinieren, Videobilder zu speichern und zu bearbeiten, stark die Kaufentscheidungen der Nutzer – ob sie nun selbst gestalten oder sich die Welt multimedialer Produkte interaktiv erschließen wollen. Dieses Buch hilft, sich in der Vielzahl von Ausstattungsmöglichkeiten eines Computersystems zurechtzufinden und die häufigsten Probleme bei der Abstimmung von Hardware und Software in den Griff zu bekommen.

Gregor Kuhlmann
Alexander Parkmann
Joachim Röhl
Johannes Verhuven

Computerwissen für Einsteiger

Grundkurs
Computerpraxis

67.–76. Tausend Juni 1995
Aktualisierte und erweiterte Neuausgabe

Originalausgabe
Veröffentlicht im Rowohlt Taschenbuch Verlag GmbH,
Reinbek bei Hamburg, April 1991
Copyright © 1991, 1995 by Rowohlt Taschenbuch Verlag GmbH,
Reinbek bei Hamburg
Umschlaggestaltung Walter Werner
Grafiken Carola Hennig, Ilse Parkmann
Satz Stone Serif und Stone Sans, QuarkXPress 3.31
bei FabriKate, Hamburg
Druck und Bindung Clausen & Bosse, Leck
Printed in Germany
1990-ISBN 3 499 19825 8

Inhalt

Editorial

Das Zusammenleben der Menschen wird immer stärker von informationsverarbeitenden Maschinen geprägt. Die meisten von uns werden direkt oder indirekt mit Computern zu tun haben. Eine besondere Rolle spielt dabei der millionenfach verbreitete Personal Computer (PC). Schüler, Studenten und Angehörige aller Berufsgruppen spielen oder arbeiten schon heute mit diesem Gerät.

Der Einsatz des persönlichen Computers wird weniger von der Fähigkeit des Benutzers bestimmt, das Gerät in seiner Technizität (Hardware) zu verstehen, als vielmehr davon, es mit Hilfe der Computerprogramme (Software) zu bedienen.

Der «Grundkurs Computerpraxis» erklärt Informationsverarbeitung sehr konkret und auf einfache Weise. Dabei steht das, was den Computer im eigentlichen Sinne funktionieren läßt, im Vordergrund: die Software. Sie umfaßt

- Betriebssysteme,
- Anwenderprogramme,
- Programmiersprachen.

Ausgewählt werden Programme, die sich hunderttausendfach bewährt und einen Standard gesetzt haben, der Gefahr des Veraltens also nur in geringem Maße unterliegen.

Im «Grundkurs Computerpraxis» wird das praktische Computerwissen übersichtlich gegliedert, auf das Wesentliche begrenzt und mit Grafiken, Beispielen und Übungen optimal zugänglich gemacht.

Dem «Grundkurs Computerpraxis» liegt ein didaktisches Konzept zugrunde, das von Dipl.-Hdl. Rudolf Hambusch, Referatsleiter im Landesinstitut für Schule und Weiterbildung Soest, entwickelt wurde. Es will das Computerwissen für jedermann verständlich machen. Die Autoren sind erfahrene Berufspädagogen, Praktiker oder Mitarbeiter in Weiterbildungsprojekten.

Vorwort

In Büro, Werkstatt, Schule und Hochschule hat der Computer Einzug gehalten. Er ist für viele Schüler, Studenten, Angestellte und Facharbeiter ein wichtiges Arbeitsinstrument geworden.

Das Wissen, wie man mit einem Computer und seinen Programmen umgeht, gewinnt zentrale Bedeutung. Einige Experten sind der Meinung, daß neben den Fähigkeiten des Schreibens, Lesens, Rechnens und Autofahrens die Fähigkeit zum Umgang mit dem Computer eine weitere Kulturtechnik ist, die man beherrschen sollte.

Bei der Anschaffung eines Rechners steht der Kaufinteressent vor der Frage: «Welchen Computer, Bildschirm und Drucker soll ich kaufen?» Das Angebot ist vielfältig und unüberschaubar. Den Erläuterungen des Händlers können viele Kaufinteressenten nicht folgen. Auch hat der Kaufinteressent meistens keine genaue Vorstellung davon, was er für seine speziellen Zwecke an Hard- und Software benötigt. Nicht jedes Gerät oder Programm, das als absolute Spitzenklasse angeboten wird, ist für den geplanten Verwendungszweck sinnvoll einsetzbar oder geeignet.

Ein Blick in die Handbücher zum Computer, Drucker oder der Programme verwirrt häufig mehr, als daß er Klarheit schafft. Dieses Buch wurde geschrieben, damit Sie einen grundlegenden Überblick über ein Computersystem erhalten. Nach der Lektüre sollten Sie in der Lage sein, die wichtigsten Funktionen der Hardware zu verstehen sowie Arten und Aufgaben der Software zu unterscheiden.

Dieses Buch ist folgendermaßen aufgebaut:

- Im ersten Kapitel erhalten Sie zur besseren Orientierung einen Überblick über Aufbau und Funktionsweise eines Computersystems.
- Im zweiten Kapitel wird vorgestellt, was der Mikroprozessor zu leisten hat.
- Das dritte Kapitel befaßt sich mit den Funktionen des Arbeitsspei-

chers und beantwortet die Frage nach den möglichen Speichererweiterungen.

- In den Kapiteln 4 und 5 werden das interne Transportsystem, das Bussystem sowie die Taktgebung und die systeminterne Uhr vorgestellt.
- Das sechste Kapitel beschreibt, wie der Rechner mit der Außenwelt verbunden wird.
- In Kapitel 7 werden alle wichtigen Eingabegeräte mit ihren grundsätzlichen Einsatzmöglichkeiten vorgestellt.
- Die Ausgabegeräte, vor allem Bildschirm und Drucker, werden in Kapitel 8 behandelt.
- Disketten und Magnetplatten sind Gegenstand des Kapitels 9.
- In Kapitel 10 wird das Betriebssystem behandelt, durch das ein Computer erst zu einem funktionsfähigen Gerät wird.
- Das elfte Kapitel gibt Ihnen eine Übersicht über Anwendersoftware und Programmiersprachen.

Jedes Kapitel schließt mit einer Zusammenfassung ab. Ein Aufgabenteil soll Ihnen helfen, das Gelernte zu vertiefen. Zur Kontrolle Ihrer Lösungen werden Ihnen in einem weiteren Abschnitt Musterlösungen angeboten.

Dieses Buch ist eine Einführung. Deshalb können Detailprobleme zu Softwarefragen wie Programmierung oder Anwendung von Standardsoftware hier nicht behandelt werden. Sie sind Gegenstand anderer Veröffentlichungen in der Reihe Grundkurs Computerpraxis.

Die Autoren danken Herrn Dipl.-Hdl. Gerhard Haase für Beratung und Korrektur bei der Erstellung des Manuskripts.

Gregor Kuhlmann
Alexander Parkmann
Joachim Röhl
Johannes Verhuven

1 Personal Computer im Überblick

1.1 Computerangebote – verwirrende Vielfalt für den Einsteiger

In vielen Fachzeitschriften finden sich Anzeigen, in denen Personal Computer (PC) angeboten werden. Der unbefangene Interessent ist oft nicht in der Lage, eine solche Anzeige zu verstehen. Ausgehend von den nachfolgend abgedruckten Anzeigen aus einer Fachzeitschrift wollen wir Ihnen einen Überblick über die Bestandteile eines Personal Computers geben.

Vero Pentium PCI–90

CPU Pentium, 90 MHz, 8 MB RAM, bis 128 MB on board erweiterbar, 256 KB Cache, 2 serielle/ 1 parallele Schnittstelle, VGA-Grafikkarte mit 2 MB VRAM, 540 MB Festplatte, 1 Laufwerk 3,5", CD-ROM-Laufwerk Double Speed, Tastatur, Maus, 15"-VGA-Monitor, Betriebssystem MS-DOS, Windows

---

Vero 560 Color

Farb-Tintenstrahl-Drucker 360 DPI, getrennte Tintenpatronen schwarz und farbig, DIN-A4-Schacht für 100 Blatt, Centronics-Schnittstelle, serielle Schnittstelle optional

---

In den Angeboten sind die Teile bezeichnet, die notwendig sind, damit ein PC funktionsfähig ist. Die Angaben liefern Anhaltspunkte über die Leistungsfähigkeit der angebotenen Geräte. Die aufgeführten technischen Begriffe werden in den folgenden Kapiteln eingehend erläutert, wenn die jeweiligen Bestandteile des Computers vorgestellt werden. Einen Überblick über die wesentlichen Komponenten bietet die folgende Abbildung.

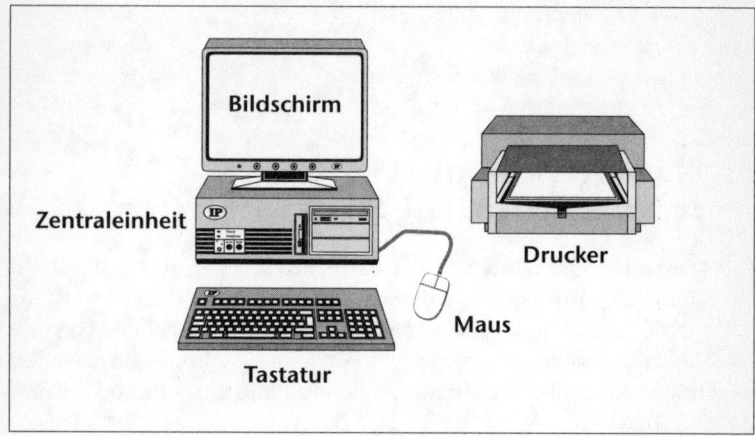

Die abgebildeten Geräte nennt man **Hardware.** Im obigen Angebot ist auch **Software** enthalten. Unter diesem Begriff werden Betriebssysteme und sonstige Programme zusammengefaßt. Ohne das Betriebssystem kann kein Computer arbeiten. Es ist verantwortlich für die Zusammenarbeit der einzelnen Teile der Hardware. Außerdem hilft es dem Nutzer bei der Arbeit mit dem Computer, da es beispielsweise Dateien verwaltet oder Disketten für die Speicherung von Daten vorbereitet. Andere Programme sind notwendig, um bestimmte Probleme zu lösen. Sie enthalten Arbeitsanweisungen, zum Beispiel zum Rechnen mit Zahlen, Sortieren von Daten und Drucken von Texten.

1.2 Zentraleinheit und Schnittstelle

▪ Zentraleinheit

Die Zentraleinheit (engl. Central Processing Unit = CPU) ist das Herzstück des Computers. Hier erfolgt die eigentliche Verarbeitung aller Daten, wobei eine Arbeitsteilung stattfindet. Die Hauptarbeit übernimmt hierbei ein **Mikroprozessor,** der jeden einzelnen Schritt bei der Verarbeitung von Daten steuert und überwacht. Weiterhin führt er blitzschnell alle Berechnungen aus. Sind Daten wie beispielsweise Zahlen oder Namen zu sortieren, so muß er eine Vielzahl von Vergleichen (gleich, kleiner, größer) durchführen. Diese logischen Entscheidungen fällt er in kürzester Zeit.

Während ihrer Verarbeitung müssen die Daten so gespeichert werden, daß der Mikroprozessor unmittelbar auf sie zugreifen kann. Zur Zentraleinheit gehören daher **Speicherbausteine.** In ihnen werden neben diesen Daten auch das Betriebssystem und das jeweils vom Nutzer eingesetzte Programm gespeichert.

Vor der Verarbeitung durch die Zentraleinheit müssen die Daten von angeschlossenen Eingabegeräten übernommen werden. Nach Abschluß der Verarbeitung muß das Ergebnis für den Nutzer sichtbar gemacht werden. Dies kann über die vorhandenen Ausgabegeräte erfolgen. Den Datenfluß von und zu den Ein- und Ausgabegeräten steuert ebenfalls der Mikroprozessor. Er wird hierbei durch zusätzliche elektronische Bausteine für die **Ein-/Ausgabesteuerung** unterstützt (siehe Kapitel 2).

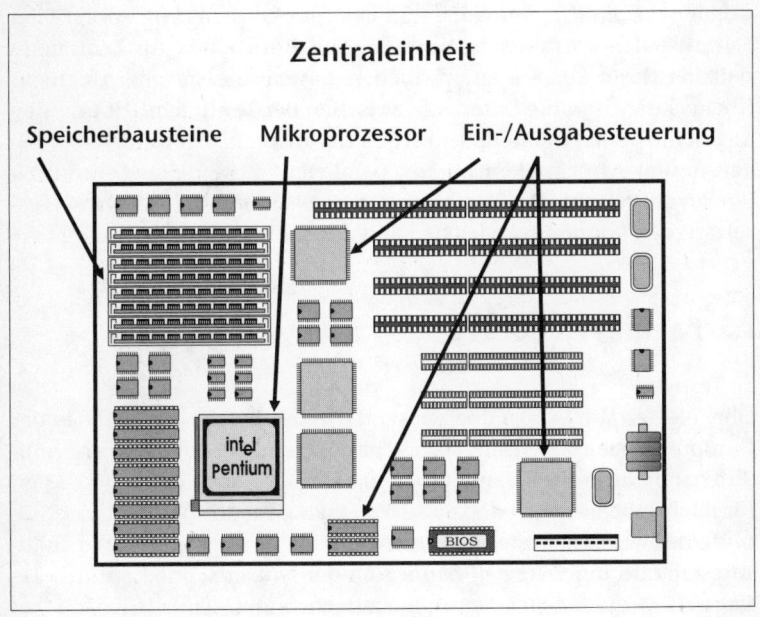

Zentraleinheit

Speicherbausteine · Mikroprozessor · Ein-/Ausgabesteuerung

▨ Platine

Die Zentraleinheit ist im Computer auf einer Platine (engl. mother-board) untergebracht. Die Platine ist eine Kunststoffplatte, auf der sich die vielen Verbindungsleitungen zwischen den verschiedenen Bauteilen des Computers befinden. Außerdem sind darauf alle notwendigen Bauteile wie Mikroprozessor, Speicherbausteine und sonstige elektronische Bauelemente untergebracht. Für den Ausbau des Computers sind auf der Platine freie Steckplätze (engl. slots) vorgesehen. So kann der Nutzer den Computer beispielsweise mit einer hochwertigen Grafikkarte nachrüsten. Karten gibt es für vielfältige Zwecke. Eine Karte ist eine kleine Platine, die an der Unterseite eine Steckerleiste hat. Diese Steckerleiste wird in einen Steckplatz auf der Hauptplatine gesteckt. Dadurch wird die Verbindung zwischen Zentraleinheit und Karte hergestellt. Entsprechend der Art der Karte (Grafikkarte, Schnittstellenkarte, Controllerkarte usw.) befinden sich auf ihr entsprechende elektronische Bauelemente (vergleiche Kapitel 4.5).

▨ Schnittstelle

Die Verbindung zwischen der Zentraleinheit und den angeschlossenen Geräten zur Eingabe, Ausgabe und externen Speicherung erfolgt über Schnittstellen. Das sind elektronische Schaltungen, die die Zentraleinheit bei ihren Steuerungsaufgaben entlasten. Sie speichern darüber hinaus kurzfristig die Daten, die zwischen der Zentraleinheit und den angeschlossenen Geräten, der Peripherie, ausgetauscht werden. Die bekanntesten Schnittstellen sind die parallelen und seriellen Schnittstellen, an die verschiedene Geräte wie beispielsweise Drucker angeschlossen werden können (vergleiche Kapitel 6).

1.3 Peripheriegeräte

▨ Tastatur

Über die Tastatur erfolgt überwiegend die Ersteingabe von Daten in das Computersystem. Sie muß so beschaffen sein, daß der Nutzer ermüdungsfrei längere Zeit damit arbeiten kann. Die Anordnung der Tasten für Buchstaben, Ziffern und Sonderzeichen ist genormt. Für die Anordnung der weiteren Tasten hat sich mittlerweile ein sogenannter Industriestandard durchgesetzt, damit sich der Nutzer schnell auf den Tastaturen verschiedener Hersteller zurechtfindet. Trotzdem sind bei

Tastaturen in Einzelfällen erhebliche Unterschiede festzustellen (vergleiche Kapitel 7.1).

▓ Maus

Die Maus ist ein Hilfsinstrument zur Vereinfachung der Eingaben. Entsprechend den Rollbewegungen auf einer glatten Oberfläche wird ein Pfeil auf dem Bildschirm bewegt. Mit diesem Pfeil können schnell bestimmte Bildschirmpositionen aufgesucht und Aktionen ausgelöst werden. Dies ist nur bei Programmen möglich, die einen Mauseinsatz unterstützen (vergleiche Kapitel 7.2).

▓ Bildschirm

Der Bildschirm ist die wichtigste Ausgabeeinheit des Computersystems. Die Datenverarbeitung im Dialog zwischen Mensch und Computer ist ohne den Bildschirm nicht möglich. Er muß bei einer Anschaffung daher im Hinblick auf die jeweilige Anwendungssituation besonders sorgfältig ausgewählt werden. Üblicherweise werden Colorbildschirme mit einer Bildschirmdiagonale von 15 Zoll angeboten. Ermüdungsfreies Arbeiten ist nur möglich mit einem flimmerfreien Bildschirm, der ein gestochen scharfes Bild mit hoher Auflösung liefert (vergleiche Kapitel 8.1).

▓ Grafikkarte

Die Ausgabe von Daten über den Bildschirm wird über eine Grafikkarte gesteuert. Je nach Einsatzzweck kann der Käufer eines Computers eine Grafikkarte auswählen, die seinen speziellen Bedürfnissen entspricht. So hat der Nutzer, der den Computer vorwiegend für Textverarbeitung einsetzt, andere Ansprüche als der Anwender eines Programms zum computerunterstützten Entwerfen von technischen Zeichnungen (engl. Computer-Aided Design = CAD). Grafikkarte und Bildschirm müssen aufeinander abgestimmt sein (vergleiche Kapitel 8.1).

▓ Drucker

Üblicherweise will der Nutzer das Ergebnis der Datenverarbeitung auf Papier ausgedruckt haben. Das klassische Ausgabegerät ist der Drucker. Auch er ist nach der jeweiligen Anwendersituation sorgfältig auszuwählen. Die Vielfalt der angebotenen Produkte und die Qualitätsunterschiede der Druckerergebnisse sind groß (vergleiche Kapitel 8.2).

▣ Diskettenlaufwerk

Die in den Speicherbausteinen gespeicherten Daten sind nur während der Arbeit mit dem Computer verfügbar. Mancher Nutzer hat schon schmerzhaft den Verlust von Daten erfahren, wenn seine Arbeit durch einen Stromausfall oder durch versehentliches Ausschalten des Computers unterbrochen wurde. Die Speicherung der Daten kann auf Disketten erfolgen. Das Diskettenlaufwerk ist heute üblicherweise in das Gehäuse der Zentraleinheit eingebaut. Es gehört zu den **externen Speichern,** die der Sicherung der Daten dienen (vergleiche Kapitel 9.1).

▣ Festplatte

Die Festplatte ist notwendig zur Speicherung der Programme sowie großer Datenmengen. Außerdem werden der Verarbeitungskomfort und die Verarbeitungsgeschwindigkeit erheblich gesteigert. Programme und Daten werden schneller als beim Einsatz von Disketten zwischen Arbeitsspeicher und Festplatte übertragen (vergleiche Kapitel 9.2).

▣ CD-ROM

In zunehmendem Maße werden Programme und Daten, wie beispielsweise Grafiken, ClipArts, Spiele, Gesetzestexte und Nachschlagewerke, auf CD-ROM angeboten, da auf diesem Datenspeicher mehrere 100 MB Informationen gespeichert werden können. Die Installation eines Programmes ist erheblich einfacher, da der häufige Diskettenwechsel bei der Übertragung der Programmdateien auf die Festplatte entfällt und die Informationen mit erheblich höherer Geschwindigkeit übertragen werden. Die Möglichkeit, große Datenmengen zu speichern, hat den Markt für elektronische Nachschlagewerke erheblich ausgeweitet. Die Möglichkeit, auf Informationen schnell zuzugreifen und sie direkt in eigene Anwendungen zu übernehmen, hat dazu beigetragen, daß ein CD-ROM-Laufwerk mittlerweile zur Standardausstattung eines PC gehört.

▣ Soundkarte

Eine Soundkarte dient der Wiedergabe von akustischen Informationen. Sehr häufig werden Soundkarten und CD-ROM zusammen als Paket angeboten. Akustische Informationen haben einen hohen Speicherbedarf. Daher werden überwiegend CD-ROM als Speichermedium verwendet. Insbesondere bei Spielen, Sprachschulungen, Musikclips usw. sorgt die Soundkarte in Verbindung mit zusätzlichen Lautsprechern für eine qualitativ ansprechende Tonwiedergabe. Diese ist nicht mehr zu vergleichen mit der geringen Qualität des in jedem PC vorhandenen Lautsprechers. Darüber hinaus bieten die meisten Soundkarten die Möglichkeit, Musikstücke aufzunehmen, zu bearbeiten oder gar selbst am Computer zu komponieren. Voraussetzung hierfür ist, daß die Soundkarte über eine MIDI-Schnittstelle (Musical Instrument Digital Interface) verfügt.

■ Videokarte

Die Videokarte erschließt für den Computer die ganze Welt des Fernsehens und der Videotechnik. Mit Hilfe von Videokarten ist es möglich, ein Fernsehprogramm während der Arbeit am Computer zu empfangen. Unter Windows kann das laufende Programm in einem Fenster am Bildschirm angezeigt werden (Overlay-Funktion). Sollen Fernsehbilder eingefangen und bearbeitet werden, benötigt der Nutzer eine Videokarte mit «Grabber». Damit können Videobilder digitalisiert und gespeichert werden. Sollen ganze Videosequenzen im Computer aufgezeichnet werden, benötigt der Nutzer ein enorm leistungsfähiges Computersystem mit einer großen Festplatte. Eine einminütige Videosequenz belegt auf der Festplatte ca. 30 MB Speicherplatz.

■ Cyber-Ausrüstung

Um dem Nutzer die Möglichkeit einer virtuellen Realität nahezubringen, bieten immer mehr Hersteller entsprechende Komponenten auch zu Preisen an, die mittlerweile für Hobbynutzer interessant sind. Basis solcher Systeme ist eine Helm mit Kopfhörern und Bildübermittlung mittels zweier kleiner Monitore im Visier. Ergänzt wird solche Ausrüstung durch Mikrofon und Steuerungsmechanismen. Ein solches System vermittelt dem Nutzer den Eindruck, daß er sich inmitten eines dreidimensionalen Geschehens befindet.

Zur ersten Übersicht wurden die wesentlichen Hardwareteile hinsichtlich ihrer Funktionen kurz vorgestellt. Sie kennen nun die gängigsten Teile eines Computersystems.

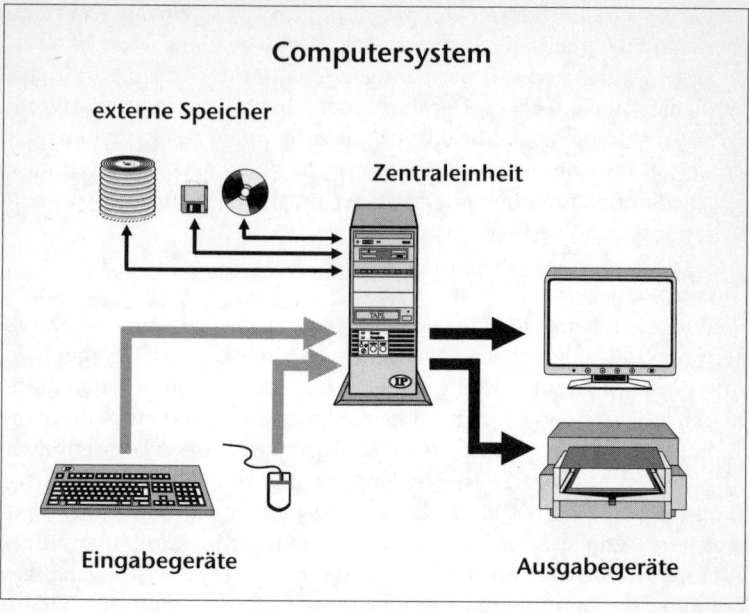

Im Hinblick auf den speziellen Einsatz und auf die verwendete Software sind bei der Auswahl der Hardwarebestandteile jedoch erhebliche Unterschiede zu beachten. Viele Nutzer haben die bittere Erfahrung gemacht, daß Programme auf ihrem Computersystem nicht oder nicht korrekt laufen. Häufig sind bei Programmen technische Komponenten erforderlich, beispielsweise eine Soundkarte, die im System nicht enthalten sind. Für den Nutzer besteht dann nur die Alternative, sein System entsprechend nachzurüsten oder auf den Einsatz des Programms zu verzichten.

In den folgenden Kapiteln werden die wesentlichen Bauteile vor allem im Hinblick auf den jeweiligen Einsatz von Software vorgestellt, so daß Ihnen hoffentlich solche Enttäuschungen erspart bleiben.

1.4 Zusammenfassung

▨ Der Computer mit allen Peripheriegeräten wird als Hardware bezeichnet.

▓ Das Betriebssystem und die Programme zur Verarbeitung von Daten bilden die Software.

▓ Die Zentraleinheit als Kern des Computers besteht aus dem Mikroprozessor, den Speicherbausteinen und der Ein-/Ausgabesteuerung.

▓ Der Mikroprozessor ist das Herzstück der Zentraleinheit. Er übernimmt die wesentlichen Steuerungsaufgaben bei der Abarbeitung von Programmen, führt alle Rechenoperationen aus und fällt logische Entscheidungen.

▓ Speicherbausteine dienen der Speicherung von Daten, Programmen und des Betriebssystems während der Arbeit mit dem Computer.

▓ Der Mikroprozessor, die Speicherbausteine sowie die elektronischen Bauelemente zur Ein-/Ausgabesteuerung sind auf einer Platine untergebracht.

▓ Die Kommunikation zwischen Zentraleinheit und Peripheriegeräten wird über Schnittstellen abgewickelt.

▓ Wichtige Peripheriegeräte sind Tastatur, Maus, Bildschirm mit Grafikkarte, Drucker, Diskettenlaufwerke, Festplatte und CD-ROM-Laufwerk.

1.5 Aufgaben

1. Ordnen Sie die folgenden Bestandteile eines DV-Systems der Hardware (H) oder der Software (S) zu. Setzen Sie jeweils den Buchstaben S oder H ein.

Mikroprozessor	___	Betriebssystem	___
Platine	___	Bildschirm	___
Textverarbeitungsprogramm	___	Schnittstelle	___

2. Geben Sie an, welche Bestandteile zur Zentraleinheit eines Computers gehören.

   a) _____

   b) _____

   c) _____

3. Die Schnittstellen dienen der _____ zwischen der

   _____

   _____

4. Ordnen Sie die folgenden Peripheriegeräte der Eingabe (E), der Ausgabe (A) oder der externen Speicherung (S) zu. Setzen Sie jeweils den zutreffenden Buchstaben ein.

Tastatur ____   Bildschirm ____   Diskettenlaufwerk ____
Drucker ____   Festplatte ____   Maus ____

1.6 Lösungen

1. Ordnen Sie die folgenden Bestandteile eines DV-Systems der Hardware (H) oder der Software (S) zu. Setzen Sie jeweils den Buchstaben S oder H ein.

Mikroprozessor   *H*   Betriebssystem   *S*
Platine   *H*   Bildschirm   *H*
Textverarbeitungsprogramm   *S*   Schnittstelle   *H*

2. Geben Sie an, welche Bestandteile zur Zentraleinheit eines Computers gehören.

   a) *Mikroprozessor*
   b) *Speicherbausteine*
   c) *Ein-/Ausgabesteuerung*

3. Die Schnittstellen dienen der *Verbindung* zwischen der *Zentraleinheit und den Geräten zur Eingabe, Ausgabe und externen Speicherung.*

4. Ordnen Sie die folgenden Peripheriegeräte der Eingabe (E), der Ausgabe (A) oder der externen Speicherung (S) zu. Setzen Sie jeweils den zutreffenden Buchstaben ein.

Tastatur   *E*   Bildschirm   *A*   Diskettenlaufwerk   *S*
Drucker   *A*   Festplatte   *S*   Maus   *E*

2 Mikroprozessoren

Ausgehend von einem typischen Angebot für ein Computersystem haben Sie eine Übersicht der Bestandteile eines solchen Systems erhalten. Damit Sie als Nutzer bei der Arbeit oder als Käufer eines solchen Systems besser über den Computer und seine Arbeitsweise informiert sind, werden die einzelnen Systemkomponenten vorgestellt. Damit sollen Sie auch in die Lage versetzt werden, die oft überzogene Fachsprache der Computerzeitschriften und Computerfachleute zu verstehen.

2.1 Codierung von Daten

Die Zentraleinheit ist das eigentliche Herzstück des Computers. Sie steuert die Datenverarbeitung, führt Berechnungen und Vergleiche durch, speichert Ergebnisse und veranlaßt die Ein- und die Ausgabe der Daten. Nun kann sie nicht Daten in der gleichen Form verarbeiten wie der Mensch. Dieser nutzt für die Verarbeitung von Daten vor allem Buchstaben, Ziffern und Sonderzeichen, mit denen er komplexe Sachverhalte beschreibt.

Die Datenverarbeitung mit Hilfe eines Computers setzt voraus, daß die Daten in eine Form gebracht werden, die der Computer versteht. Jede Verarbeitung von Daten in der Zentraleinheit beruht auf Stromimpulsen. Dabei werden nur zwei Impulse mit unterschiedlicher Spannung unterschieden. Der Rechner verfügt über einen auf nur zwei Zeichen reduzierten (zweiwertigen = binären) Zeichensatz. Um die interne Datenverarbeitung zu verdeutlichen, werden diese beiden Zeichen wie folgt gekennzeichnet:

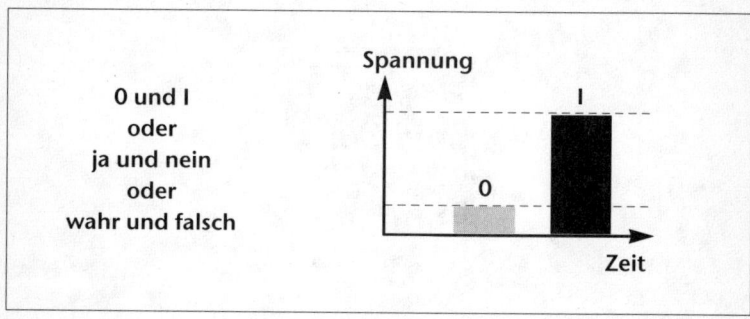

Um die internen Abläufe im Computer besser zu verstehen, sollte sich der Nutzer mit dem binären Zahlensystem vertraut machen.

▨ Binärcode

Um Zahlen darzustellen, die größer als 1 sind, werden im binären Zahlensystem, das häufig auch als duales Zahlensystem bezeichnet wird, Kombinationen aus den beiden Symbolen 0 und I gebildet.
Folgende Gegenüberstellung von Dezimalzahlen und Dualzahlen soll dies verdeutlichen:

Dezimalzahl	Dualzahl
0	0
1	I
2	I O
3	I I
4	I O O

Dezimalzahl	Dualzahl
5	I 0 I
6	I I 0
7	I I I
8	I 0 0 0
9	I 0 0 I
10	I 0 I 0
11	I 0 I I
12	I I 0 0
13	I I 0 I
14	I I I 0
15	I I I I
16	I 0 0 0 0

Nun muß der Computer nicht nur Ziffern, sondern auch Buchstaben und verschiedene andere Zeichen, wie beispielsweise die Sonderzeichen $ % & + – *, verarbeiten. Für die interne Darstellung dieser Zeichen wurden Codes entwickelt, wobei sich beim Personal Computer der ASCII-Code (American Standard Code for Information Interchange) weltweit als Standard durchgesetzt hat.

Zur Darstellung eines Zeichens werden bei diesem Code acht Impulse eingesetzt. Den einzelnen Impuls mit dem Symbol 0 oder I bezeichnet man als Bit (**Bi**nary Digi**t** = Dualziffer). Die Zusammenfassung von acht Bits wird als Byte bezeichnet. Ein Byte ist jeweils die kleinste Informationseinheit, da es jeweils ein Zeichen darstellt.

Byte							
Bit	Bit	Bit	Bit	Bit	Bit	Bit	Bit

▨ ASCII-Code

Der Buchstabe a wird als Byte im Computer folgendermaßen dargestellt:

Zeichen	a							
Dualzahl	0	I	I	0	0	0	0	I

Diese Bitfolge ist eine achtstellige Dualzahl. Wie der Buchstabe a wird
auch jedes andere Zeichen im ASCII-Code als achtstellige Dualzahl dargestellt. Den Wert dieser Dualzahlen kann man kürzer im Dezimalsy-
stem ausdrücken. Dazu ist eine Umrechnung der Dualzahl in eine De-
zimalzahl notwendig. Für diese Umrechnung ist jede Position der
Dualzahl mit ihrer Wertigkeit zu versehen. Ganz allgemein haben bei
einem Byte die einzelnen Bits folgende Werte:

	Byte							
Potenz	2^7	2^6	2^5	2^4	2^3	2^2	2^1	2^0
Stellenwert	128	64	32	16	8	4	2	1

Mit einem Byte sind 256 verschiedene Kombinationen der Symbole 0
und I möglich. Daher umfaßt der ASCII-Code auch 256 verschiedene
Zeichen mit den Werten von 0 bis 255.

Dem Buchstaben a ist somit folgender Dezimalwert zuzuordnen:

Zeichen	a							
Dualzahl	0	I	I	0	0	0	0	I
Potenz	2^7	2^6	2^5	2^4	2^3	2^2	2^1	2^0
Stellenwert	128	64	32	16	8	4	2	1
	0	64	32	0	0	0	0	1

$$64 + 32 + 1 = 97$$

In der Tabelle für den ASCII-Code finden Sie daher für den Buchstaben
a den dezimalen Wert 97.

Der Auszug aus der ASCII-Tabelle für den Buchstaben a sieht folgendermaßen aus:

Zeichen	Dezimalzahl	Dualzahl	Hexadezimalzahl
a	97	01100001	61

Die vollständige ASCII-Tabelle finden Sie auf Seite 316.

▪ Hexadezimale Darstellung

Um die Darstellung von Zeichen im Binärcode zu vereinfachen und um sie in kurzer Form auszugeben, wird häufig der Hexadezimalcode (Sedezimalcode) eingesetzt. Bei diesem Code werden 16 Symbole zur Darstellung verwendet, und zwar die Ziffern von 0 bis 9 und die Buchstaben von A bis F:

Dezimalzahl	Dualzahl	Hexadezimalzahl
0	0	0
1	1	1
2	10	2
3	11	3
4	100	4
5	101	5
6	110	6
7	111	7
8	1000	8
9	1001	9
10	1010	A
11	1011	B
12	1100	C
13	1101	D
14	1110	E
15	1111	F
16	10000	10

Die Hexadezimalzahl 61 für den Buchstaben a ergibt sich folgendermaßen:

Zeichen	a							
	Halbbyte				Halbbyte			
Dualzahl	0	I	I	0	0	0	0	I
Hexadezimalzahl	6				1			

Beim Hexadezimalcode wird ein Byte in zwei Halbbytes getrennt. Der Inhalt jedes Halbbytes wird in eine Hexadezimalzahl umgerechnet. Der Wert eines jeden Bytes wird durch zwei Hexadezimalzeichen dargestellt. Sie werden häufig mit einem h gekennzeichnet, um sie von den Dezimalzahlen zu unterscheiden.

Beim Buchstaben a ergab sich die Kombination 61h. Hat ein Halbbyte einen Wert größer als neun, so wird in der hexadezimalen Darstellung dann der entsprechende Buchstabe als Symbol eingesetzt. Der Buchstabe j wird entsprechend dem ASCII-Code wie folgt dargestellt:

Zeichen	Dezimalzahl	Dualzahl	Hexadezimalzahl
j	106	0 I I 0 I 0 I 0	6 A

Kenntnisse des Hexadezimalsystems benötigt der Nutzer beispielsweise, wenn er mit Hilfe von sogenannten Hilfsprogrammen einen Auszug (engl. Dump) des Arbeitsspeichers anfertigt. Die Belegung der Speicheradressen und der freie Speicherplatz werden in hexadezimaler Form angegeben. Ein weiteres Beispiel für eine hexadezimale Ausgabe von Daten bieten Disketteneditoren. Mit ihrer Hilfe werden Daten, die auf der Diskette gespeichert sind, sowohl hexadezimal als auch im ASCII-Code dargestellt. Allerdings werden auf dem Bildschirm nicht alle Zeichen im ASCII-Code angezeigt, da Teile des ASCII-Codes sogenannte Steuercodes sind, die bei Aufruf bestimmte Funktionen wie beispielsweise einen Seitenvorschub oder ein akustisches Signal auslösen. Kenntnisse des ASCII-Codes benötigt der Nutzer insbesondere, wenn er Zeichen verwenden will, die über die Tastatur nicht zur Verfügung stehen. Soll beispielsweise in einem Text das Summenzeichen Σ dargestellt werden, kann dieses mit der Tastenkombination Alt + 2 2 8 erzeugt werden, wobei die Ziffernfolge 2 2 8 dem Dezimalwert dieses Zeichens entspricht. Bei der Eingabe dieser Ziffernfolge ist allerdings darauf zu achten, daß hierfür nur die Tasten im Ziffernblock verwendet werden dürfen, nicht jedoch die Zifferntasten in der oberen Reihe des Tastenfeldes.

2.2 Arbeitsweise eines Mikroprozessors

Nach dem Ausflug in die interne Darstellung von Daten im Computer wenden wir uns dem wichtigsten Bauteil der Zentraleinheit zu, dem Mikroprozessor. Es soll nun die Frage geklärt werden, wie ein Mikroprozessor arbeitet.

Der Mikroprozessor besteht aus der sogenannten arithmetisch-logischen Einheit (ALU oder Rechenwerk), Steuerschaltungen und Registern, in denen vorübergehend Daten gespeichert werden.

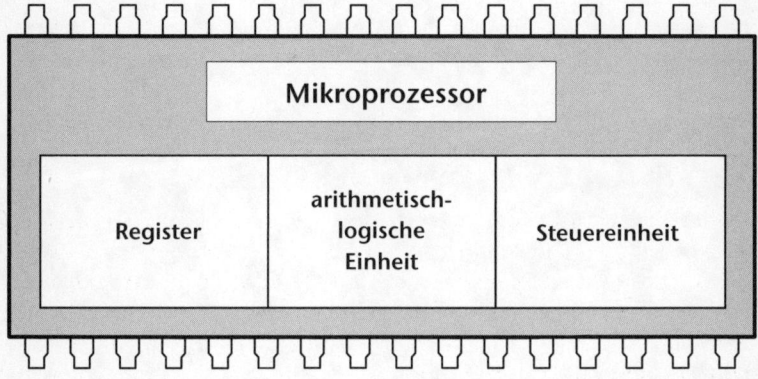

Um beispielsweise zwei Zahlen zu addieren, sind computerintern eine Vielzahl von Schritten notwendig. Für die Abarbeitung der Befehle sind ein Befehlsregister und ein Befehlszähler verantwortlich. Im Befehlszähler wird die Adresse des Befehls festgehalten, der als nächster zu bearbeiten ist. Bei der Abarbeitung der Programme wird aus dem Befehlsregister der jeweilige Befehl abgerufen, decodiert und ausgeführt.

Um die Anweisung

   C := A + B

auszuführen, wird zunächst der Wert aus der Speicherstelle A in den Ak-

kumulator kopiert. Im nächsten Schritt wird der Inhalt des Speicher-
platzes B in ein Hilfsregister übertragen. Anschließend erfolgt die Addition durch die Verknüpfung des Wertes im Hilfsregister mit dem Wert
im Akkumulator, so daß sich im Akkumulator das Ergebnis bildet. Der
Wert im Akkumulator wird in einem letzten Schritt in den Speicherplatz C übertragen.

Bei der Addition zweier Zahlen ergibt sich somit folgende Systematik
des Arbeitsablaufs:

Befehl 1: Lade Wert aus Speicherstelle A in den Akkumulator.
Befehl 2: Lade Wert aus Speicherstelle B in das Hilfsregister.
Befehl 3: Addiere Hilfsspeicher zum Akkumulator.
Befehl 4: Übertrage Akkumulatorinhalt in die Speicherstelle C.

Mikroprozessor

Befehlszähler

0004

Decoder

4. Befehl

Akkumulator

Datum A+B = C

Hilfsregister

3.

Datum B

Befehl laden

Daten anfordern

Daten übertragen

1.

2.

4.

1. Befehl
2. Befehl

Datum A
Datum B

3. Befehl
4. Befehl

Datum C

Arbeitsspeicher

2.3 Entwicklung der Prozessortypen

Die Daten liegen bei der Bearbeitung als Dualzahlen vor. Die Leistungsfähigkeit des Mikroprozessors hängt nun davon ab, wie viele Bits gleichzeitig im Mikroprozessor bearbeitet und zwischen Mikroprozessor und Arbeitsspeicher transportiert werden können. Wesentlich ist auch, mit welcher Geschwindigkeit die Bearbeitung und der Transport der Daten erfolgen.

Ausgehend von diesen Kriterien unterscheidet man verschiedene Prozessoren. In der Anzeige wurde ein Pentium-Prozessor als CPU angeboten. Um die verschiedenen Mikroprozessortypen und ihre Leistungsfähigkeit vorzustellen, ist ein kurzer historischer Rückblick notwendig. In den siebziger Jahren haben eine Vielzahl von Anbietern erstmals Computer für Hobbynutzer und kleine Unternehmen entwickelt. Diese Computer waren als Einzelplatzsysteme ausgelegt, die untereinander nicht kompatibel waren. Programme und Daten konnten zwischen den Computern verschiedener Hersteller nicht ausgetauscht werden. Sie wurden direkt am Arbeitsplatz genutzt. Sie standen also für den persönlichen Gebrauch zur Verfügung. Für solche Computer wurde der Begriff Personal Computer (Computer für den persönlichen Gebrauch) geprägt. Bis zu diesem Zeitpunkt waren überwiegend Großcomputer im Einsatz, die sich nur große Unternehmen leisten konnten. Sie waren in speziellen Räumen untergebracht und mußten von Spezialisten bedient werden. Der Erfolg der Anbieter von Einzelplatzsystemen veranlaßte den Marktführer IBM, einen eigenen Personal Computer anzubieten. Mit dem Eintritt dieses Unternehmens in den Markt zu Beginn der achtziger Jahre wurde ein Standard gesetzt, an dem sich ein großer Teil der Konkurrenten orientierte.

Dieser erste PC enthielt einen Mikroprozessor der Firma Intel mit der Typenbezeichnung 8088 und arbeitete mit dem Betriebssystem PC-DOS (engl. Disk Operating System = Plattenbetriebssystem). Der Prozessor war in der Lage, intern Daten mit einer Breite von 16 Bit in einem Schritt zu verarbeiten. Der Datentransfer zum Arbeitsspeicher und zu den externen Geräten war in der Breite auf 8 Bit begrenzt (Datenbus, vergleiche Kapitel 4.1). Daher mußten beim Datentransport zum und vom Mikroprozessor die Daten in Abschnitte von 8 Bit zerlegt werden. Die Verarbeitungsgeschwindigkeit wurde dadurch insgesamt herabgesetzt. IBM hatte mit der Entscheidung für den Mikroprozessor 8088 den schlechteren Standard etabliert. Vor dem 8088 hatte

Intel bereits den Typ 8086 entwickelt, bei dem generell mit 16 Bit gearbeitet wurde.

Da der Computer von IBM mit dem Namen IBM-PC auf dem Markt angeboten wurde, ist der Name PC oder Personal Computer mit den Prozessortypen 8088 bzw. 8086 verknüpft. Eine Vielzahl von Anbietern griffen den IBM-PC als Standard auf und bauten eigene, hierzu kompatible Geräte, die aber häufig eine verbesserte Ausstattung aufwiesen. Der Bau dieser Computer war möglich, da der Prozessorhersteller Intel Mikroprozessoren an jeden Interessenten verkaufte und die Firma Microsoft ein entsprechendes Betriebssystem unter dem Namen MS-DOS vertrieb. Ein wesentliches Kriterium für die Kompatibilität war, daß alle Programme, die für den IBM-PC entwickelt wurden, auch auf diesen Geräten problemlos lauffähig waren und daß der Datenaustausch zwischen den Geräten verschiedener Hersteller möglich war.

Für die Anbieter von Software brachte diese Standardisierung große Vorteile. Erstmals konnten Programme herstellerunabhängig auf diesem Markt angeboten werden. Die Stückzahl der verkauften Programme stieg enorm und ermöglichte unter dem Druck des Wettbewerbs Preise, die auch kleine Unternehmen und Hobbyanwender bezahlen konnten.

Der Bedarf der Anwender an hoher Speicherkapazität führte sehr schnell dazu, daß ein Massenspeicher in Form der Festplatte in die Geräte eingebaut wurde. Computer mit einer eingebauten Festplatte erhielten die Bezeichnung XT, wobei XT für extended technology steht.

Die hohen Stückzahlen des PC und XT, die gestiegenen Anforderungen der Nutzer an die Hard- und Software und ein Wettbewerb der verschiedenen Anbieter, die sich mit ihren Preisen gegenseitig unterboten, setzten eine Entwicklungsspirale in Gang. Jeder Anbieter war bemüht, den besseren Computer am Markt zu plazieren. Es lag deshalb nahe, die Leistungsfähigkeit des Mikroprozessors zu steigern.

Die Firma Intel entwickelte den Mikroprozessor 80286, der sowohl intern als auch extern 16 Bit verarbeitete und eine wesentlich höhere Verarbeitungsgeschwindigkeit hatte als sein Vorläufer. Geräte, die mit diesem Mikroprozessor ausgestattet waren, erhielten die Bezeichnung AT für advanced technology. Der AT war gegen Ende der achtziger Jahre der Standard im Bereich der Personal Computer.

Die Entwicklung leistungsfähigerer und schnellerer Mikroprozessoren blieb aber nicht stehen. Einen Leistungssprung brachte der Prozessortyp 80386, der sowohl intern als auch extern 32 Bit verarbeitet.

Während bisher die Firma IBM den Industriestandard bestimmte, wurde der erste Computer mit einem 80386-Mikroprozessor von der Firma Compaq vorgestellt und mit großem Erfolg verkauft. Da er aber relativ teuer war und die notwendige Peripherie für eine 32-Bit-Verarbeitung ausgestattet sein mußte, wurde mit dem Prozessor 80386 SX wieder ein Zwittertyp geschaffen. Das Kürzel SX bezieht sich auf **six**teen. Dieser Mikroprozessor arbeitet intern mit 32 Bit, beim Datentransfer aber wie der Typ 80286 nur mit 16 Bit. Daher kann bei der Hardwareausstattung die preiswerte Umgebung des AT verwendet werden.

Inzwischen werden überwiegend die Mikroprozessoren 80486 sowie Pentium verwendet. Diesen Prozessortypen gibt es in vielen Varianten, wobei insbesondere unterschiedliche Taktfrequenzen die Leistungsfähigkeit bestimmen.

Die verschiedenen Prozessortypen von 8088 bis zum Pentium sind aufwärtskompatibel. Programme, die bei einem Computer mit einem 8088-Prozessor lauffähig sind, können auch auf einem Computer mit dem Pentium verwendet werden.

Zu allen Prozessoren der Firma Intel bieten Wettbewerber kompatible Produkte, die teilweise mehr leisten und preiswerter sind als die Originale. Die Namen dieser Prozessoren sind identisch (80286, 80386, 80486) mit den Prozessornamen der Firma Intel, da solche technischen Bezeichnungen nicht urheberrechtlich geschützt werden. Wettbewerber können diese Bezeichnungen also ohne rechtliche Konsequenzen verwenden. Intel hat daraus die Konsequenzen gezogen. Der Prozessor, der eigentlich die Bezeichnung 80586 erhalten sollte, wurde als Pentium (penta = fünf) auf den Markt gebracht.

Dieser leistungsfähigere Prozessor kann intern 64 Bit Daten verarbeiten. Weiterhin verfügt er über zwei interne Cache-Speicher (Pufferspeicher), um die Programmausführung und den Datentransfer zu optimieren. Die interne Rechengeschwindigkeit des integrierten Coprozessors wurde erheblich beschleunigt.

Folgende Tabelle zeigt die vorgestellten Mikroprozessoren in einer Übersicht:

Prozessor	interne Verarbeitung	Daten-transfer	Gerätebezeichnung
8086	16 Bit	16 Bit	PC, XT mit Festplatte
8088	16 Bit	8 Bit	PC, XT mit Festplatte
80286	16 Bit	16 Bit	AT
80386	32 Bit	32 Bit	386
80386 SX	32 Bit	16 Bit	386 SX
80486	32 Bit	32 Bit	486
80486 SX	32 Bit	32 Bit	486 SX
Pentium (= 80586)	64 Bit	64 Bit	Pentium

Neben den normalen 80486 DX gibt es noch Typen mit der Bezeichnung 80486 DX 2. Bei diesen Typen wird die Taktfrequenz innerhalb des Prozessors verdoppelt. Prozessorinterne Verarbeitungsschritte werden daher doppelt so schnell abgearbeitet. Bei Angaben wie 80486 DX 4 wird die interne Arbeitsgeschwindigkeit verdreifacht. Nutzer, denen die Leistung ihres Prozessors 80486 nicht mehr genügt, haben die Möglichkeit, einen 80486-Overdrive-Prozessor einzubauen. Auch für den Pentium-Prozessor werden Overdrive-Prozessoren entwickelt. Hierdurch läßt sich auch ein älteres Gerät auf den Leistungsstandard neuer Geräte bringen (Leistungs-Upgrade).

Die Hochleistungsprozessoren arbeiten mit einer außergewöhnlich hohen Taktfrequenz. Diese führt dazu, daß sich der Prozessor enorm erwärmt. Daher sind besondere Schutz- und Kühleinrichtungen für den Prozessor notwendig.

2.4 Mathematischer Coprozessor

Bei umfangreichen Berechnungen hat die arithmetisch-logische Einheit eine Vielzahl von Operationen durchzuführen. Dadurch kann der Mikroprozessor so belastet sein, daß der Benutzer erhebliche Zeit auf die Arbeitsergebnisse warten muß. Dies ist vor allen Dingen bei der Berechnung großer Tabellen, beim Einsatz von CAD-Programmen (engl. Computer-Aided Design = computergestütztes Entwerfen) und bei DTP-Programmen (engl. Desktop Publishing = Publikationen am Schreibtisch erstellen) der Fall. Entlastung bietet hier der Einsatz eines mathematischen Coprozessors, der den Mikroprozessor bei allen arithmetischen Operationen unterstützt. Rechenoperationen können mit einem eingebauten Coprozessor um das Hundertfache beschleunigt werden. Moderne Prozessoren verfügen über einen integrierten mathematischen Coprozessor.

2.5 Zusammenfassung

▦ Die Verarbeitung von Daten im Computer erfolgt in binärer Form.

▦ Zur Darstellung eines Zeichens werden acht Bits zu einem Byte zusammengefaßt. Ein Bit ist eine Speichereinheit, die den Wert 0 oder I aufnehmen kann.

▦ Der ASCII-Code legt fest, welche Kombination dieser acht Bits für ein Zeichen verwendet wird.

▦ Über den dezimalen Wert dieser Zeichenkombinationen kann der Nutzer direkt auf Zeichen zugreifen, die nicht auf der Tastatur vorhanden sind.

▦ Auszüge des Inhalts des Arbeitsspeichers oder externer Speicher werden hexadezimal dargestellt.

▦ Der Mikroprozessor besteht aus Registern, einer arithmetisch-logischen Einheit sowie der Steuereinheit.

▦ Bei der Datenverarbeitung im Mikroprozessor werden alle Operationen in sehr kleine Schritte aufgelöst.

▦ Die Leistungsfähigkeit des Mikroprozessors hängt davon ab, wie viele Bits gleichzeitig im Mikroprozessor bearbeitet und zwischen Mikroprozessor und Arbeitsspeicher transportiert werden können. Außerdem spielt die Geschwindigkeit der Bearbeitung und des Datentransports eine wesentliche Rolle.

▦ Die Entwicklung der Prozessortypen ist gekennzeichnet durch den Weg vom klassischen Personal Computer mit den Prozessoren 8088 oder 8086 bis hin zum modernen Pentium-Prozessor, der mittlerweile Aufgaben bewältigt, für die noch vor einigen Jahren ein Großcomputer benötigt wurde.

2.6 Aufgaben

1. Folgende Tabelle ist zu vervollständigen:

Zeichen	Dezimalzahl	Dualzahl	Hexadezimalzahl
k			
Σ			
■			
╬			

2. Geben Sie die drei grundlegenden Bestandteile an, aus denen ein Mikroprozessor besteht.

   a) _____

   b) _____

   c) _____

3. Für welche Einsatzzwecke ist die Verwendung eines mathematischen Coprozessors sinnvoll?

   _____

   _____

   _____

2.7 Lösungen

1. Folgende Tabelle ist zu vervollständigen:

Zeichen	Dezimalzahl	Dualzahl	Hexadezimalzahl
k	107	01101011	6 B
Σ	228	11100100	E 4
■	254	11111110	E F
╬	206	11001110	C E

2. Geben Sie die drei grundlegenden Bestandteile an, aus denen ein Mikroprozessor besteht.

a) *Register*
b) *arithmetisch-logische Einheit*
c) *Steuereinheit*

3. Für welche Einsatzzwecke ist die Verwendung eines mathematischen Coprozessors sinnvoll?

Bei Programmen, die umfangreiche Berechnungen erfordern, wie CAD- oder DTP-Programme, beschleunigt ein Coprozessor die Bearbeitungsvorgänge.

3 Interne Speicher

3.1 Festwertspeicher (ROM-Speicher)

Nachdem wir Sie mit der computerinternen Darstellung von Zeichen und der Arbeitsweise des Mikroprozessors vertraut gemacht haben, beschäftigen wir uns mit den Speicherbausteinen.

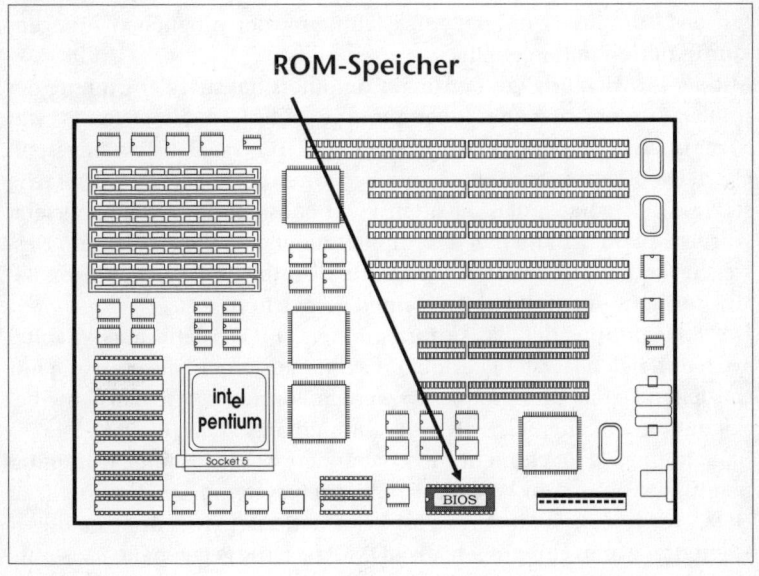

ROM-Speicher

Nach dem Einschalten des Computers werden durch ein fest installiertes Programm, den Urlader, der Arbeitsspeicher und anschließend die angeschlossenen Geräte überprüft.

```
Resident Diagnostics Rev 10.02

CPU (pentium)     Pass
ROM Module        Pass
DMA Timer         Pass
DMA Control       Pass
Interrupts        Pass
16384 kb RAM      Pass
RT Clock          Pass
```

Die dauerhafte Installation des Urladers erfolgt in speziellen Speicherbausteinen, die als ROM-Speicher (engl. Read Only Memory = Nurlese-
speicher) bezeichnet werden. Die Bezeichnung verdeutlicht, daß der
Speicherinhalt nur gelesen werden kann. Der Nutzer hat keinerlei Möglichkeit, den Inhalt zu ändern. ROM-Speicher werden vom Produzenten des Computers unter Berücksichtigung der möglichen Anlagen-
konfigurationen hergestellt.

Mit der Entwicklung des Personal Computers hat sich der Umfang der
im ROM untergebrachten Programme verändert. In den ersten PC war
sogar noch die Programmiersprache BASIC in ROM-Bausteinen gespeichert. Der Einsatz von verbesserten Versionen der Programmiersprache
setzte daher voraus, daß die alten ROM-Bausteine durch neue ersetzt
wurden. Heute will man den Computer möglichst flexibel halten. Des-
wegen werden von den Herstellern nur die unbedingt notwendigen Basisinformationen in ROM-Bausteinen gespeichert.

Die Speicherung der Basisinformationen (BIOS, siehe auch Kapitel
10.2) durch den Hersteller erfolgt in ROM-Bausteinen, die einmalig mit
speziellen Geräten programmiert werden können. Diese Bausteine bezeichnet man daher auch als programmierbares ROM (PROM). Die Inhalte können danach nicht mehr verändert werden. Einige Computer
benötigten bei einem Wechsel vom Betriebssystem DOS, Version 2, zu
DOS, Version 3, veränderte Basisinformationen. Die Besitzer dieser
Computer waren gezwungen, die ROM-Bausteine gegen neue Bausteine
auszutauschen. Die alten ROM-Bausteine waren nicht mehr zu verwenden.

Etwas mehr Flexibilität erlauben in diesem Zusammenhang die sogenannten EPROM-Bausteine. Die Abkürzung EPROM steht für Erasable
Programmable ROM. Die in diesen Bausteinen gespeicherten Informa-

tionen können mit speziellen Geräten gelöscht und neu programmiert werden. Über solche Geräte verfügt der Nutzer gewöhnlich nicht; sie werden überwiegend von Spezialisten eingesetzt.

3.2 Schreiblesespeicher (RAM-Speicher)

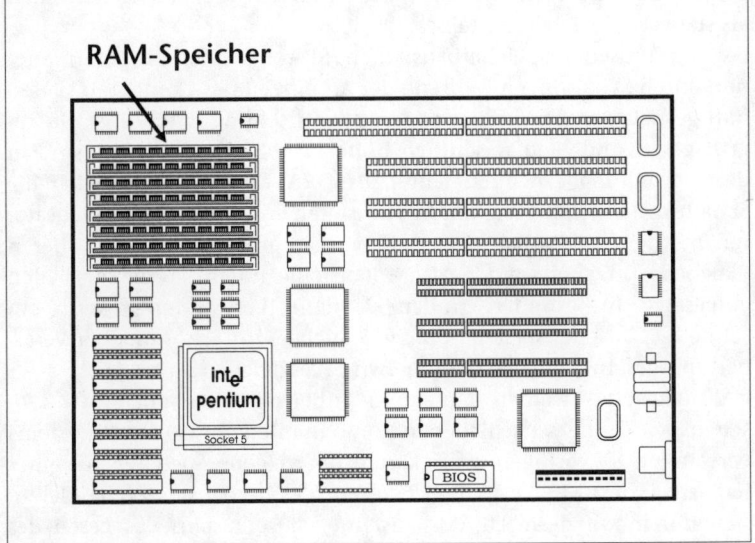

RAM-Speicher

Die für die Beurteilung der Leistung eines Computers bedeutsame Speicherkapazität bezieht sich auf den RAM-Speicher. Hierbei handelt es sich um den eigentlichen Arbeitsspeicher, in dem Programme und Daten während des Computereinsatzes gespeichert werden. Die hier abgelegten Informationen können vom System gelesen, überschrieben und gelöscht werden. Der Begriff RAM (engl. Random Access Memory = Direktzugriffsspeicher) weist darauf hin, daß auf jede Information im Speicher direkt zugegriffen werden kann. Häufig wird dieser Speicher auch als Schreiblesespeicher bezeichnet.

Bei den RAM-Speicherbausteinen unterscheidet man zwischen statischen und dynamischen Speicherbausteinen. In den heutigen PC sind überwiegend dynamische RAM (DRAM) eingebaut. Jedes Bit wird in

Form einer elektrischen Ladung in einem Kondensator gespeichert. Da sich die Spannung abbaut und im Extremfall die Ladung und damit die Information verlorengeht, ist eine ständige (dynamische) Auffrischung der Ladung und somit des Speicherinhalts notwendig. Durch diesen ständigen Auffrischungs-(Refresh-)Zyklus, der mehrmals pro Sekunde erfolgt, wird der Zugriff auf die Informationen verlangsamt. Diese Form der Speicherung wird vor allem aus ökonomischen Gründen eingesetzt. DRAM-Bausteine lassen sich erheblich preiswerter herstellen als statische Speicherbausteine.

Bei den statischen Speicherbausteinen (SRAM) werden die Informationen durch Schaltungen während der Arbeitszeit des Computers dauerhaft gespeichert. Da ein permanente Auffrischung entfällt, ist die Zugriffsgeschwindigkeit wesentlich höher. Die SRAM-Bausteine sind in der Herstellung erheblich teurer als DRAM-Bausteine. Da sich die Schaltungen nicht so leicht miniaturisieren lassen wie die Kondensatoren bei den DRAM-Bausteinen, haben sie einen erheblich höheren Platzbedarf. Daher werden SRAM-Bausteine nur in speziellen Fällen eingesetzt. Insbesondere finden sie dann Verwendung, wenn ein schneller Zwischenspeicher (Cache-Speicher) zur Erhöhung der Verarbeitungsgeschwindigkeit benötigt wird (vergleiche Kapitel 3.7).

RAM-Bausteine werden außer im Arbeitsspeicher auch als Zwischenspeicher bei verschiedenen Komponenten des Computersystems verwendet. So verfügen Grafikkarten über eigene Speicher mit einer Kapazität von 1 MB bis 4 MB. Bei diesen Speicherbausteinen handelt es sich um modifizierte DRAM-Bausteine, die ein schnelles Lesen des Speicherinhaltes und somit eine schnelle Bildschirmausgabe ermöglichen. Diese Speicherbausteine werden als VRAM (Video-RAM) bezeichnet.

Unabhängig davon, ob in einem Computer DRAM- oder SRAM-Bausteine verwendet werden, bleibt der Inhalt des Arbeitsspeichers nur so lange erhalten, wie die Stromversorgung gesichert ist. Beim Ausschalten des Geräts oder bei einer Unterbrechung der Stromversorgung ist der Speicherinhalt unwiederbringlich verloren. Es ist daher notwendig, Arbeitsergebnisse von Zeit zu Zeit auf externen Speichern zu sichern. Viele Programme führen in zeitlich festlegbaren Abständen automatisch die Sicherung der bearbeiteten Daten durch.

3.3 Speicherorganisation

Die Größe des Arbeitsspeichers spielt bei dem Komfort der mittlerweile angebotenen Programme eine immer größere Rolle. Viele Programme, die zu Zeiten des Personal Computers mit 8088- bzw. 8086-Prozessor mit einem Speicherbedarf von bis zu 256 KB auskamen, benötigen mittlerweile 600 KB Speicherplatz und mehr. Neben dem Betriebssystem und dem jeweiligen Programm muß im Arbeitsspeicher aber auch noch Platz für die Speicherung der bearbeiteten Daten sein. Größe und Organisation des Arbeitsspeichers gewinnen somit für den Nutzer immer weiter an Bedeutung.

Heute werden kaum noch PC angeboten, die über weniger als 1 MB (Megabyte = 1024 Kilobyte) Arbeitsspeicher verfügen. Der überwiegende Teil der angebotenen PC verfügt mittlerweise über einen Arbeitsspeicher von 4 MB. Wie bei allen Maßangaben mit Kilo (Kilogramm, Kilometer) wird hier auf den Wert tausend Bezug genommen. Allerdings entspricht ein Kilobyte nicht 1000 Byte, sondern 1024 Byte. Der Wert 1024 ergibt sich aus der Binärsprache des Computers mit der Bezugsgröße 2, wobei 2^{10} dem Wert 1024 entspricht. So entspricht ein Megabyte auch nicht 1 000 000 Byte, sondern $1024 \times 1024 = 1\,048\,576$ Byte. Unter dem Betriebssystem DOS sind normalerweise nur 640 Kilobyte Arbeitsspeicher direkt ansteuerbar. Dies liegt an der Struktur der Adressierung der Speicher in den ersten PC mit dem Prozessor 8088 bzw. 8086, für die DOS entwickelt wurde. Aus Kompatibilitätsgründen wurde diese Art der Adressierung unter DOS auch bei den neueren Prozessoren beibehalten. Die Prozessoren 8088 bzw. 8086 verfügen über die Möglichkeit, Speicheradressen mit maximal 20 Bit darzustellen. Damit sind $2^{20} = 1\,048\,576$ Speicherplätze (1 MB) ansprechbar. Diese Speicherplätze stehen dem Nutzer allerdings nur teilweise zur Verfügung, da der Computer die über 640 KB hinausgehenden Speicherplätze für die interne Verwaltung reserviert hat.

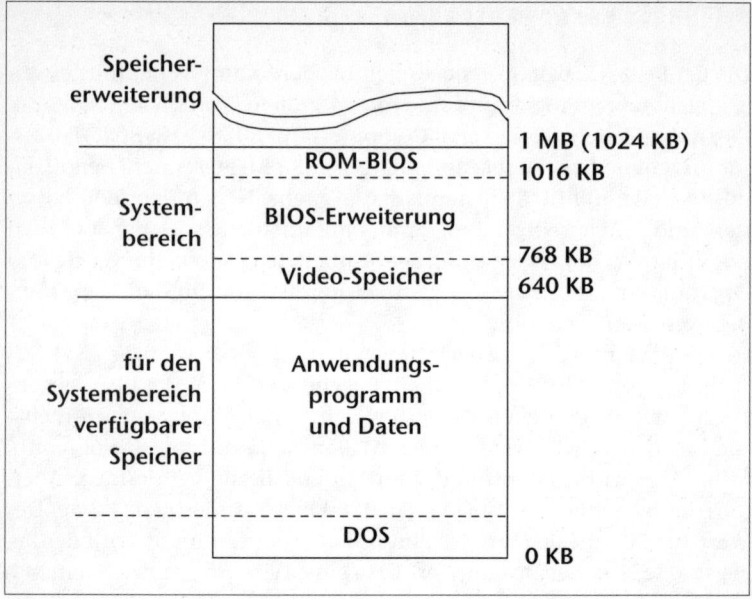

In dem adressierbaren Bereich über 640 KB sind die in ROM-Bausteinen gespeicherten Startroutinen enthalten. Diese Routinen werden als BIOS (Basic Input Output System) bezeichnet. Sie sind der Teil des Betriebssystems DOS, der in ROM-Bausteinen gespeichert ist. Der überwiegende Teil des Betriebssystems wird allerdings vom externen Speicher nach dem Systemstart in den Arbeitsspeicher (RAM) geladen.

Ein weiterer Teil des adressierbaren Speichers über 640 KB ist reserviert für Erweiterungen des BIOS. Zusätzlich installierte Karten wie Festplattencontroller oder Netzwerkkarten verfügen über ein eigenes BIOS. Ihre Adresse wird so eingestellt, daß DOS über diesen Systembereich darauf zugreifen kann. Im Video-Speicher werden Informationen für den angeschlossenen Bildschirm bereitgestellt. Dieser Speicher wird häufig nicht genutzt, wenn eine Grafikkarte diese Informationen in einem eigenen Speicher aufbewahrt. Aber auch in diesem Fall kann der Nutzer diesen Speicherbereich nicht als Arbeitsspeicher nutzen, weil er vom System reserviert wird.

Aus der Grafik ist deutlich zu ersehen, daß der Computer dem Nutzer für die Speicherung von Programm und Daten nicht 640 KB zur Verfügung stellt. Ein Teil des Speichers wird durch das Betriebssystem DOS belegt. Der Speicherbedarf ist dabei je nach DOS-Version unterschiedlich hoch. Bei Computern mit dem Prozessor 80386 oder höher und ab dem Betriebssystem DOS 5 besteht die Möglichkeit, Teile des Betriebssystems zu verlagern. Im konventionellen Arbeitsspeicher bis 640 KB bleibt daher mehr Platz für Programme und Daten.

3.4 Speicherbausteine und Speicherkapazität

Nach dem Start kontrolliert der Computer den Arbeitsspeicher und zeigt die installierte Speicherkapazität an.

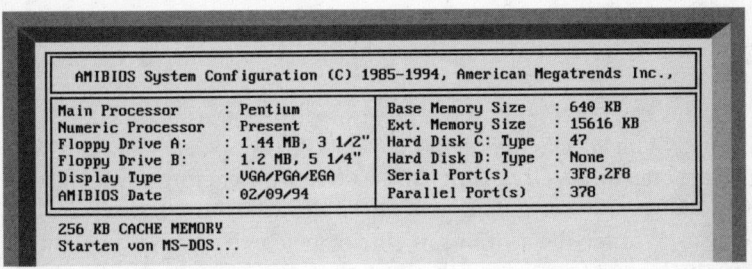

Die Speicherung von Programm und Daten erfolgt, indem jedes Bit eines Bytes (8 Bit) in einem gesonderten Speicherbaustein abgelegt wird.

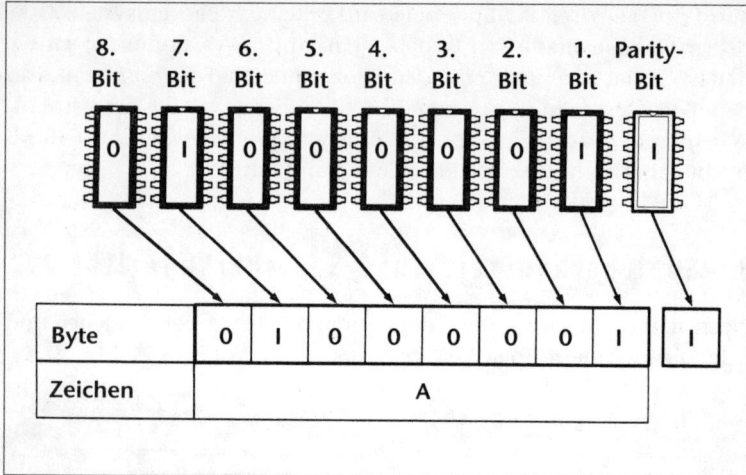

Wie aus der Zeichnung zu ersehen ist, wird zur Darstellung des Buchstabens A im Speicherbaustein 1 das erste Bit, im Speicherbaustein 2 das zweite Bit usw. abgelegt. Durch diese Art der Speicherorganisation kann der Mikroprozessor mit einem Zugriff alle acht Bits gleichzeitig übertragen. Würden die acht Bits in einem Speicherchip untergebracht, so wären beim Lesen oder Schreiben dieses Bytes acht Arbeitsschritte nötig.

Neben den acht Speicherbausteinen ist ein neunter Speicherbaustein für die Speicherung eines Prüfbits (Parity-Bits) vorhanden. Sinn dieses zusätzlichen Bits ist es, mögliche Speicherfehler aufzudecken. Wird ein Byte gespeichert, so wird je nach Anzahl der vorhandenen Bits mit der Wertigkeit I im Prüfbit der Wert I oder 0 gespeichert.

Üblicherweise ist die gesamte Anzahl der gespeicherten Bits mit dem Wert I immer ungerade. In der Abbildung mit dem Buchstaben A sind von den acht Bits zwei Bits mit dem Wert I belegt. Daher erhält das Prüfbit ebenfalls den Wert I, um eine ungerade Anzahl von Bits mit dem Wert I zu erhalten. Die Ermittlung des Prüfbits wird nicht durch den Mikroprozessor vorgenommen. Dies übernimmt ein entsprechend konstruierter Kontrollbaustein.

In ganz seltenen Fällen verändert sich beim Betrieb des Computers durch eine technische Störung, beispielsweise durch eine Stromschwankung, der Wert eines Bits von I in 0. Beim Lesen wird dieser Fehler durch die erneute Kontrolle des Prüfbits aufgedeckt. In einem solchen Fall bricht der Computer die Bearbeitung des Programms ab und gibt eine Fehlermeldung aus. Er zeigt die Speicheradresse an, bei der dieser Fehler aufgetreten ist. Der Abbruch der Programmbearbeitung ist zwingend erforderlich, da der Computer sonst mit fehlerhaften Daten oder fehlerhaften Programmanweisungen weiterarbeiten würde. Die Folgen können katastrophal sein, beispielsweise wenn Computer Produktionsprozesse steuern oder Lohnabrechnungen durchführen.

Da dieser Fehler extrem selten ist, reicht die Einrichtung eines Prüfbits normalerweise für diese Möglichkeit der Datensicherung aus. Sie greift allerdings nicht, wenn bei einem Byte zwei Bits ihre Wertigkeit so verändern, daß die Anzahl der Bits mit der Wertigkeit I unverändert bleibt.

Die Notwendigkeit eines Prüfbits hat die Konstrukteure des PC veranlaßt, neun (acht plus eins) Speicherbausteine nebeneinander auf der Hauptplatine zu installieren. Diese Speicherbausteine gibt es mit unterschiedlichen Kapazitäten.

Für die Computer mit den Prozessoren 80486 und Pentium stehen Speicherbausteine mit der Kapazität 1 MBit, 4 MBit und 16 MBit zur Verfügung. Der Speicher dieser Computer ist in sogenannte Banks eingeteilt. Eine solche vorgegebene Reihe von Speicherchips muß immer mit Speicherbausteinen des gleichen Typs bestückt sein. Bei Computern mit dem Pentium-Prozessor ist sogar ein Speicherausbau auf über 100 MB auf der Hauptplatine möglich.

Bei Computern mit modernen Hauptplatinen (Motherboard) werden mehrere Speicherbausteine auf einer kleinen Karte montiert, die dann komplett als 1-MB-, 4-MB- oder 16-MB-Modul in eine Fassung auf der Hauptplatine gesteckt wird.

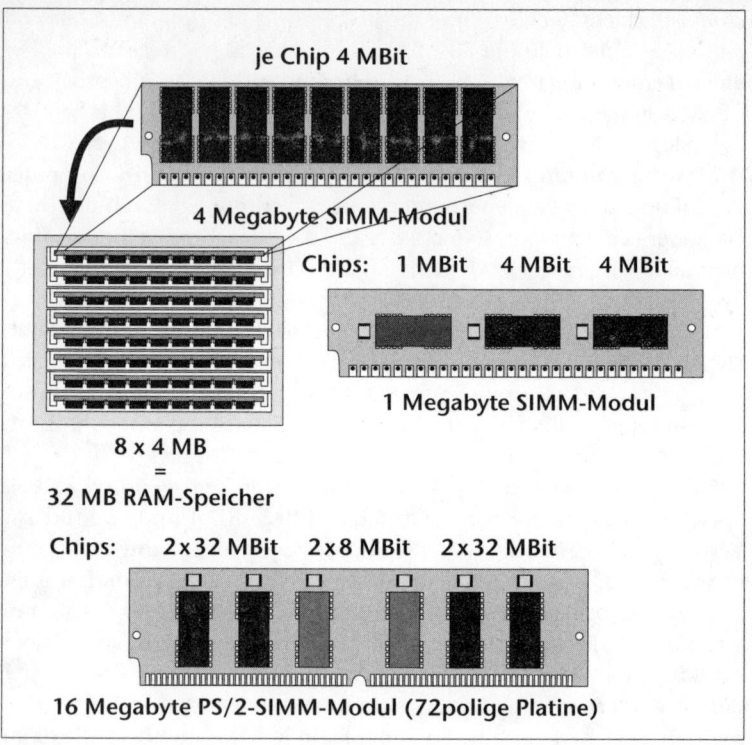

je Chip 4 MBit

4 Megabyte SIMM-Modul

Chips: 1 MBit 4 MBit 4 MBit

1 Megabyte SIMM-Modul

8 x 4 MB
=
32 MB RAM-Speicher

Chips: 2 x 32 MBit 2 x 8 MBit 2 x 32 MBit

16 Megabyte PS/2-SIMM-Modul (72polige Platine)

Da das Betriebssystem DOS maximal 640 KB Arbeitsspeicher verwalten kann, sind diese hohen Speicherkapazitäten unter DOS nicht direkt nutzbar. Bei der Arbeit mit anderen Betriebssystemen wie OS/2 (engl. Operating System 2) oder UNIX gibt es diese Schwierigkeit nicht. Die grafische Bedienoberfläche Windows ermöglicht unter dem Betriebssystem DOS die einfache Nutzung eines aufgerüsteten Arbeitsspeichers.

3.5 Nutzung der Speichererweiterung

Computer mit dem Pentium-Prozessor werden normalerweise mit 8 oder 16 MB Arbeitsspeicher angeboten. Dieser Mikroprozessor kann mit 32 Datenleitungen theoretisch 4 GB (4 Gigabyte = 4096 MB) Arbeitsspeicher verwalten.

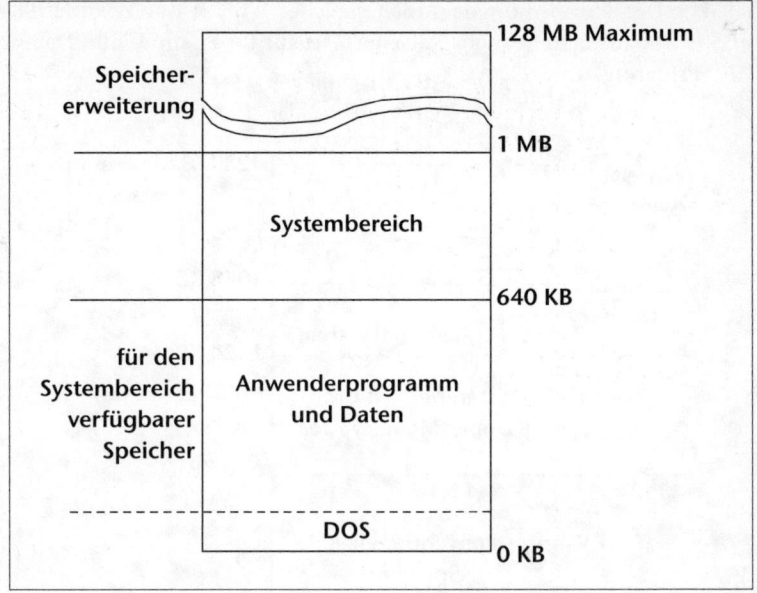

Mittlerweile wurden verschiedene Konzepte zur Nutzung des von DOS nicht adressierbaren Arbeitsspeichers entwickelt.

3.5.1 Extended Memory (Erweiterungsspeicher)

Speicherbereiche mit einer Adresse oberhalb von 1 MB werden als Extended memory bezeichnet. Unter DOS läßt sich ein solcher Speicherbereich nur für wenige Zwecke nutzen. Mit speziellen Treiberprogrammen (unter DOS: HIMEM) läßt sich dieser Speicherbereich nach dem XMS-Standard (Extended Memory Standard) verwalten.

■ HMA (High Memory Area)

Bei Computern mit dem Prozessor 80386 oder höher ist es möglich, mittels eines speziellen Treiberprogramms (unter DOS: HIMEM) über die Aktivierung einer weiteren Adreßleitung den Adressierungsbereich um 64 KB auf den Bereich zwischen 1024 KB und 1088 KB auszudehnen. Diesen Bereich, der mit der Adreßleitung A20 freigeschaltet wird, kann der Nutzer zur Auslagerung eines Teils von DOS nutzen (DOS =

HIGH). Der konventionelle Arbeitsspeicher wird dadurch entlastet, und dem Nutzer steht mehr Speicherplatz für Programme und Daten zur Verfügung.

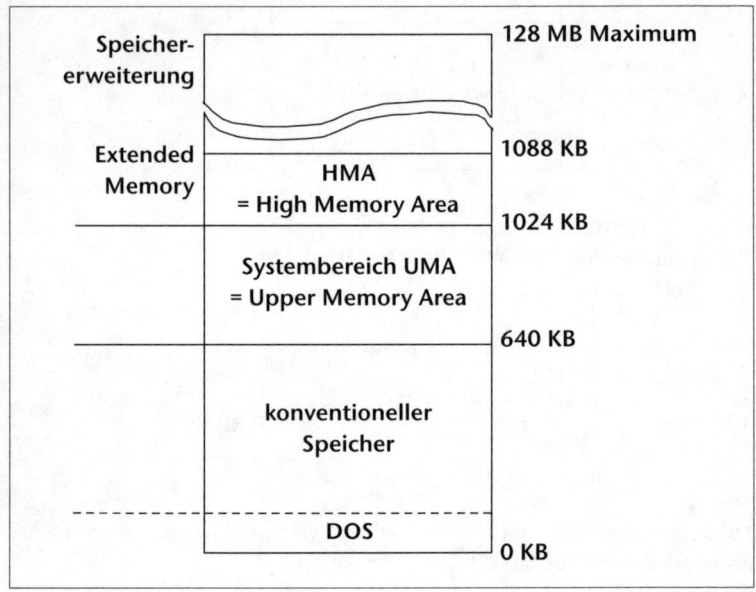

▦ RAM-Disk

Eine komfortable Nutzung der zusätzlichen Kapazität des Arbeitsspeichers bietet die Installation einer sogenannten RAM-Disk. Hierbei wird ein Teil des Arbeitsspeichers (RAM) wie ein zusätzliches Diskettenlaufwerk organisiert. Bei einem Arbeitsspeicher von 8 MB oder mehr läßt sich eine 1,44-MB-Diskette als RAM-Disk simulieren.

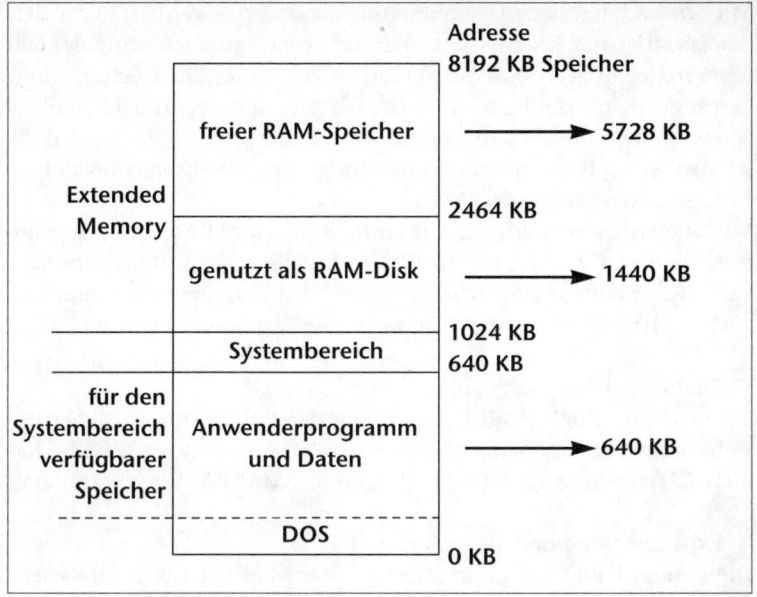

Die RAM-Disk erhält einen Laufwerksnamen, mit dem sie vom Nutzer angesprochen werden kann. Dateien können in dieser RAM-Disk gespeichert und verarbeitet werden. Die Verarbeitungsgeschwindigkeit ist erheblich höher als bei der Verwendung einer Festplatte oder einer Diskette, da beim Einsatz einer RAM-Disk keine mechanischen Arbeitsvorgänge notwendig sind. Die RAM-Disk ist ein flüchtiger Speicher, d. h., beim Ausschalten des Gerätes und bei Stromstörungen ist der Inhalt unwiederbringlich verloren. Daher ist auf die Datensicherung großer Wert zu legen.

Der Vorteil des Einsatzes einer RAM-Disk wird beispielsweise sichtbar, wenn von einer 1,44-MB-Diskette mehrere Kopien angefertigt werden sollen. Die Kopie von Diskette zu Diskette erfordert einen erheblichen Zeitaufwand, weil von der Ursprungsdiskette (Quelle) der gesamte Inhalt bei jedem Kopiervorgang erneut gelesen und in den Arbeitsspeicher gebracht werden muß. Beim Einsatz einer RAM-Disk hingegen wird die Quelldiskette nur einmal gelesen und der Inhalt in der RAM-Disk gespeichert. Von dort können in wesentlich kürzerer Zeit beliebig viele Kopien auf Disketten gezogen werden.

Müssen umfangreiche Datenbestände ausgewertet werden, lohnt sich der Einsatz einer RAM-Disk. Durch die Zwischenspeicherung der Datenbestände in der RAM-Disk werden die zeitaufwendigen Schreib- und Lesezugriffe auf die Festplatte bzw. Diskette vermieden. Die Bearbeitungsgeschwindigkeit kann hierdurch erheblich gesteigert werden. Es ist aber unbedingt notwendig, das endgültige Arbeitsergebnis auf einem externen Datenspeicher zu sichern.

Mit DOS wird ein Programm zur Einrichtung einer RAM-Disk mitgeliefert. Dieses Programm, RAMDRIVE.SYS, muß in die Installationsdatei CONFIG.SYS eingebunden werden. Die RAM-Disk steht dann automatisch nach dem Starten des Computers zur Verfügung.

▣ Cache-Speicher (Software-Cache)

Eine weitere Möglichkeit zur Nutzung der Erweiterungsspeicher besteht darin, diese Speicher als Software-Cache zu verwalten (siehe Kapitel 3.7). Hierfür stellt DOS das Programm SMARTDRV zur Verfügung.

▣ Expanded Memory

Die Firmen Lotus, Intel und Microsoft haben eine Lösung entwickelt, die als LIM/EMS-Standard bezeichnet wird, um unter DOS den Speicher oberhalb von 1 MB für Anwendungsprogramme nutzbar zu machen.

Im Systembereich des Speichers zwischen 768 KB und 1016 KB werden einige, je 16 KB umfassende Adreßsegmente nicht genutzt. Vier dieser Segmente werden zu einem 64 KB umfassenden Bereich (Page-Frame) zusammengefaßt. Gleichzeitig veranlaßt ein spezielles Programm, daß der Arbeitsspeicher oberhalb von 1 MB ebenfalls in 16-KB-Segmente unterteilt wird. Ein so organisierter Speicher wird als Expanded Memory bezeichnet. Der Aufruf dieses Speicherverwaltungsprogramms (unter DOS: EMM386) muß in der Datei CONFIG.SYS vereinbart werden.

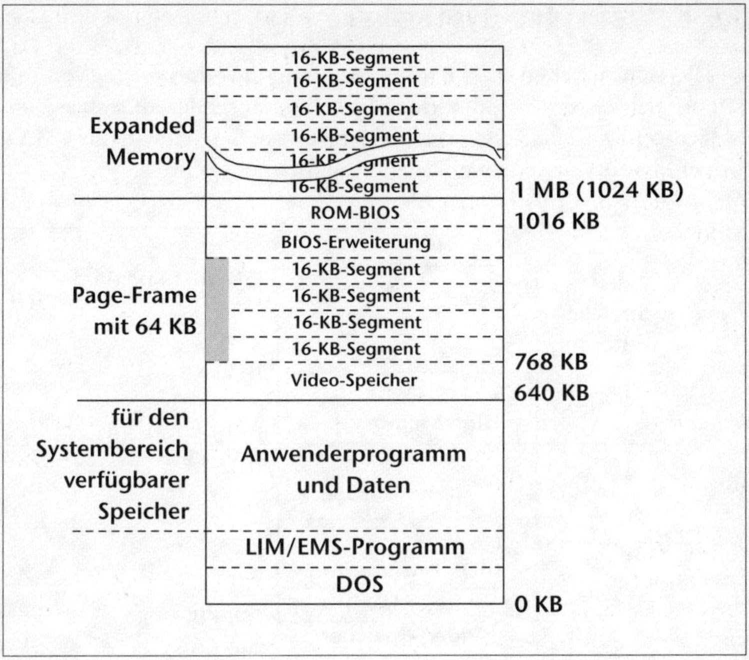

Expanded Memory	16-KB-Segment	
	16-KB-Segment	
	16-KB-Segment	
	16-KB-Segment	
	16-KB-Segment	
	16-KB-Segment	1 MB (1024 KB)
	ROM-BIOS	1016 KB
	BIOS-Erweiterung	
Page-Frame mit 64 KB	16-KB-Segment	
	16-KB-Segment	
	16-KB-Segment	
	16-KB-Segment	768 KB
	Video-Speicher	640 KB
für den Systembereich verfügbarer Speicher	Anwenderprogramm und Daten	
	LIM/EMS-Programm	
	DOS	0 KB

Benötigt ein Programm Daten, die in einem Segment des Expanded Memory gespeichert sind, veranlaßt das Treiberprogramm die Übertragung in den Bereich des Page-Frame. Da dieser Bereich von DOS adressiert werden kann, stehen die Daten für dieses Programm unter dem Betriebssystem DOS zur Verfügung. Voraussetzung hierfür ist allerdings, daß das unter DOS eingesetzte Programm die Möglichkeit der Speicherorganisation als Expanded Memory unterstützt. Mittlerweile wurden andere, komfortablere Möglichkeiten entwickelt, den Speicher oberhalb von 1 MB zu nutzen. Insbesondere bei der Betriebssystemerweiterung Windows beziehungsweise bei dem Betriebssystem OS/2 wird ohne Zutun des Nutzers der Speicherbereich oberhalb von 1 MB eingebunden.

3.6 Nutzung des Systembereichs

Der Bereich zwischen 640 KB und 1 MB ist für die Adressierung von Teilen des Betriebssystems, des Video-Speichers sowie der BIOS-Bausteine zusätzlicher Karten (Adapter) reserviert. Dieser Bereich wird als UMA = Upper Memory Area oder als Adaptersegment bezeichnet.

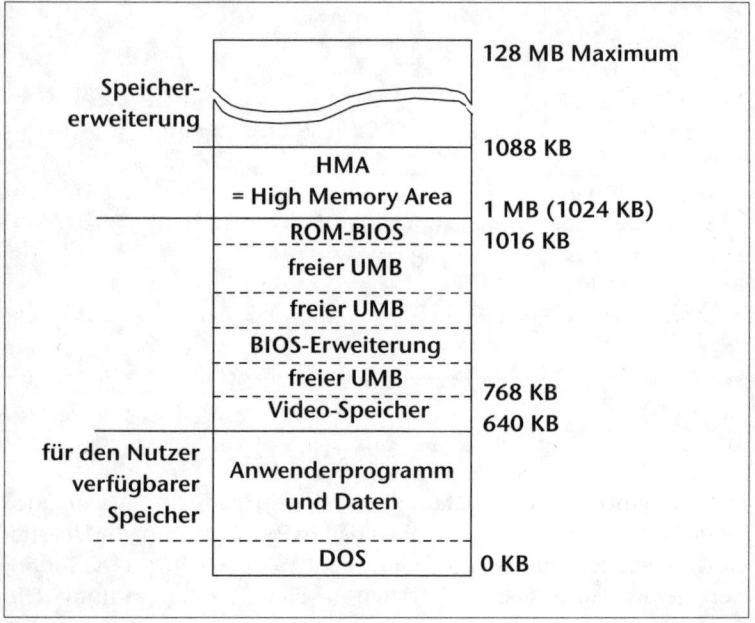

Dieser Adreßbereich ist nicht voll ausgeschöpft. Freie Bereiche von Speicheradressen stehen zur Verfügung. Mit speziellen Speicherverwaltungsprogrammen (unter DOS: HIMEM gemeinsam mit EMM386) können diese freien Adreßbereiche auch von DOS im Extended Memory genutzt werden. Diese nun für DOS nutzbaren freien Speicherbereiche werden als UMB (Upper Memory Blocks) bezeichnet. Systemprogramme wie Tastatur- oder Maustreiber, die sich normalerweise im konventionellen Arbeitsspeicher befinden, können nun mit einer UMB-Adresse versehen werden. Dadurch werden sie aus dem konventionellen Arbeitsspeicher hinausverlagert. Im konventionellen Arbeits-

speicher steht dann erheblich mehr Speicherplatz für Anwendungsprogramme und deren Daten zur Verfügung.

Für die Optimierung des Arbeitsspeichers gibt es Hilfsprogramme, die
unter anderem selbständig die Auslagerung der benötigten Treiberprogramme in den UMA-Bereich vornehmen. DOS stellt für diese Zwecke
das Programm MEMMAKER zur Verfügung.

3.7 Cache-Speicher

Der Mikroprozessor verarbeitet Daten mit extrem hoher Geschwindigkeit. Diese Verarbeitungsgeschwindigkeit kann aber nicht für den gesamten Prozeß der Datenverarbeitung genutzt werden, da ständig
Rückgriffe auf den Arbeitsspeicher, auf die Festplatte/Diskette, auf den
Video-Speicher, auf parallele und serielle Schnittstelle notwendig sind.
Der Mikroprozessor muß ständig warten, bis die langsame Peripherie
die entsprechenden Daten liefert bzw. aufnimmt.

Abhilfe bieten sogenannte Cache-Speicher. Übersetzt bedeutet Cache
soviel wie «versteckter» oder «verborgener» Speicher. Diese Übersetzung ist aber eher irreführend. Bei dem Cache-Speicher geht es darum,
daß entweder Teile des Arbeitsspeichers als Zwischenspeicher organisiert werden (Software-Cache) oder aber spezielle Speicherbausteine
(SRAM) zusätzlich installiert sind (Hardware-Cache).

Beim Einsatz eines Cache-Speichers werden zunächst die benötigten
Daten in den Cache-Speicher gelesen, bis seine Kapazitätsgrenze erreicht ist. Benötigt der Mikroprozessor Daten, greift er nicht auf die
langsame Festplatte/Diskette zu, sondern auf den Inhalt des Cache-
Speichers. Erst wenn die benötigten Daten nicht im Cache-Speicher
vorhanden sind, liest er wieder Daten von der Festplatte/Diskette in den
Cache-Speicher. Die Anzahl der Zugriffe auf die relativ langsamen externen Speicher wird erheblich reduziert und der Datenverarbeitungs-
prozeß erheblich beschleunigt.

Ergebnisse des Datenverarbeitungsprozesses schreibt der Mikroprozessor auch nicht direkt auf die Festplatte/Diskette, sondern in den Cache-
Speicher. Das Verwaltungsprogramm hierfür sorgt nun dafür, daß diese Daten auf die externen Speicher übertragen werden.

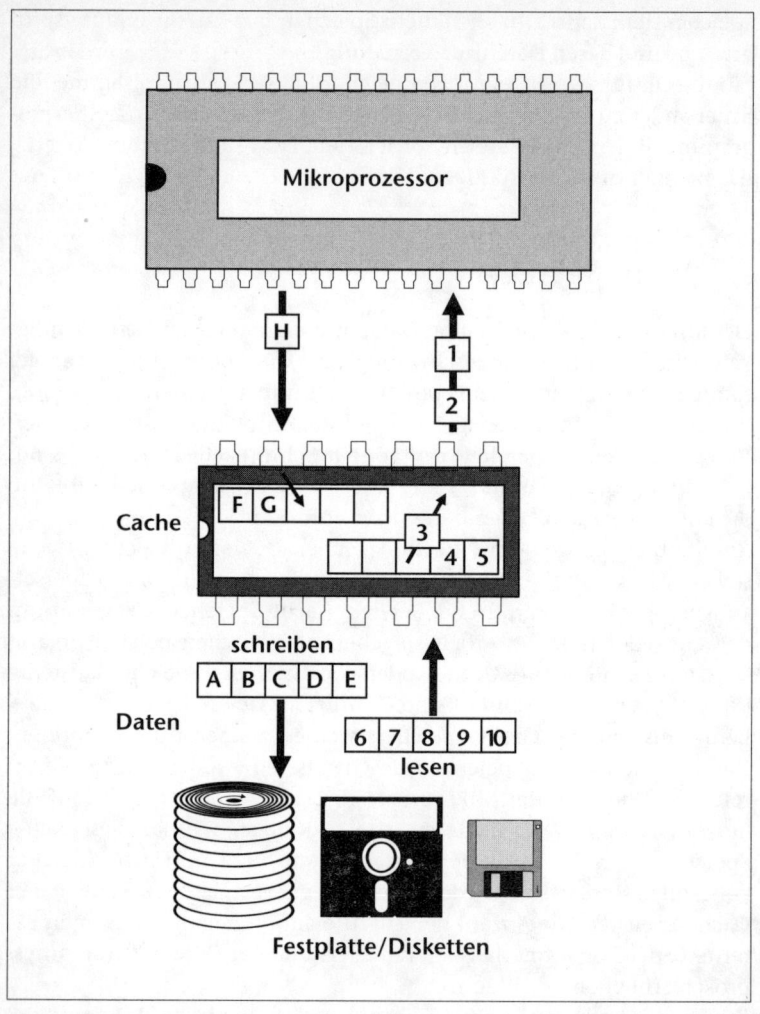

Festplatte/Disketten

Software-Cache

Die Einrichtung eines Software-Cache bietet sich insbesondere dann an, wenn im Extended Memory ausreichend freier Speicherplatz vorhanden ist. Diese Speicherorganisation setzt ein entsprechendes Treiberprogramm (unter DOS: SMARTDRV) und seine Einbindung in die Konfigurationsdatei CONFIG.SYS voraus.

Hardware-Cache

Der Software-Cache-Speicher wird vom Nutzer mittels entsprechender Treiberprogramme im vorhandenen RAM-Speicher organisiert. Beim Hardware-Cache-Speicher baut der Hersteller Cache-Speicher in das Gerät ein. Dabei gibt es mehrere hardwaremäßige Lösungen.

Bei einigen Herstellern wird die Steckkarte, auf der der Festplatten-/Disketten-Controller untergebracht ist, mit einem eigenen Speicherbereich ausgestattet, der als Cache-Speicher fungiert. Um die Geschwindigkeit des Datentransfers zum Mikroprozessor zu erhöhen, werden hierfür die schnellen, aber teuren SRAM-Bausteine (Static RAM) verwendet (vergleiche Kapitel 9).

In Computern mit dem Pentium-Prozessor werden üblicherweise 256-KB- oder auch 512-KB-Cache-Speicher mit SRAM-Bausteinen eingebaut. In diese Cache-Speicher werden nicht nur Daten von externen Datenträgern, sondern auch Daten und Programme aus dem normalen Arbeitsspeicher übertragen, um die Verarbeitungsgeschwindigkeit nochmals zu steigern.

Der Vorteil der Verwendung von Cache-Speichern hat dazu geführt, daß im Mikroprozessor Pentium zwei Cache-Controller sowie zwei Cache-Speicher mit jeweils 8 KB integriert sind. Die Verarbeitungsgeschwindigkeit dieses Mikroprozessors wird hierdurch erheblich gesteigert, da die zur Bearbeitung anstehenden Daten direkt im Mikroprozessor bereitstehen. Die integrierten Cache-Controller entlasten den Prozessor von dem arbeits- und zeitintensiven Austausch mit den RAM-Speichern. Die in den Prozessor integrierten Cache-Speicher bezeichnet man als primäre Cache-Speicher. Sekundäre Cache-Speicher sind dann die SRAM-Bausteine im Arbeitsspeicher, die als Cache-Speicher benutzt werden.

3.8 Zusammenfassung

- Bei den internen Speichern unterscheidet man Festwertspeicher (ROM) und Schreiblesespeicher (RAM).
- Im Festwertspeicher ist das Urladeprogramm fest installiert, das beim Start die installierten Bauteile prüft und das Betriebssystem vom externen Speicher lädt.
- Der Schreiblesespeicher (RAM) ist der eigentliche Arbeitsspeicher, in dem das Betriebssystem, das Anwenderprogramm und die zu bear-

beitenden Daten während der Arbeit mit dem Computer gespeichert werden.

░ Die Speicherkapazität des Computers wird mitbestimmt durch die Art und Speicherkapazität der verwendeten Speicherbausteine. Es werden überwiegend Bausteine mit 1 MBit, 4 MBit und 16 MBit verwendet.

░ Unter dem Betriebssystem DOS kann üblicherweise nur ein Arbeitsspeicher bis 640 KB verwaltet werden. Der Bereich von 640 KB bis 1 MB wird vom Betriebssystem für Systemfunktionen reserviert.

░ Kapazitäten des Arbeitsspeichers über 640 KB werden als Extended Memory bezeichnet.

░ Dieser Speicherbereich kann als High Memory Area, als RAM-Disk, als Cache-Speicher und als Expanded Memory genutzt werden.

░ Der HMA-Bereich dient vorwiegend zur Aufnahme eines DOS-Systemprogramms. Der konventionelle Speicher wird entsprechend entlastet.

░ Der Adreßbereich zwischen 640 KB und 1 MB beinhaltet freie Segmente von Speicheradressen. Diese können mit einem speziellen Treiberprogramm als UMB zur Verfügung gestellt werden. Dadurch können wiederum Programme aus dem konventionellen Speicher hinausverlagert werden.

░ Die Geschwindigkeit der Datenverarbeitung kann durch Cache-Speicher erheblich gesteigert werden. Der Cache-Speicher hält bei der Verarbeitung benötigte Daten in einem Zwischenspeicher bereit.

░ Beim Software-Cache wird ein Teil des vorhandenen Arbeitsspeichers (Extended Memory) als Cache-Speicher organisiert.

░ Beim Hardware-Cache baut der Hersteller einen zusätzlichen Speicherbereich mit sehr schnellen Speicherbausteinen ein.

3.9 Aufgaben

1. Notieren Sie, ob die jeweilige Aussage auf den Festwertspeicher (ROM) oder den Schreiblesespeicher (RAM) zutrifft!

   a) Nach dem Ausschalten des Computers ist der Inhalt des Speichers gelöscht. ___

   b) Hier ist das Urladeprogramm gespeichert. ___

c) Die Inhalte des Speichers können nicht bzw. nur mit speziellen Geräten geändert werden. ____

d) Hier werden das Betriebssystem, das Anwenderprogramm
und die zu bearbeitenden Daten während der Arbeit mit
dem Computer aufbewahrt. ____

2. Das Betriebssystem DOS kann eine Gesamtspeicherkapazität von
_____ adressieren. Für den Benutzer stehen allerdings nur _____ als
Arbeitsspeicher zur Verfügung. Ein Teil des Arbeitsspeichers wird vom
_____ belegt.

3. Welche Bedeutung hat das Prüfbit bei der Speicherung von Daten?

_____

_____

_____

_____

4. Setzen Sie zu den folgenden Aussagen zur RAM-Disk jeweils ein R für
richtig oder ein F für falsch ein!

a) Expanded Memory kann sinnvollerweise als RAM-Disk genutzt werden. ____

b) Die Verarbeitungsgeschwindigkeit einer RAM-Disk ist erheblich höher als bei einem Diskettenlaufwerk. ____

c) Beim Ausschalten des Computers gehen die Inhalte einer
RAM-Disk verloren. ____

d) Das Kopieren von Dateien aus der RAM-Disk auf die Festplatte ist nicht möglich. ____

5. Beim Expanded Memory wird der Arbeitsspeicher oberhalb _____ in
Segmente von _____ unterteilt. Außerdem wird im Systembereich
zwischen _____ und _____ ein Page-Frame von _____ reserviert.
Durch ein Treiberprogramm wird sichergestellt, daß _____
_____ aus dem Expanded Memory in den Bereich des
_____ übertragen werden.

6. a) Wozu wird üblicherweise der Speicherbereich HMA verwendet?

_____

b) Welchen Vorteil bietet die Installation von HMA?

_____

_____

_____

c) Wie können die freien Speicheradressen im Systembereich genutzt werden?

_____

_____

_____

7. Geben Sie jeweils an, ob die folgenden Aussagen auf einen Hardware-Cache (H) oder einen Software-Cache (S) bezogen sind.

a) Der Hersteller eines Festplatten-Controllers hat auf der Steckkarte SRAM-Bausteine installiert.   ____

b) Durch ein spezielles Treiberprogramm wird ein Teil des Expanded Memory reserviert.   ____

c) Im Mikroprozessor 80486 ist ein Cache-Speicher bereits integriert.   ____

3.10 Lösungen

1. Notieren Sie, ob die jeweilige Aussage auf den Festwertspeicher (ROM) oder den Schreiblesespeicher (RAM) zutrifft!

   a) Nach dem Ausschalten des Computers ist der Inhalt des Speichers gelöscht.   *RAM*

   b) Hier ist das Urladeprogramm gespeichert.   *ROM*

   c) Die Inhalte des Speichers können nicht bzw. nur mit speziellen Geräten geändert werden.   *ROM*

   d) Hier werden das Betriebssystem, das Anwenderprogramm und die zu bearbeitenden Daten während der Arbeit mit dem Computer aufbewahrt.   *RAM*

2. Das Betriebssystem DOS kann eine Gesamtspeicherkapazität von *1 MB* adressieren. Für den Benutzer stehen allerdings nur *640 KB* als Arbeitsspeicher zur Verfügung. Ein Teil des Arbeitsspeichers wird vom *Betriebssystem* belegt.

3. Welche Bedeutung hat das Prüfbit bei der Speicherung von Daten?

   Sinn des Prüfbits ist es, Speicherfehler aufzudecken. Stimmt bei der Verarbeitung der Daten ein gespeichertes Prüfbit mit dem errechneten Prüfbit nicht überein, bricht der Computer die Verarbeitung ab. Auf diese Weise wird vermieden, daß der Computer mit fehlerhaften Daten weiterarbeitet.

4. Setzen Sie zu den folgenden Aussagen zur RAM-Disk jeweils ein R für richtig oder ein F für falsch ein!

a) Expanded Memory kann sinnvollerweise als RAM-Disk genutzt werden.   F

b) Die Verarbeitungsgeschwindigkeit einer RAM-Disk ist erheblich höher als bei einem Diskettenlaufwerk.   R

c) Beim Ausschalten des Computers gehen die Inhalte einer RAM-Disk verloren.   R

d) Das Kopieren von Dateien aus der RAM-Disk auf die Festplatte ist nicht möglich.   F

5. Beim Expanded Memory wird der Arbeitsspeicher oberhalb *1 MB* in Segmente von *16 KB* unterteilt. Außerdem wird im Systembereich zwischen *640 KB* und *1 MB* ein Page-Frame von *64 KB* reserviert. Durch ein Treiberprogramm wird sichergestellt, daß *benötigte Programmteile bzw. Daten* aus dem Expanded Memory in den Bereich des *Page-Frame* übertragen werden.

6. a) Wozu wird üblicherweise der Speicherbereich HMA verwendet?

   Er dient zur Aufnahme eines Systemprogramms.

   b) Welchen Vorteil bietet die Installation von HMA?

   Dadurch wird der konventionelle Arbeitsspeicher entlastet.

   c) Wie können die freien Speicheradressen im Systembereich genutzt werden?

   Mittels eines Speicherverwaltungsprogramms werden Teile des Extended Memory in den Systembereich umadressiert (UMB). Damit können auch unter DOS weitere Programme aus dem konventionellen Speicher ausgelagert werden.

7. Geben Sie jeweils an, ob die folgenden Aussagen auf einen Hardware-Cache (H) oder einen Software-Cache (S) bezogen sind.

a) Der Hersteller eines Festplatten-Controllers hat auf der Steckkarte SRAM-Bausteine installiert.   H

b) Durch ein spezielles Treiberprogramm wird ein Teil des Expanded Memory reserviert.   S

c) Im Mikroprozessor 80486 ist ein Cache-Speicher bereits integriert.   H

4 Bussysteme transportieren Daten

Die Leistungsfähigkeit eines Computers wird nicht allein durch den Mikroprozessor und den Arbeitsspeicher bestimmt. Ein großer Teil der Datenverarbeitung im Computer besteht darin, Daten zwischen den einzelnen elektronischen Bauelementen auf der Hauptplatine zu transportieren. Daher muß die Leistungsfähigkeit des Computers auch unter dem Gesichtspunkt beurteilt werden, wie schnell und wie viele Bits gleichzeitig zwischen den Funktionseinheiten auf der Hauptplatine ausgetauscht werden können. Diese Verbindung wird hergestellt durch eine Vielzahl von Datenleitungen, die als **Bussystem** bezeichnet werden.

Für den Datenfluß zwischen den einzelnen Bestandteilen des Mikroprozessors, beispielsweise den Registern, der ALU, dem Befehlsdecoder, ist der **interne Bus** zuständig. Der Datentransport vom Mikroprozessor zu den anderen Bestandteilen der Zentraleinheit sowie zu den Verknüpfungspunkten mit der Peripherie (Grafikkarte, Disketten-/Festplatten-Controller, parallele und serielle Schnittstelle) wird vom **externen Bus** übernommen.

Für einen reibungslosen und schnellen Datentransfer sorgen der Datenbus, der Adreßbus und der Steuerbus (siehe Abbildung auf Seite 63):

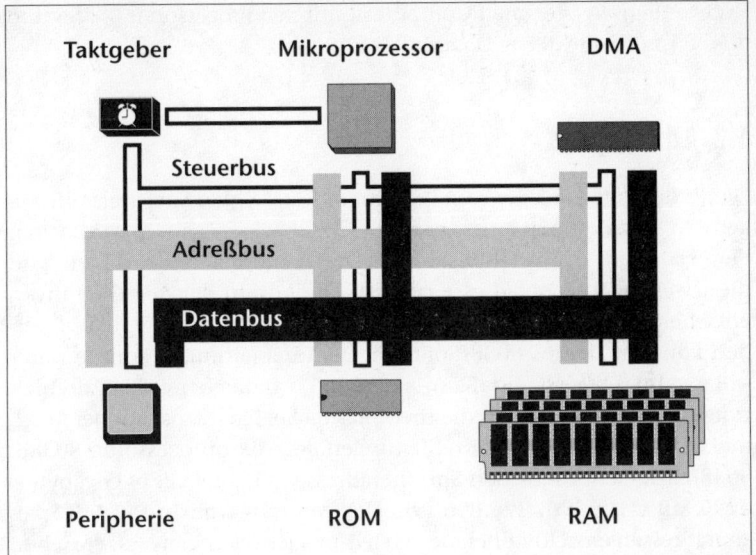

4.1 Datenbus

Der Datenbus übernimmt den gesamten Datentransport zwischen dem Mikroprozessor und den übrigen Elementen, die auf der Computerplatine installiert sind. So werden beispielsweise

- Befehle aus dem RAM-Speicher zum Mikroprozessor in das Befehlsregister geladen,
- Daten aus dem RAM-Speicher in die ALU (arithmetisch-logische Einheit) des Mikroprozessors transportiert,
- Ergebnisse aus dem Akkumulator (dem Rechenregister des Mikroprozessors) in den RAM-Speicher zurückgespeichert.

Um Daten über angeschlossene periphere Geräte ausgeben zu können, müssen sie vom Arbeitsspeicher zur entsprechenden Peripherie-Schnittstelle transportiert werden. Hiermit sind die Übergabestationen zwischen Computerplatine und angeschlossener Peripherie gemeint. Bei PC mit dem Mikroprozessor 80286 (AT) hat der Datenbus 16 Leitungen. Es können zwei Byte und somit zwei Zeichen parallel transportiert werden. Bei Personal Computern mit den Prozessoren 80386 und 80486 ist dieser externe Datenbus 32 Bit breit.

4.2 Adreßbus

Damit die Daten aus der vom Programm festgelegten Speicherstelle abgerufen bzw. in die richtige Speicherstelle abgelegt werden, wird neben dem Datenbus der Adreßbus eingesetzt. Über die Adreßleitungen wird die jeweilige Speicheradresse codiert. Die Anzahl der Adreßleitungen entscheidet darüber, wie viele Speicherplätze maximal angesteuert werden können. Der PC 8088/8086 mit 20 Adreßleitungen konnte nur 1 MB maximal adressieren. Beim AT (80286) werden bereits 24 Adreßleitungen verwendet, so daß die theoretische Speicherkapazität bei maximal 16 MB liegt. Die 32 Adreßleitungen der Mikroprozessoren 80386, 80486 und Pentium lassen Speicheradressen bis zu 4 GB (4 Gigabyte = 4096 MB = 4 294 967 296 Byte) zu. DOS verwaltet maximal 1 MB Speicheradressen einschließlich des Systembereichs. Für den Nutzer stehen normalerweise somit nur circa 560 bis 600 KB Arbeitsspeicher zur Verfügung. Die Weiterentwicklung von DOS ermöglicht es, Teile des Betriebssystems in die oberen Speicherbereiche (HMA, UMB, vergleiche Kapitel 3) zu verlagern. Der Nutzer gewinnt damit Speicherplatz im konventionellen Speicher.

■ DMA-Controller

Wenn Daten aus dem Arbeitsspeicher (RAM) an eine Peripherie-Schnittstelle übergeben werden, ist die Einbindung des Mikroprozessors nicht notwendig. Die Steuerung dieses Datenflusses übernimmt der DMA-Controller, ein spezieller Baustein zur Steuerung des Datentransports zwischen Arbeitsspeicher und Peripherie-Schnittstelle (DMA = Direct Memory Access = direkter Speicherzugriff). Die Ausgabe von Daten auf den Drucker oder den Bildschirm ist hierfür ein Beispiel. Die Steuerung des Datentransports durch die DMA entlastet den Mikroprozessor. Computer ohne einen solchen DMA-Baustein arbeiten wegen der dann notwendigen Einbindung des Mikroprozessors erheblich langsamer.

4.3 Steuerbus

Für den reibungslosen Datenfluß untereinander muß den beteiligten Komponenten auf der Hauptplatine signalisiert werden, daß sie Daten senden oder empfangen dürfen. Diese Aufgabe übernimmt der Steuerbus. Im Gegensatz zu Daten- und Adreßbus benötigt der Steuerbus kein umfangreiches Leitungssystem, da jeweils nur ein Signal übertragen werden muß.

4.4 Busarchitekturen

Die Leistungsfähigkeit des Computers wird mitbestimmt durch das Bussystem. Mit der Entwicklung des PC und AT etablierte sich eine Busarchitektur als Standard, die von Fachleuten als Industrie-Standard-Architektur (ISA) bezeichnet wird. Der allseits anerkannte Standard hat den Vorteil, daß problemlos Zusatzkarten zur Speichererweiterung, Grafikkarten, Karten mit Disketten-/Festplatten-Controllern usw. unterschiedlicher Hersteller in nahezu allen Computern installiert werden können.

Die zunehmende Leistungsfähigkeit der neueren Prozessoren erforderte neue Bussysteme mit höherer Übertragungsgeschwindigkeit. Bei der Entwicklung dieser Bussysteme kristallisierten sich zwei konkurrierende Varianten heraus. IBM entwickelte mit MCA (Micro Channel Architecture) ein Bussystem, das einen höheren Datendurchsatz erlaubte. Zusätzlich erlaubt dieses System die Einbindung weiterer Mikroprozessoren zur Steigerung der Leistungsfähigkeit des Computersystems. Spezielle Zusatzkarten können problemlos in die Busarchitektur eingebunden werden, während beim ISA-Standard hardwaremäßige Anpassungen notwendig sind. Der erhebliche Nachteil von MCA war, daß der Umsteiger, der bisher mit einem Computersystem mit ISA-Architektur gearbeitet hatte, Erweiterungskarten, wie spezielle Grafikkarten, im neuen System nicht verwenden konnte. Außerdem sind Karten für den MCA-Bus teurer als für den ISA-Standard, da nur von IBM lizenzierte Produzenten Karten für das MCA-System herstellen dürfen. Mittlerweile bestückt IBM die PC aus dem eigenen Hause auch mit anderen Bussystemen wie ISA, VLB oder PCI.

Konkurrierende Computerhersteller wollten der Gefahr der Monopolisierung entgehen und schlossen sich zur Entwicklung eines alternativen Bussystems zusammen. Das Ergebnis war das sogenannte EISA-Bussystem (erweiterte Industrie-Standard-Architektur). Diese Busarchitektur hatte neben dem hohen Datendurchsatz den Vorteil, daß wertvolle Zusatzkarten des ISA-Standards in Computern nach dem EISA-Standard verwendet werden können. Ein Nutzer, der beispielsweise für den Einsatz eines CAD-Programms (Computer-Aided Design) eine hochauflösende Grafikkarte erworben hat, kann diese auch bei einem Wechsel auf einen Computer nach dem EISA-Standard weiterhin verwenden.

Die Erfahrung mit dem EISA-Bussystem hat gezeigt, daß die Datentransferraten unbefriedigend und die Kosten für den breiten Markt zu hoch waren. Mittlerweile findet man in den aktuell angebotenen Computersystemen kaum noch ein EISA-Bussystem.

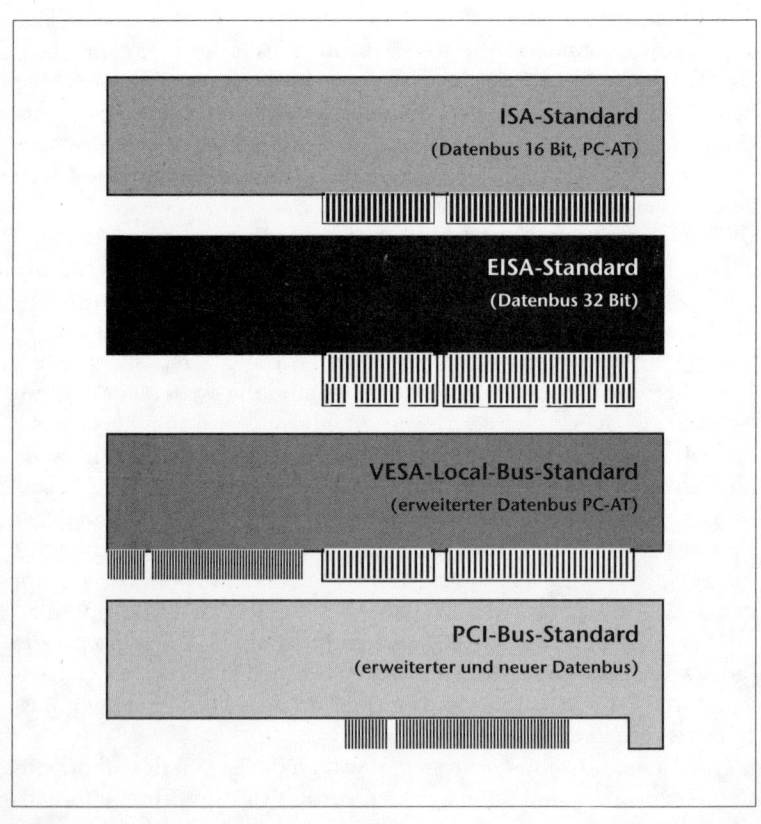

Auch die verbesserten Bussysteme arbeiten erheblich langsamer als der Prozessor. Sind große Datenmengen an die Grafikkarte oder an den Festplatten-Controller zu übertragen, erweist sich die Busarchitektur als Engpaß im Computersystem. Verschiedene Hersteller haben unterschiedliche Konzepte entwickelt, diesen Nachteil zu reduzieren. In Computern mit dem Prozessor 80486 werden überwiegend VLB-Systeme (VESA Local Bus) verwendet. Hier sind mehrere spezielle 32-Bit-Steckplätze auf der Platine vorhanden, die direkt mit dem Prozessor verbunden sind. Dadurch ist ein direkter und daher sehr schneller Datentransport gewährleistet. Trotzdem entsprechen die Datentransferraten nicht der enormen Geschwindigkeit, die moderne Prozessoren mit hoher Taktrate leisten. Oft ist es notwendig, bei der Übergabe der Daten vom Prozessor an das Bussystem einen Wartetakt einzulegen.

Um die Leistungsfähigkeit moderner Pentium-Prozessoren auch voll zu nutzen, war ein neues Buskonzept nötig. Der aktuelle Entwicklungsstand der Bussysteme findet sich im PCI-Bus (Peripheral Component Interconnect). Seine enorme Datentransferrate ist am ehesten geeignet, die Leistungsfähigkeit eines modernen Prozessors, wie die des Pentium, zu unterstützen. Daher ist dieser hohe Datentransfer zu allen angeschlossenen und nicht nur zu einigen wenigen Komponenten, wie beispielsweise zur Grafikkarte, gewährleistet. Erweiterungen sind bei diesem Bussystem unter Nutzung der vorhandenen Steckplätze ohne Probleme möglich. Es müssen keine Einstellungen auf der Platine vorgenommen werden. Das System konfiguriert sich entsprechend dem Plug-&-Play-Konzept automatisch.

4.5 Steckplätze (Slots) für den Ausbau von Computersystemen

Die Übergabe von Daten aus der Zentraleinheit an periphere Geräte erfolgt über Schnittstellen. Für diese Schnittstellen sind Karten auf der Hauptplatine in je einem Steckplatz (Slot) untergebracht.

Slots sind somit Kontaktleisten, die die jeweilige Karte in das Bussystem integrieren und mit dem notwendigen Betriebsstrom versorgen. Erst durch diese Kontaktleisten wird der Datenfluß zwischen den Karten und der Hauptplatine des Computers hergestellt.

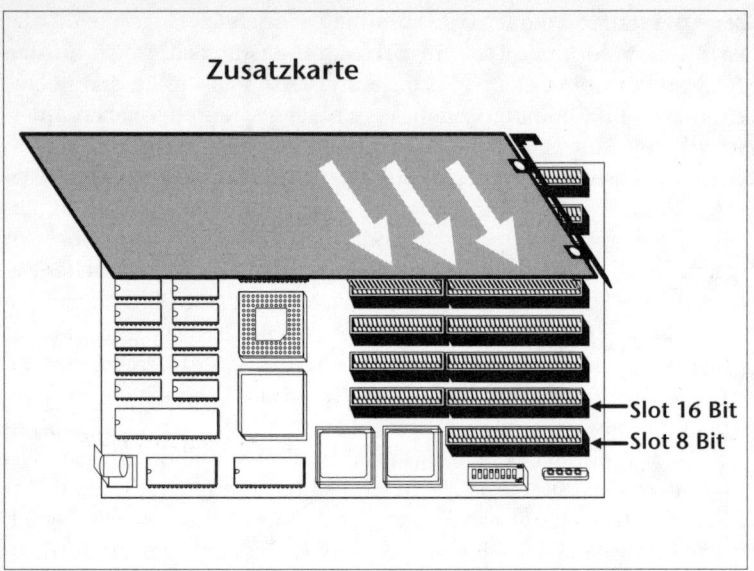

Bei gut ausgestatteten Computern sind noch freie Steckplätze vorhanden, über die der Nutzer bei Bedarf frei verfügen kann.

Es werden 8-Bit-, 16-Bit- und 32-Bit-Slots unterschieden. In PC und AT finden Slots mit 8 Bit und 16 Bit Verwendung. In Computern mit einem Prozessor vom Typ 80386, 80486 oder Pentium sind neben 8- und 16-Bit-Slots auch 32-Bit-Slots als freie Steckplätze vorgesehen. Der 8-Bit-Slot ermöglicht beim Datentransfer von dieser Übergabestation zum Bussystem und umgekehrt einen Datentransport von 8 Bit parallel. Ein 16-Bit-Slot kommuniziert über 16 Datenleitungen mit dem Bussystem. Nur bei Computern mit 32 Datenleitungen (ab 80386) können 32-Bit-Slots eingesetzt werden.

Die Übertragung von Daten an den Drucker erfolgt entweder über eine parallele oder eine serielle Schnittstelle. Bei der parallelen Schnittstelle werden 8 Bit gleichzeitig (parallel) an den Drucker übertragen; bei der seriellen Schnittstelle erfolgt der Datentransfer Bit für Bit. Diese Schnittstellen belegen auf der Platine einen 8-Bit-Slot. Benötigt der Nutzer beispielsweise eine weitere parallele Schnittstelle, so muß er eine entsprechende Karte in einen freien 8-Bit-Slot einbauen. Die Belegung eines freien Steckplatzes mit einer Karte setzt für den problemlosen Datentransfer eine Schalterkennung voraus, wobei normalerweise entsprechende Schalter auf der Karte angebracht sind. Sie haben häufig die Form von Miniaturschiebeschaltern (Dip-Switches), die entsprechend den Anweisungen des Herstellers einzustellen sind.

Achtung: Eine fehlerhafte Einstellung kann die Karte zerstören!

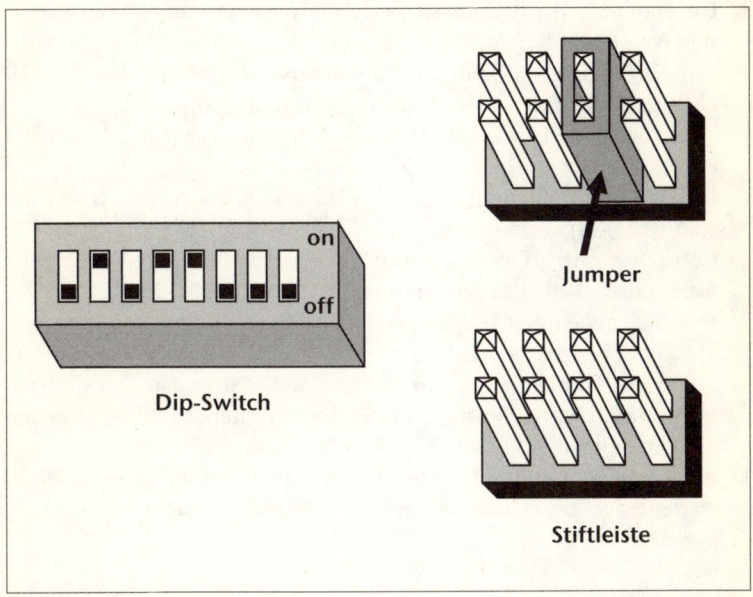

Für den Einsatz zusätzlicher Ein-/Ausgabegeräte wie beispielsweise eines Hand-Scanners ist der Einbau einer Karte notwendig. Um diese an den Computer anzupassen, haben die Hersteller solcher Karten Dip-Switches oder Jumper vorgesehen. Dies sind kleine Sockel mit offenen Kontaktstiften. Wird nun eine Drahtbrücke (Jumper) hierauf gesteckt, ist ein Kontakt zwischen den beiden Stiften hergestellt. Über Dip-Switches oder Jumper werden dem Computer notwendige Systeminformationen zur Verfügung gestellt.

4.6 Zusammenfassung

■ Für die Leistungsfähigkeit eines Computers ist neben dem Mikroprozessor und dem Arbeitsspeicher das Bussystem von entscheidender Bedeutung.

■ Der reibungslose und schnelle Datentransport setzt einen Datenbus, einen Adreßbus und einen Steuerbus voraus.

■ Der Datenbus übernimmt den Datentransport zwischen den einzelnen Bauelementen auf der Hauptplatine.

■ Der Adreßbus sorgt dafür, daß Daten aus der entsprechenden Speicherstelle abgerufen bzw. dort abgelegt werden können.

■ Mit dem Steuerbus koordiniert der Mikroprozessor die Arbeit der einzelnen Bauelemente des Computers.

■ Im klassischen PC und AT ist ein Bussystem nach dem Industriestandard (ISA) vorhanden.

■ Computer mit höherer Leistungsfähigkeit verfügen teilweise über weiterentwickelte Bussysteme wie EISA, MCA, VLB oder PCI.

■ Der Ausbau eines Computersystems ist nur möglich, wenn freie Steckplätze (Slots) vorhanden sind.

■ Man unterscheidet 8-Bit-, 16-Bit- und 32-Bit-Slots. Nur bei Computern mit 32 Datenleitungen (ab 80386) können 32-Bit-Steckkarten eingebaut werden.

■ Beim Einbau von Zusatzkarten ist unbedingt auf die korrekte hardwaremäßige Anpassung zu achten.

4.7 Aufgaben

1. Notieren Sie, ob die jeweilige Aussage auf den Datenbus (D), den Adreßbus (A) oder den Steuerbus (S) zutrifft.

   a) Durch diesen Bus wird festgelegt, in welcher Speicherstelle Daten abgelegt werden. ____

   b) Über diesen Bus wird dem Mikroprozessor beispielsweise signalisiert, daß Daten übertragen werden sollen. ____

   c) Ist dieser Bus 32 Bit breit, können gleichzeitig vier Zeichen übertragen werden. ____

   d) Durch die Anzahl der Leitungen wird die maximal verwaltbare Speichergröße festgelegt. ____

e) Durch die Breite dieses Busses wird die Verarbeitungsgeschwindigkeit erheblich beeinflußt. _____

2. In Computern mit den Prozessoren 8088 bis 80286 wird üblicherweise ein Bus nach _____ _____ eingesetzt. Für leistungsfähigere Prozessoren verwendet die Firma IBM ein eigenes Bussystem
mit der Bezeichnung _____. Konkurrierende Unternehmen entwickelten ein Bussystem mit dem Namen _____. Dieses Bussystem hat den Vorteil, daß auch _____ nach dem alten
Standard eingesetzt werden können. Die aktuell angebotenen PC verfügen üblicherweise über ein _____ oder _____-Bussystem.

3. Wozu dienen freie Steckplätze?

_____

_____

_____

_____

_____

4.8 Lösungen

1. Notieren Sie, ob die jeweilige Aussage auf den Datenbus (D), den
Adreßbus (A) oder den Steuerbus (S) zutrifft.

a) Durch diesen Bus wird festgelegt, in welcher Speicherstelle Daten abgelegt werden. *A*

b) Über diesen Bus wird dem Mikroprozessor beispielsweise
signalisiert, daß Daten übertragen werden sollen. *S*

c) Ist dieser Bus 32 Bit breit, können gleichzeitig vier Zeichen
übertragen werden. *D*

d) Durch die Anzahl der Leitungen wird die maximal verwaltbare Speichergröße festgelegt. *A*

e) Durch die Breite dieses Busses wird die Verarbeitungsgeschwindigkeit erheblich beeinflußt. *D*

2. In Computern mit den Prozessoren 8088 bis 80286 wird üblicher-
weise ein Bus nach *ISA-Standard* eingesetzt. Für leistungsfähigere
Prozessoren verwendet die Firma IBM ein eigenes Bussystem mit der
Bezeichnung *MCA*. Konkurrierende Unternehmen entwickelten ein

Bussystem mit dem Namen *EISA*. Dieses Bussystem hat den Vorteil, daß auch *Erweiterungskarten* nach dem alten Standard eingesetzt werden können. Die aktuell angebotenen PC verfügen üblicherweise über ein *VLB-* oder *PCI-*Bussystem.

3. Wozu dienen freie Steckplätze?

Will der Nutzer sein Computersystem ausbauen, weil er weitere Schnittstellen benötigt, so geschieht dies durch die Installation einer entsprechenden Erweiterungskarte. Hierfür ist ein freier Steckplatz notwendig.

5 Taktfrequenz und Computeruhr

5.1 Taktfrequenz — Arbeiten im Gleichschritt

Die Zusammenarbeit der Bestandteile des Mikroprozessors untereinander sowie die Zusammenarbeit mit dem Arbeitsspeicher und den angeschlossenen Geräten kann nur einwandfrei funktionieren, wenn die Arbeit im Gleichschritt erfolgt. Verantwortlich für die Geschwindigkeit des Gleichschritts (Taktes) ist der Taktgeber. Dies ist ein Baustein, in dem ein Quarzkristall Millionen von Impulsen pro Sekunde erzeugt, die in das Bussystem übertragen werden. Da alle Bausteine des Computers auf der Hauptplatine über das Bussystem miteinander verbunden sind, arbeiten sie im gleichen Takt. Der Taktgeber sendet bei der Abarbeitung eines Programms jeweils das Signal, wann der nächste Arbeitsschritt beginnen kann.

Die Taktgeschwindigkeit bzw. Taktfrequenz gibt somit an, wie schnell die Elemente des Computers auf der Hauptplatine zusammenarbeiten. Sie ist unter anderem ein Maßstab für die Beurteilung der Leistungsfähigkeit eines Computersystems. Die Taktfrequenz wird in Megahertz (MHz) angegeben, das heißt in Millionen Schwingungen pro Sekunde. Die Entwicklung der Prozessoren ist dadurch gekennzeichnet, daß die Taktfrequenz ständig gesteigert wurde. Folgende Tabelle auf Seite 74 gibt eine Übersicht über die Arbeitsgeschwindigkeiten der einzelnen Mikroprozessoren.

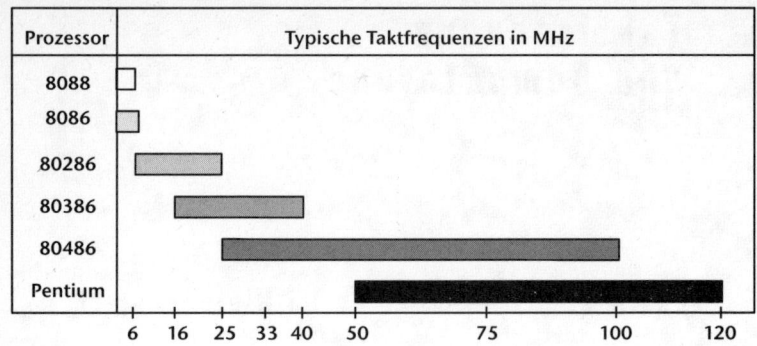

Prozessor	Typische Taktfrequenzen in MHz
8088	
8086	
80286	
80386	
80486	
Pentium	

6 16 25 33 40 50 75 100 120

Die Verdopplung oder auch die Verdreifachung der Taktfrequenz besagt zunächst einmal nur, daß die Arbeitsgeschwindigkeit im Mikroprozessor doppelt bzw. dreimal so hoch ist. Aber eine Taktfrequenz von 99 MHz bedeutet nicht automatisch, daß der Computer dreimal so schnell arbeitet wie ein Computer, der mit 33 MHz getaktet ist. Die Verdreifachung der Taktfrequenz wirkt sich vorrangig auf alle Operationen innerhalb des Mikroprozessors aus. Bei der Bearbeitung eines Programms sind nämlich häufig Ein- und Ausgabeoperationen notwendig, die den Arbeitsfluß wiederum verlangsamen.

Beispiel: Zugriffe auf die externen Speicher Diskette und Platte sind in ihrer Geschwindigkeit abhängig von der Zugriffsmechanik. Benötigt das System Daten vom externen Speicher, so werden diese auf Grund der Arbeit eines eigenen Controllers in einen auf der Controllerkarte befindlichen Pufferspeicher übertragen. Erst von hier erfolgt mit Hilfe des Controllers die Synchronisation mit dem Arbeitstakt des Bussystems und die Übergabe der Daten. Üblicherweise arbeiten diese Controller langsamer als die Taktfrequenz, die der Taktgeber über das Bussystem vorgibt. Es kann somit zu Wartezeiten beim Lesen kommen. Beim Schreiben von Daten auf externe Datenspeicher treten die gleichen Probleme auf.

Aber auch die Synchronisation der Arbeit innerhalb der Zentraleinheit kann Probleme bereiten. Die derzeit auf dem Markt angebotenen Speicherbausteine des Arbeitsspeichers ermöglichen unterschiedliche Zugriffsgeschwindigkeiten. Diese Zugriffsgeschwindigkeit wird in Nanosekunden (milliardstel Sekunden) gemessen. RAM-Chips mit 80, 70 und 60 Nanosekunden (ns) Zugriffszeit sind erhältlich.

Nicht immer baut der Computerhersteller in den Rechner mit der enorm hohen Taktgeschwindigkeit die teuren RAM-Bausteine mit beispielsweise einer Zugriffszeit von 60 ns ein, sondern verwendet langsamere und preiswertere Bausteine mit beispielsweise 80 ns. Beim Zugriff auf den Arbeitsspeicher muß der hoch getaktete Prozessor auf Grund der niedrigen Zugriffsgeschwindigkeit der Speicherbausteine eine Pause einlegen. Diese Pause wird als Waitstate bezeichnet. Viele Waitstates reduzieren die Arbeitsgeschwindigkeit.

Viele Hersteller bieten Computer an, bei denen verschiedene Taktfrequenzen möglich sind. Die Umstellung von einer niedrigeren auf eine höhere Taktfrequenz erfolgt durch Umschalten auf einen Turbomode. Für die Umschaltung auf die höhere Taktfrequenz ist entweder eine Turbotaste auf der Tastatur vorgesehen, oder am Gerät sind entsprechende Schalter angebracht.

Eine Möglichkeit, die Herstellerangaben zur Taktfrequenz zu überprüfen und die Arbeitsgeschwindigkeit des Prozessors zu ermitteln, bieten Testprogramme. Nach dem Start eines solchen Testprogramms wird auf dem Bildschirm die Taktfrequenz angezeigt (siehe dazu die Abbildung unten).

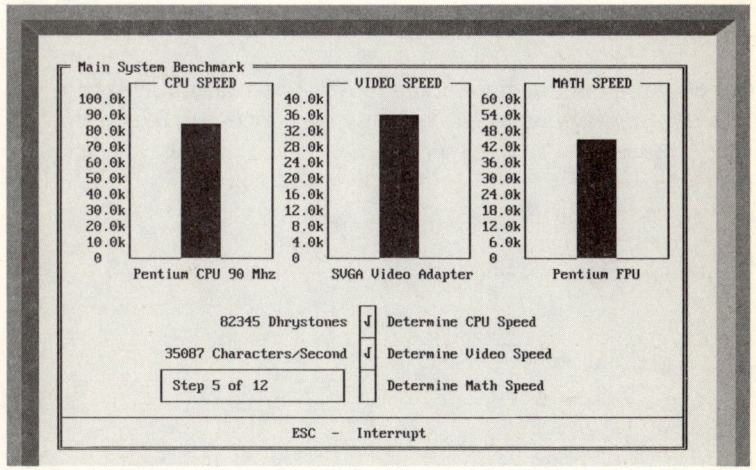

5.2 Die Uhr im Computer

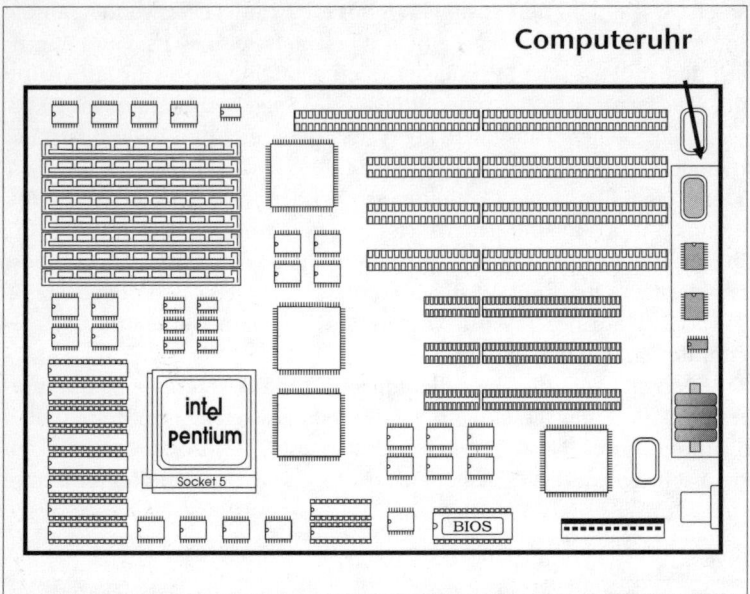

Computeruhr

Bei der Arbeit mit dem Computer, insbesondere beim Speichern von Dateien, werden unter dem Betriebssystem DOS das Datum und die Zeit der internen Uhr mitgespeichert.

```
COMMAND   COM        57.351 30.09.94    6:22
AUTOEXEC  BAT           288 09.02.95   14:34
CONFIG    SYS           333 09.02.95   14:47
KEYBOARD  SYS        34.607 30.09.94    6:22
KEYB      COM        15.871 30.09.94    6:22
COUNTRY   SYS        19.555 30.09.94    6:22
HIMEM     SYS        11.792 30.09.94    6:22
DEFRAG    EXE        79.657 30.09.94    6:22
EDIT      COM           429 30.09.94    6:22
SCANDISK  EXE       122.657 30.09.94    6:22
SCANDISK  INI         6.470 30.09.94    6:22
DOSKEY    COM         5.991 30.09.94    6:22
INTERLNK  EXE        17.709 30.09.94    6:22
INTERSVR  EXE        38.482 30.09.94    6:22
RAMDRIVE  SYS         5.967 30.09.94    6:22
SHARE     EXE        11.008 30.09.94    6:22
DEFRAG    HLP        10.256 30.09.94    6:22
MEMMAKER  EXE       120.407 30.09.94    6:22
```

Sind Datum und Zeit korrekt eingestellt, kann der Nutzer anhand dieser Angaben feststellen, wann er diese Datei zum letzten Mal bearbeitet hat. Aus diesem Grund ist in jeden Computer mit dem Mikroprozessor 80286 und höher eine batteriegepufferte Uhr auf der Platine eingebaut. Diese Systemuhr läuft somit auch weiter, wenn der Nutzer nicht am Computer arbeitet.

```
C:\>date
Gegenwärtiges Datum: Mi, 01.02.1995
Neues Datum (TT.MM.JJ): 9.2.95

C:\>time
Gegenwärtige Uhrzeit: 12:29:54,48
Neue Uhrzeit: 11.55
```

In einigen Programmiersprachen kann direkt auf diese Uhr zugegriffen werden, beispielsweise um eine Meldung eine bestimmte Zeit lang auf dem Bildschirm anzuzeigen. In Textverarbeitungsprogrammen ist es sinnvoll, in bestimmten Dokumentationen Druckzeit und Druckdatum in einer Kopf- oder Fußzeile mit auszugeben.

Die Einbindung von Datum und Uhrzeit erleichtert dem Nutzer die Sicherung der Datenbestände. Er muß immer nur die Dateien sichern, die nach dem Zeitpunkt der letzten Datensicherung bearbeitet worden sind. Unter DOS bietet der Befehl BACKUP entsprechende Varianten zur Sicherung der Datenbestände.

Erfahrungsgemäß stimmen bei einem Computer mit einer batteriegepufferten Uhr Datum und Uhrzeit nicht mehr, wenn der Rechner längere Zeit nicht genutzt worden ist. Deshalb sollte man ab und zu die Korrektheit von Datum und Uhrzeit kontrollieren und beide gegebenenfalls korrigieren.

5.3 Zusammenfassung

▨ Die Datenverarbeitung im Computer erfordert eine Synchronisation der Arbeit der einzelnen Bauelemente.

▨ Diese Synchronisation wird durch einen Taktgeber sichergestellt, der mit einer gleichbleibenden Taktfrequenz Steuersignale für die koordinierte Zusammenarbeit der einzelnen Bauteile erzeugt.

▨ Die Taktfrequenz wird in MHz gemessen. Je höher die Taktfrequenz ist, desto leistungsfähiger ist das Computersystem.

▨ Voraussetzung für hohe Taktraten ist, daß die einzelnen Bauteile entsprechende Zugriffsgeschwindigkeiten ermöglichen. Bei Bauelementen, die diesen Anforderungen nicht genügen, muß der Mikroprozessor eine Pause (Waitstate) einlegen.

▨ Viele Computer ermöglichen eine Arbeit mit unterschiedlichen Taktfrequenzen. Die höhere Taktfrequenz bezeichnet man häufig als Turbomode.

▨ Durch die Einbindung von Uhrzeit und Datum sieht der Nutzer, wann er eine Datei zuletzt bearbeitet hat. Die Datensicherung wird dadurch erleichtert.

▨ Auch der Besitzer eines Computers mit batteriegepufferter Uhr muß von Zeit zu Zeit Datum und Uhrzeit korrigieren.

5.4 Aufgaben

1. Datenverarbeitung im Computer setzt voraus, daß alle Bauteile _____ zusammenarbeiten. Die Koordination wird durch einen _____ gesteuert, der eine gleichbleibende _____ erzeugt. Sie ist unter anderem auch ein _____ _____ eines Computers.

2. Kreuzen Sie die zutreffenden Aussagen an!

   a) Eine Verdoppelung der Taktfrequenz bewirkt auch eine Verdoppelung der Arbeitsgeschwindigkeit des Computers.   ____

   b) Beim Schreiben und Lesen von Daten aus den externen Datenspeichern werden die Daten zuvor in einem Pufferspeicher zwischengespeichert, um eine Synchronisation mit der relativ langsamen Zugriffsmechanik zu erreichen.   ____

   c) Werden in einen Computer mit relativ hoher Taktfrequenz RAM-Bausteine mit niedriger Zugriffsgeschwindigkeit eingebaut, muß der Mikroprozessor Pausen (Waitstates) einlegen.   ____

   d) Bei Computern, die ein Arbeiten mit unterschiedlichen Taktfrequenzen ermöglichen, wird die höhere Verarbeitungsgeschwindigkeit als Turbomode bezeichnet.   ____

   e) Mit Testprogrammen kann die Taktfrequenz exakt ermittelt werden.   ____

3. Welchen Vorteil hat die Einbindung von Datum und Uhrzeit bei der Verarbeitung von Daten mit dem Computer?

   _____

   _____

   _____

5.5 Lösungen

1. Datenverarbeitung im Computer setzt voraus, daß alle Bauteile _synchron_ zusammenarbeiten. Die Koordination wird durch einen _Taktgeber_ gesteuert, der eine gleichbleibende _Taktfrequenz_ erzeugt. Sie ist unter anderem auch ein _Maßstab für die Leistungsfähigkeit_ eines Computers.

2. Kreuzen Sie die zutreffenden Aussagen an!

   a) Eine Verdoppelung der Taktfrequenz bewirkt auch eine Verdoppelung der Arbeitsgeschwindigkeit des Computers. ____

   b) Beim Schreiben und Lesen von Daten aus den externen Datenspeichern werden die Daten zuvor in einem Pufferspeicher zwischengespeichert, um eine Synchronisation mit der relativ langsamen Zugriffsmechanik zu erreichen. _X_

   c) Werden in einen Computer mit relativ hoher Taktfrequenz RAM-Bausteine mit niedriger Zugriffsgeschwindigkeit eingebaut, muß der Mikroprozessor Pausen (Waitstates) einlegen. _X_

   d) Bei Computern, die ein Arbeiten mit unterschiedlichen Taktfrequenzen ermöglichen, wird die höhere Verarbeitungsgeschwindigkeit als Turbomode bezeichnet. _X_

   e) Mit Testprogrammen kann die Taktfrequenz exakt ermittelt werden. ____

3. Welchen Vorteil hat die Einbindung von Datum und Uhrzeit bei der Verarbeitung von Daten mit dem Computer?

   Der Nutzer sieht, wann er eine Datei zuletzt bearbeitet hat. Außerdem erleichtert sie die Datensicherung, da meistens nur Dateien eines bestimmten Bearbeitungszeitraums zu sichern sind.

6 Schnittstellen – Verbindung zur Außenwelt

Bisher haben wir vor allem den Datentransport in der Zentraleinheit dargestellt. Bei der Datenverarbeitung kommen Eingabedaten überwiegend über die Tastatur in den Computer. Das Ergebnis der Arbeit mit dem Computer wird über den Drucker ausgegeben. Daneben können noch eine Vielzahl anderer Peripheriegeräte zur Eingabe und Ausgabe von Daten angeschlossen sein. Der Datentransport von den Peripheriegeräten in die Zentraleinheit und umgekehrt wird über Schnittstellen abgewickelt. Dies sind elektronische Schaltungen, die die Steuerung und kurzzeitige Zwischenspeicherung einzelner Daten beim Datentransfer übernehmen. In der Fachsprache wird die Schnittstelle auch mit der englischen Bezeichnung **Interface** benannt.

Der Begriff «Schnittstelle» ist allerdings wie viele andere Begriffe in der Computertechnik nicht eindeutig. So wird häufig die Bezeichnung «interne Schnittstelle» verwendet, wenn Daten den Mikroprozessor verlassen, um über das Bussystem in den Arbeitsspeicher transportiert zu werden. Eine weitere Verwendung des Begriffs «Schnittstelle» findet sich bei Übergabe von Daten aus einem Programm in ein anderes Programm (Software-Schnittstelle). Im allgemeinen versteht man aber unter diesem Begriff die Hardware-Schnittstellen, die verantwortlich sind für den Datentransport zwischen den Peripheriegeräten und der Zentraleinheit. Dabei werden im wesentlichen die parallele und serielle Schnittstelle sowie die Tastaturschnittstelle unterschieden.

6.1 Parallele Schnittstelle

▪ Funktionsprinzip

Die parallele Schnittstelle hat ihren Namen vom Funktionsprinzip der Datenübertragung. In acht Datenleitungen werden gleichzeitig (parallel) acht Bits (= 1 Byte = 1 Zeichen) übertragen. Die parallele Schnitt-

stelle dient hauptsächlich zur Übertragung der Daten an den angeschlossenen Drucker.

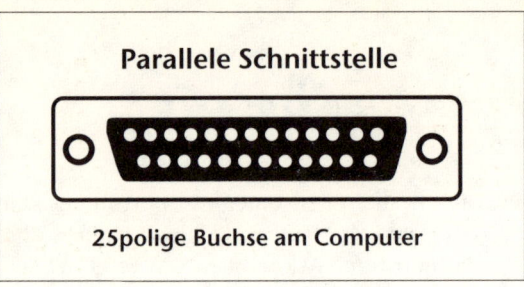

Parallele Schnittstelle

25polige Buchse am Computer

◼ Stecker und Buchsen

Bei der parallelen Schnittstelle hat sich als Standard die Verwendung einer 25poligen Buchse durchgesetzt. Da diese Buchse zur Aufnahme eines entsprechenden 25poligen Steckers dient, wird sie in der englischen Sprache als female connector bezeichnet. Der entsprechende
Stecker ist dann der male connector. In Anlehnung daran spricht man
bei uns von weiblichen und männlichen Anschlüssen. Beim Drucker-
anschlußkabel befindet sich an einem Ende der 25polige (männliche)
Stecker. Am anderen Ende wird überwiegend ein 36poliger sogenannter Centronics-Stecker verwendet. Dieser Standard wurde von dem
Druckerhersteller Centronics entwickelt und hat sich auf dem Markt
durchgesetzt. Aus diesem Grund wird die parallele Schnittstelle häufig
auch als Centronics-Schnittstelle bezeichnet (siehe dazu die Abbildung
auf Seite 83):

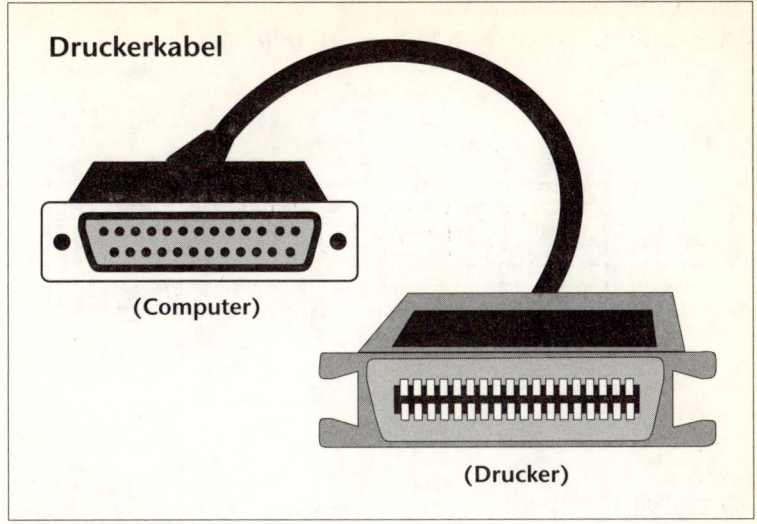

Druckerkabel

(Computer)

(Drucker)

■ Kommunikation

Der 25polige Anschluß ermöglicht die Verwendung von 25 Leitungen. Neben den acht Datenleitungen sind Kontroll- und Steuerleitungen notwendig. Beispielsweise sendet die parallele Schnittstelle vor Beginn der Datenübertragung ein Signal über eine bestimmte Leitung an den Drucker und teilt auf diese Weise mit, daß Daten zur Übertragung bereitstehen. Der Drucker signalisiert über eine andere Leitung, daß er betriebsbereit ist und die Daten für den Ausdruck übernehmen kann. Wenn der Drucker noch mit der Ausgabe vorher empfangener Daten beschäftigt ist, sendet er über eine dafür vorgesehene Leitung ein entsprechendes Signal an die parallele Schnittstelle. Ist der Drucker nicht on-line geschaltet, fehlt das Papier oder kommt es zu einem Papierstau, so sendet der Drucker die entsprechende Fehlermeldung über dafür reservierte Leitungen an die parallele Schnittstelle. Da eine laufende Abstimmung über den Datentransport zwischen Schnittstelle und Peripherie stattfindet, heißt ein solches Verfahren Handshaking (elektronisches Händeschütteln).

Arbeitet der Nutzer beispielsweise mit einem Textverarbeitungsprogramm, so werden Fehlermeldungen, die vom Drucker an die parallele Schnittstelle gegeben werden, von der verwendeten Software ausgewertet und als Fehlermeldungen über den Bildschirm angezeigt.

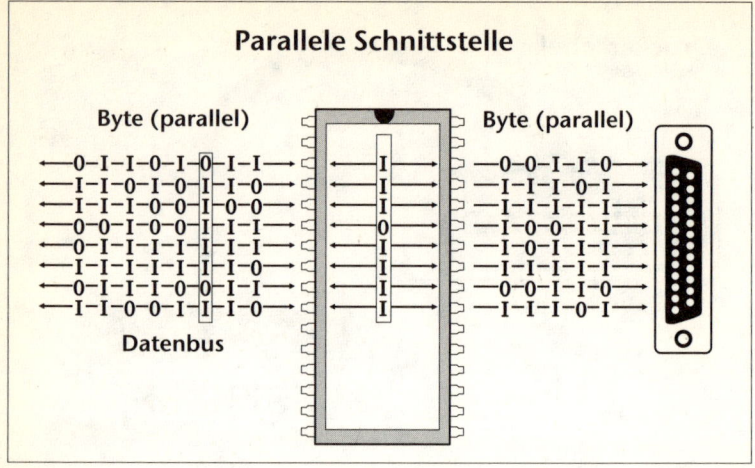

Parallele Schnittstelle

Zugriff auf mehrere parallele Schnittstellen

Die meisten Computer werden nur mit einer parallelen Schnittstelle angeboten. Bei umfangreicher Peripherie, z. B. beim gleichzeitigen Anschluß von Plotter und Drucker oder mehrerer Drucker, kommt der Nutzer in Bedrängnis. Ein Möglichkeit ist der Kauf einer Zusatzkarte mit einer weiteren parallelen Schnittstelle. Die korrekte Ansteuerung dieser Schnittstelle unter MS-DOS macht es erforderlich, daß der Einbau durch einen Fachmann vorgenommen wird.

MS-DOS vergibt für die angeschlossenen Schnittstellen vorgegebene Namen. Bei einer parallelen Schnittstelle wird diese intern mit der Bezeichnung PRN oder LPT1: angesprochen. Der Name PRN ist abgeleitet aus **prin**ter, LPT leitet sich ab aus **l**ine **print**er (Zeilendrucker). Unter DOS können maximal drei parallele Schnittstellen installiert werden. Diese werden dann mit den Bezeichnungen LPT1:, LPT2: und LPT3: angesprochen.

Reicht die Anzahl der parallelen Schnittstellen für die vorhandene Peripherie nicht aus, so ist der Kauf einer Druckerweiche (T-Switch) eine preiswerte Alternative zu Kauf und Installation einer Zusatzkarte. Mit einem solchen Schalter können von einer parallelen Schnittstelle Daten alternativ auf zwei oder vier angeschlossene Geräte geleitet werden.

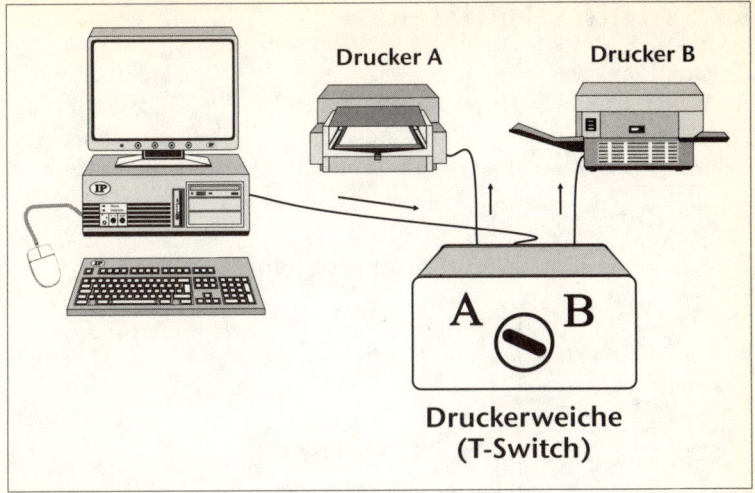

Drucker A

Drucker B

A B

**Druckerweiche
(T-Switch)**

▪ Nutzung

Die parallele Schnittstelle wird üblicherweise für den Datentransfer zum Drucker genutzt. Druckerkabel sind normalerweise nicht länger als 2 Meter. Ein problemloser Betrieb ist bis zu einer Entfernung von etwa 5 Metern möglich. Bei längeren Kabeln können Störungen bei der Datenübertragung auftreten. Sollen Daten über eine längere Strecke zum Drucker übertragen werden, so ist der Drucker über die serielle Schnittstelle anzuschließen.

Zur Dateneingabe wird die parallele Schnittstelle relativ selten verwendet. In letzter Zeit werden immer mehr Scanner (vgl. Kapitel 7.3.6) eingesetzt, die Bildvorlagen abtasten und die Darstellung in den Computer übertragen. Wegen der großen Datenmengen, die in kürzester Zeit zu übertragen sind, wird hierfür die parallele Schnittstelle genutzt.

Einige Hersteller bieten transportable Bandlaufwerke (Streamer) an, die die Daten ebenfalls über die parallele Schnittstelle austauschen.

Die parallele Schnittstelle kann auch für den Datentransfer zwischen Computern genutzt werden. Speziell dafür entwickelte Programme wie beispielsweise LapLink ermöglichen es, mit einem speziellen Kabel Daten und Programme von Festplatte zu Festplatte zu übertragen. Insbesondere die Nutzer von tragbaren Computern (Laptops) können auf diese Art und Weise sehr schnell ihre Daten auf den Computer im Büro überspielen.

6.2 Serielle Schnittstelle

▦ Funktionsweise

Auch hier deutet der Name der Schnittstelle auf die Organisation des Datentransfers hin. Die Daten werden Bit für Bit hintereinander von der Schnittstelle an das angeschlossene periphere Gerät übertragen.

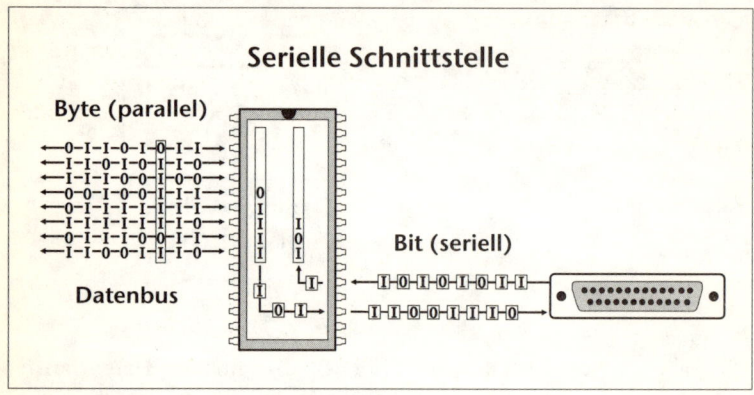

▦ Nutzung

Die serielle Schnittstelle wird nicht wie die parallele Schnittstelle vorwiegend für den Datentransfer vom Computer zum Peripheriegerät eingesetzt, sondern ebenso häufig für den Datentransfer von der Peripherie zum Computer. Daher ist die Vielfalt der Geräte, die an serielle Schnittstellen angeschlossen werden können, erheblich größer. Ein- und Ausgabegeräte, die serielle Schnittstellen nutzen, zeigt die folgende Übersicht:

Eingabegeräte	Ausgabegeräte	Dialoggeräte
Maus	Drucker	Akustikkoppler
Lesestift	Plotter	Modem
Joystick		
Digitalisiertablett		
Scanner		

Drucker werden an die serielle Schnittstelle angeschlossen, wenn erhebliche Entfernungen zu überbrücken sind. Die notwendige Verstärkung der elektrischen Signale während des Transports ist bei bitweiser Übertragung technisch einfacher zu bewältigen als bei der parallelen Übertragung.

▨ Einbindung in das Betriebssystem

Der Datentransfer über die parallele Schnittstelle erfordert die richtigen Stecker und das richtige Kabel. Detaillierte Kenntnisse über die Arbeitsweise sind nicht erforderlich. Die serielle Schnittstelle erfordert es, daß der Nutzer auf der Ebene des Betriebssystems Parameter für die Übertragung der Daten mit dem DOS-Befehl MODE festlegt. Ein solcher MODE-Befehl kann für den Betrieb eines Druckers folgendermaßen aussehen:

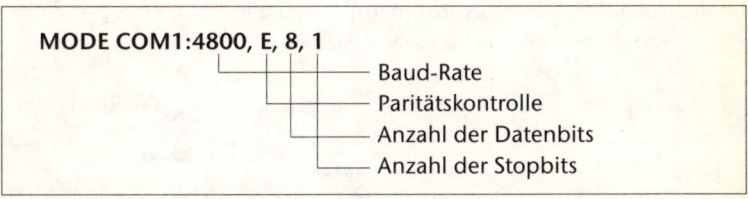

Computer werden häufig mit zwei seriellen Schnittstellen ausgeliefert. DOS spricht die einzelnen seriellen Schnittstellen mit dem Namen COM1: bzw. COM2: an. Der Name COM ist abgeleitet aus dem Begriff **com**munication. Der Nutzer kann bei Bedarf durch zusätzliche Schnittstellenkarten weitere serielle Schnittstellen installieren lassen. Die serielle Schnittstelle wird auch als V.24-Schnittstelle oder als RS 232 bezeichnet.

▨ Baudrate

Die Geschwindigkeit, mit der die einzelnen Bits übertragen werden, hängt von den technischen Möglichkeiten der beteiligten Geräte ab. Die Übertragungsrate wird in Bit pro Sekunde (Baud) angegeben. In dem MODE-Befehl ist eine Übertragungsgeschwindigkeit von 4800 Baud (Bit pro Sekunde) festgelegt. Folgende Baudraten werden üblicherweise verwendet:

150, 300, 600, 1200, 2400, 4800, 9600, 19 200, 38 400, 57 600, 115 200

Aus Vereinfachungsgründen hat man sich bei der Stufung der Baudraten jeweils auf eine Verdoppelung geeinigt.

▪ Stopbit und Paritätskontrolle

Bei der bitweisen Übertragung der Daten kann im Empfangsgerät die Umwandlung in ein Zeichen erst vorgenommen werden, wenn alle acht Bits angekommen sind. Wird bei einer Störung nur ein Bit nicht übernommen, kann das dazu führen, daß alle nachfolgenden Daten verfälscht werden. Um auch bei der bitweisen Übertragung die Zeichen deutlich voneinander zu trennen, sind jeweils nach den zusammengehörigen Datenbits Prüfbits und Stopbits eingeschoben. Der Wert des Prüfbits ist dabei nicht wie beim Stopbit von vornherein festgelegt, sondern wird sowohl beim Sendegerät als auch beim Empfangsgerät errechnet. Bei dieser Paritätsprüfung unterscheidet man eine gerade Parität (engl. even) und eine ungerade Parität (engl. odd).

Beispiel: Der Buchstabe A wird über die serielle Schnittstelle gesendet.

Datenbits								
A =	0	I	0	0	0	0	0	I

Bei gerader Parität sieht die Bitfolge so aus:

Bitfolge bei gerader Parität								Prüf-bit	Stopbit	
Datenbits								Prüf-bit	Stopbit	
0	I	0	0	0	0	0	I	0	I	I

Die ungerade Parität führt zu folgendem Ergebnis:

Bitfolge bei ungerader Parität								Prüf-bit	Stopbits	
Datenbits								Prüf-bit	Stopbits	
0	I	0	0	0	0	0	I	I	I	I

Im MODE-Befehl wird über E die gerade, über O die ungerade Parität und über N keine Paritätsprüfung vereinbart. Entspricht am Empfangsgerät die errechnete Parität nicht dem gesendeten Prüfbit, so ist davon auszugehen, daß bei der Datenübertragung ein Fehler aufgetreten ist. Das Sendegerät wird über eine Steuerleitung aufgefordert, das entsprechende Zeichen erneut zu übertragen.

Der dritte Parameter des MODE-Befehls (8) gibt an, wie viele Bits zur Darstellung eines Zeichens verwendet werden. Die ältere Version des ASCII-Codes, die auf Grund des amerikanischen Ursprungs keine Umlaute kannte, kam mit sieben Bits zur Darstellung eines Zeichens aus. Der deutsche Zeichensatz mit den Umlauten erfordert acht Bits. Der letzte Parameter dient der Vereinbarung der Anzahl der Stopbits. Hier hat der Nutzer die Möglichkeit, zwischen einem bzw. zwei Stopbits zu wählen. Durch die Verwendung der zusätzlichen Stopbits wird die Sicherheit der Datenübertragung erhöht.

Die zusätzliche Sicherheit durch die Verwendung von Prüf- und Stopbits hat ihren Preis. Neben der Nutzlast Datenbits muß die Zusatzlast Prüf- und Stopbits übertragen werden, was die Übertragungszeit verlängert.

Die im MODE-Befehl gewählten Parameter des Beispiels waren auf einen seriellen Drucker abgestimmt. Empfangs- und Sendegerät müssen beide mit den gleichen Parametern arbeiten. Sind im Empfangsgerät bestimmte Parameter vorgegeben, muß der Nutzer den Computer über den MODE-Befehl entsprechend einstellen. Sind sowohl Empfangs- als auch Sendegerät einstellbar, ist bei beiden Geräten die gleiche Einstellung vorzunehmen.

Bei einigen Geräten, die die serielle Schnittstelle nutzen, beispielsweise bei einer Maus, braucht der Nutzer keinerlei Einstellungen vorzunehmen. Das Programm, das diese Geräte in das Betriebssystem einbindet (z. B. MOUSE.SYS), legt die Parameter selbständig fest.

■ Einsatz bei der Datenfernübertragung

Die serielle Schnittstelle wird häufig für die Datenfernübertragung genutzt. Ein Modem bietet dem Nutzer eine preiswerte Möglichkeit, Daten aus dem eigenen Computer über das Telefonnetz an andere Computer zu übertragen beziehungsweise Daten von anderen Computern zu empfangen.

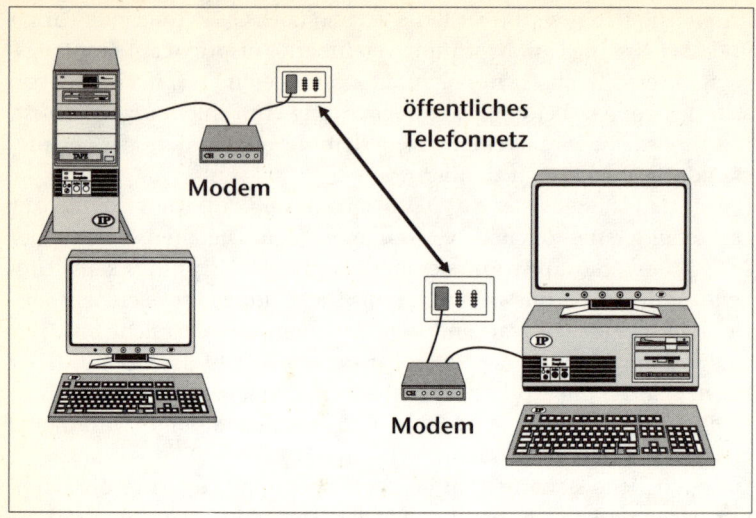

Das Modem wandelt die vom sendenden Computer zur Darstellung von Zeichen verwendeten hohen und niedrigen Spannungen (0 und 1 = digitale Zeichen) in analoge Zeichen (Töne) um. Am anderen Ende der Leitung ist wiederum ein Modem notwendig, das die analogen Informationen in digitale und damit für den Computer verwertbare Daten zurückverwandelt. Neben externen Modems, die die serielle Schnittstelle nutzen, gibt es interne Modems, die als Speicherkarte in den Computer eingebaut werden. Die meisten Modems verfügen zusätzlich über eine Faxfunktion. Dokumente können hiermit direkt aus dem Arbeitsspeicher heraus als Fax versendet werden.

Steckerproblematik

Die bitweise Übertragung von Daten läßt den Schluß zu, daß nur ein Kabel mit zwei Datenleitungen benötigt wird, eine Datenleitung für das Senden und eine Datenleitung für den Empfang der Daten. Kabel für die serielle Schnittstelle haben aber neben den zwei Datenleitungen eine Vielzahl von Steuer- und Kontrolleitungen, so daß insgesamt neun Leitungen benötigt werden. Einige Hersteller rüsten ihre Computer mit seriellen Schnittstellen aus, die einen 25poligen Stecker haben.

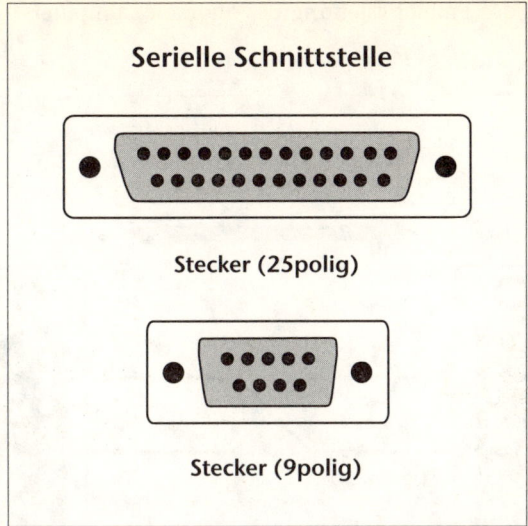

Zunehmend werden aber neunpolige Stecker eingebaut, um einer Verwechslung mit der parallelen Schnittstelle vorzubeugen. Mittlere Verzweiflung überkommt dann den unerfahrenen Nutzer, wenn der Computer einen neunpoligen Stecker, das Kabel zum peripheren Gerät jedoch eine 25polige Buchse aufweist. In diesem Fall muß ein Adapterkabel verwendet werden, das mit einer neunpoligen Buchse und einem 25poligen Stecker ausgerüstet ist. Solche Adapterkabel können im Computerzubehörhandel erworben werden.

▪ Computerkommunikation

Nutzer von tragbaren Computern wie Laptops möchten oftmals Daten zum Computer im Büro übertragen, um die Daten dort weiterzuverarbeiten. Typisch ist diese Situation für Mitarbeiter im Außendienst, die beim Kunden die Daten direkt mit dem Laptop erfassen und zur weiteren Bearbeitung auf das Computersystem im Büro überspielen. Zur Datenübertragung wird auch die serielle Schnittstelle genutzt.

Das normale serielle Kabel kann hierfür nicht verwendet werden, da die Leitungen für diesen Zweck falsch geschaltet sind. Ein Datenaustausch ist so nicht möglich. Abhilfe schafft ein sogenanntes Nullmodemkabel. Bei diesem Kabel wird die Sendeleitung des einen Computers mit der Empfangsleitung des anderen Computers über Kreuz verbunden.

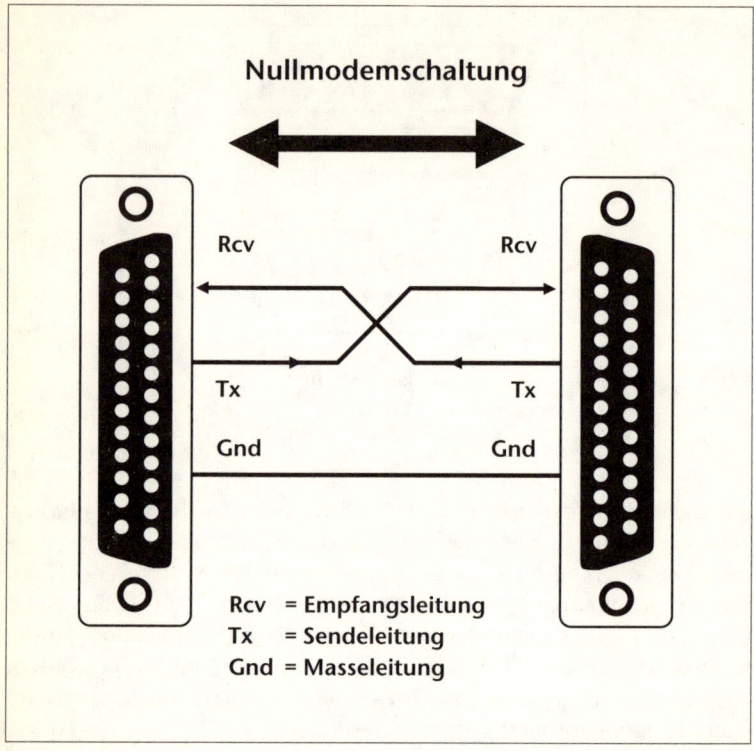

Nullmodemschaltung

Rcv   Rcv

Tx   Tx

Gnd   Gnd

Rcv = Empfangsleitung
Tx   = Sendeleitung
Gnd = Masseleitung

Bei einem solchen Kabel muß auf beiden Seiten eine Buchse montiert sein.

6.3 Zusammenfassung

■ Der Begriff «Schnittstelle» ist in der Datenverarbeitung nicht eindeutig. Normalerweise ist hiermit die Hardware-Schnittstelle gemeint, die für den Datentransfer zwischen Zentraleinheit und Peripherie zuständig ist.

▪ Der Datentransport von den Peripheriegeräten zur Zentraleinheit und umgekehrt wird über Schnittstellen abgewickelt.

▪ Bei der parallelen Schnittstelle werden in acht Datenleitungen gleichzeitig acht Bit übertragen.

▪ Neben den Datenleitungen sorgen Kontroll- und Steuerleitungen für einen reibungslosen Datentransfer.

▪ Ein Computer kann unter DOS auf maximal drei parallele Schnittstellen aufgerüstet werden. Ihre Bezeichnungen in diesem Betriebssystem lauten LPT1:, LPT2: und LPT3:.

▪ Reicht die Anzahl der parallelen Schnittstellen für die angeschlossene Peripherie nicht aus, so können T-Switches (Weichen) eingesetzt werden.

▪ Die Länge des Übertragungsweges ist bei der parallelen Schnittstelle begrenzt. Bei längeren Strecken ist die serielle Übertragungsart vorzuziehen.

▪ Bei der seriellen Schnittstelle werden Daten bitweise übertragen.

▪ Während die parallele Schnittstelle hauptsächlich dem Datentransfer zum Peripheriegerät dient, wird die serielle Schnittstelle sehr häufig auch zur Dateneingabe verwendet.

▪ Üblicherweise haben Computer ein bis zwei serielle Schnittstellen, die unter DOS mit den Bezeichnungen COM1: und COM2: angesprochen werden.

▪ Die serielle Schnittstelle erfordert eine Einstellung der Parameter für die Datenübertragung. Dies geschieht entweder über die verwendete Software, mit der beispielsweise ein Modem gesteuert wird, oder über den MODE-Befehl im Betriebssystem DOS.

▪ Die Übertragungsgeschwindigkeit wird in Baud angegeben. Die Baudrate gibt an, wie viele Bits pro Sekunde übertragen werden.

▪ Zusätzlich zu den Datenbits werden noch Prüf- und Stopbits übertragen.

▪ Das Prüfbit dient dazu, Übertragungsfehler zu erkennen. Stopbits trennen jeweils die einzelnen übertragenen Zeichen.

▪ Die Datenfernverarbeitung wird bevorzugt über die serielle Schnittstelle abgewickelt.

▪ Wird für die Datenübertragung zwischen zwei Computern die serielle Schnittstelle genutzt, muß hierfür ein Nullmodemkabel verwendet werden.

6.4 Aufgaben

1. Worin besteht der wesentliche Unterschied zwischen einer parallelen und einer seriellen Datenübertragung?

   _____

   _____

   _____

   _____

2. Bei der parallelen Datenübertragung werden neben den acht _____ noch _____ benötigt. Sie dienen der Abstimmung des Datentransfers. Diese permanente Abstimmung des Datentransports zwischen Schnittstelle und Peripherie bezeichnet man als _____.

3. Geben Sie jeweils an, mit welchem Namen das periphere Gerät unter DOS angesprochen wird.

   ▪ Diskette   _____
   ▪ Festplatte   _____
   ▪ Tastatur   _____
   ▪ Bildschirm   _____
   ▪ erste parallele Schnittstelle   _____
   ▪ erste serielle Schnittstelle   _____

4. Ein Drucker mit einer seriellen Schnittstelle soll an einen Computer angeschlossen werden. Der Drucker arbeitet mit einer Baudrate von 9600, ungerader Parität, 8-Bit-Code und zwei Stopbits.
   Notieren Sie den Befehl, mit dem unter DOS der Drucker korrekt eingebunden wird.

   _____

5. Warum ist bei der Kommunikation zwischen zwei Computern über die serielle Schnittstelle ein Nullmodemkabel zu verwenden?

   _____

   _____

   _____

   _____

6.5 Lösungen

1. Worin besteht der wesentliche Unterschied zwischen einer parallelen und einer seriellen Datenübertragung?

   Bei der parallelen Datenübertragung werden gleichzeitig acht Bit zwischen Zentraleinheit und Peripherie ausgetauscht. Von einer seriellen Datenübertragung spricht man, wenn Daten Bit für Bit übertragen werden.

2. Bei der parallelen Datenübertragung werden neben den acht *Datenleitungen* noch *Kontroll- und Steuerleitungen* benötigt. Sie dienen der *Abstimmung* des Datentransfers. Diese permanente Abstimmung des Datentransports zwischen Schnittstelle und Peripherie bezeichnet man als *Handshaking*.

3. Geben Sie jeweils an, mit welchem Namen das periphere Gerät unter DOS angesprochen wird.

▪ Diskette	*A: oder B:*
▪ Festplatte	*C: oder D:*
▪ Tastatur	*CON:*
▪ Bildschirm	*CON:*
▪ erste parallele Schnittstelle	*LPT1: oder PRN:*
▪ erste serielle Schnittstelle	*COM1:*

4. Ein Drucker mit einer seriellen Schnittstelle soll an einen Computer angeschlossen werden. Der Drucker arbeitet mit einer Baudrate von 9600, ungerader Parität, 8-Bit-Code und zwei Stopbits.
   Notieren Sie den Befehl, mit dem unter DOS der Drucker korrekt eingebunden wird.

   MODE COM1: 9600, O, 8, 2

5. Warum ist bei der Kommunikation zwischen zwei Computern über die serielle Schnittstelle ein Nullmodemkabel zu verwenden?

   Werden bei der Kommunikation zwischen Computern normale serielle Kabel verwendet, treffen die beiden Sendeleitungen bzw. die beiden Empfangsleitungen aufeinander. Ein Datenaustausch ist nur dann möglich, wenn die beiden Leitungen mit einem Nullmodemkabel über Kreuz geführt werden.

7 Eingabegeräte

Daten können durch den Nutzer auf die verschiedenste Weise in den Computer eingegeben werden. Dabei stehen ihm eine Vielzahl von Eingabegeräten zur Verfügung: Tastatur, Maus, Trackball, Joystick, Lichtgriffel, Digitalisiertablett, Barcodeleser und Scanner.

7.1 Tastatur

Das wichtigste Eingabegerät ist immer noch die Tastatur. Die Anweisungen des Nutzers an das Betriebssystem, der Einsatz von Software und die Eingabe der Daten in den Computer erfordern in der Regel ihren Einsatz.

7.1.1 Aufbau der Tastatur

Eine Tastatur besteht aus mehreren Tastenblöcken. Die ursprüngliche PC-Tastatur hat drei, die heute gängige MF-Tastatur (Multifunktions-Tastatur) hat vier Tastenblöcke.

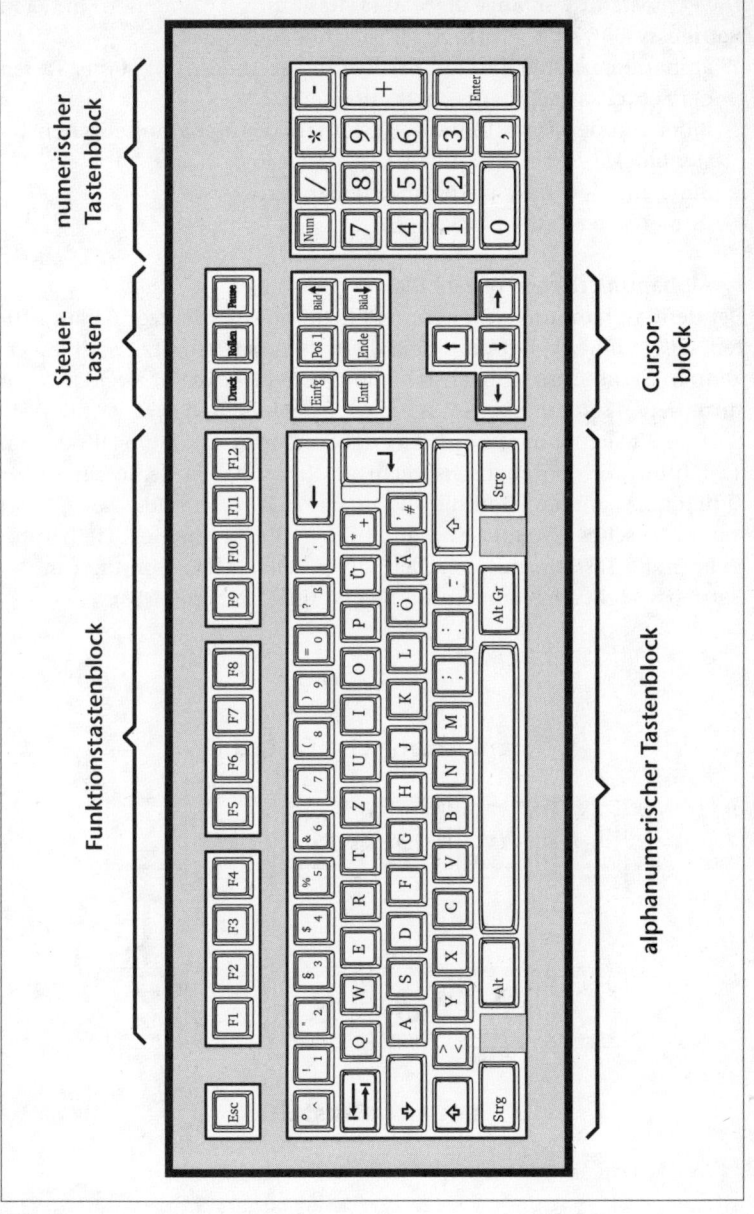

Die PC-Tastatur war lange die Standardtastatur bei Computern mit dem Betriebssystem DOS. Typisch war folgende Einteilung:

- alphanumerischer Tastenblock, der in der Anordnung seiner Tasten der Schreibmaschinentastatur entspricht,
- Block mit den Funktionstasten oberhalb des alphanumerischen Tastenblocks,
- Block mit den Tasten zur Cursorsteuerung,
- numerischer Tastenblock.

Alphanumerischer Tastenblock

Bei dem alphanumerischen Tastenblock muß der Nutzer darauf achten, daß er eine Tastatur mit dem deutschen Zeichensatz erhält. Zu erkennen ist diese an der Buchstabenfolge QWERTZ in der zweiten Tastaturreihe. Außerdem hat sie Tasten mit den Umlauten Ä, Ö, Ü, die Taste ß und hält sich in der Anordnung der Sondertasten an die DIN-Norm. Tastaturen für den englischsprachigen Raum haben keine Tasten für Umlaute. Außerdem sind die Tasten Y und Z vertauscht. Da DOS ein amerikanisches Produkt ist, muß durch ein spezielles Treiberprogramm die Tastatur mit dem deutschen Zeichensatz gesondert in das Betriebssystem eingebunden werden (vergleiche Kapitel 10).

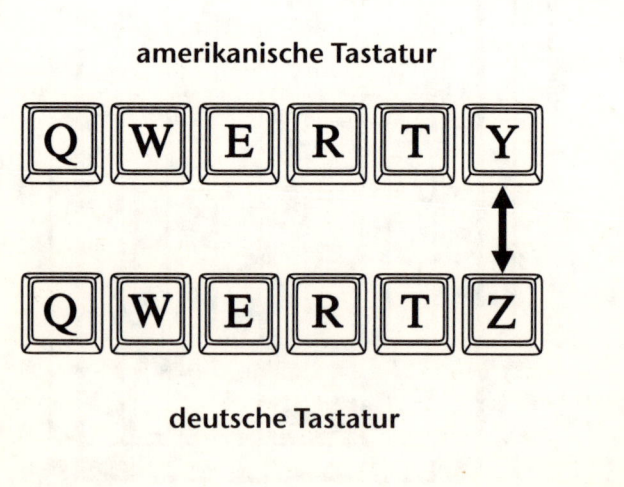

amerikanische Tastatur

deutsche Tastatur

▨ Funktionstastenblock

Die Tasten des Funktionstastenblocks erhalten ihre Bedeutung erst durch das jeweilige Anwendungsprogramm. Durch Betätigung einer Funktionstaste wird im jeweiligen Programm ein in der Software festgelegter Arbeitsablauf ausgelöst.

Beispiel: Im Textverarbeitungsprogramm Word wird nach Betätigung der Funktionstaste ⌷F8⌷ das Wort markiert, in dem der Cursor gerade steht. Befindet er sich vor einem Wort, so wird das rechte Wort markiert. Die Belegung der Funktionstasten ist allerdings in jedem Programm anders. Der Nutzer, der mit mehreren Programmen arbeitet, muß daher eine Vielzahl von Funktionstastenbelegungen beherrschen. Deshalb liefern viele Anbieter von Standardsoftware für ihr Produkt eine entsprechende Schablone, die auf die Tastatur gelegt werden kann und Informationen über die Bedeutung der Funktionstasten enthält.

▨ Cursorblock

In Anwendungsprogrammen kann mit den Cursorsteuertasten der Cursor an beliebige Positionen des Bildschirms bewegt werden. Mit der Taste ⌷Einfg⌷ wird in vielen Programmen häufig zwischen dem Einfüge- und Überschreibmodus gewechselt. Die Taste ⌷Entf⌷ dient zum Löschen markierter Daten.

▨ Numerischer Block

Soll eine große Menge von Zahlen eingegeben werden, ist die Nutzung des numerischen Blocks bequemer als die Eingabe der Zahlen über den alphanumerischen Tastenblock. Die wichtigsten Rechenzeichen, das Dezimalkomma sowie eine weitere ⌷↵⌷-Taste sind in diesen Block integriert. Über die Taste ⌷Num⟳⌷ lassen sich die Cursorsteuerfunktionen auf dem numerischen Block zuschalten. Dies ist notwendig bei Programmen, die noch für Computer geschrieben wurden, bei denen die Tastatur nur einen kombinierten Cursor-/numerischen Block aufwies.

▨ Tasten mit Sonderfunktionen

Als amerikanisches Produkt hatte der Computer ursprünglich Tastaturen mit englischen Tastenbezeichnungen. Inzwischen werden auf dem Markt Tastaturen auch mit deutschen Tastenbezeichnungen angeboten. Daneben gibt es Tastaturen, bei denen der Hersteller teilweise die englischen Standardbezeichnungen und die deutschen Tastenbezeichnungen vermischt hat. In der folgenden Übersicht finden Sie die

in diesem Buch verwendeten Tastensymbole und die entsprechenden
Bezeichnungen auf verschiedenen Tastaturen.

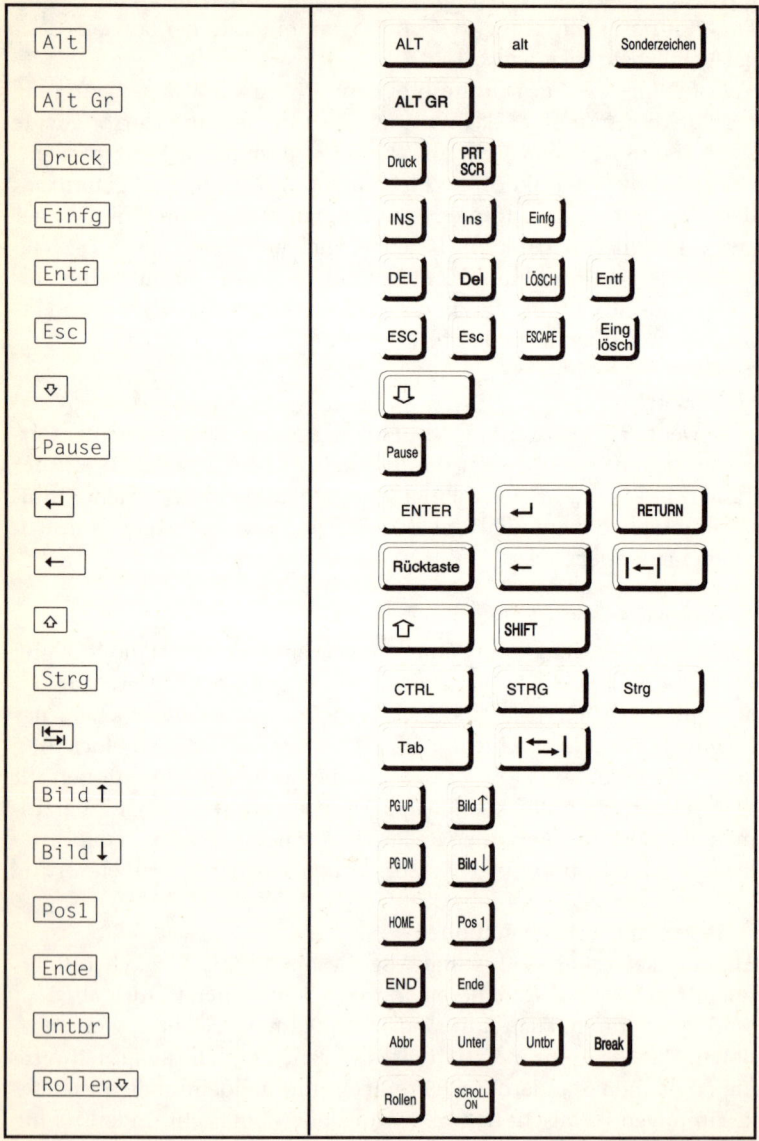

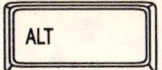

Wird diese Taste in Kombination mit einer anderen Taste betätigt, so erhält diese eine **alt**ernative Funktion. Diese ist allerdings abhängig von der jeweils verwendeten Software. Die Formulierung «in Kombination mit einer anderen Taste» besagt, daß zuerst die Alt-Taste niedergehalten werden muß, während die anderen Tasten nacheinander betätigt werden.

Beispiel: In Word, Version 5, dient die Taste Alt in Kombination mit einer Vielzahl anderer alphabetischer Tasten zur Formatierung von Texten. Bei der Version 6 und bei Word für Windows wird mit der Alt-Taste die Menüleiste aktiviert.

Darüber hinaus dient die Alt-Taste dazu, in Kombination mit den Tasten des numerischen Blocks Zeichen des ASCII-Codes zu erzeugen. Diese Möglichkeit wird insbesondere dann genutzt, wenn Zeichen benötigt werden, die nicht auf der Tastatur vorhanden sind.

Beispiel: Das Zeichen Σ hat den ASCII-Code 228 und wird durch die Tastenkombination Alt+2 2 8 erzeugt.
Diese Verwendungsmöglichkeit der Alt-Taste ist unabhängig von der verwendeten Software. Sie funktioniert in nahezu jedem Programm und auf der Ebene von DOS.

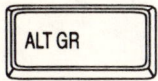

Dreifach belegte Tasten bieten Zeichen, die normalerweise nicht auf der Tastatur vorhanden sind. Sie werden durch die Kombination von Alt Gr und der entsprechenden Taste aufgerufen.

Beispiel: Bei der Taste [? ß \] wird in Kombination mit Alt Gr das Zeichen \ (Backslash) erzeugt. Dieses Zeichen dient zur Kennzeichnung von Unterverzeichnissen.

Unter DOS wird mit diesem Befehl die Druckausgabe des Bildschirms als sogenannte Hardcopy veranlaßt. Bei manchen Tastaturen ist die Kombination ⟨⇧⟩ + ⟨Druck⟩ zu verwenden.

Diese Taste bewirkt in vielen Anwenderprogrammen eine Umschaltung zwischen dem Einfügemodus und dem Überschreibmodus. Im Überschreibmodus werden Texte durch Neueingaben überschrieben, während im Einfügemodus Neueingaben in den vorhandenen Text eingefügt werden. ⟨Einfg⟩ wird ebenfalls beim Bearbeiten von Befehlszeilen unter DOS benutzt.

In Anwenderprogrammen wird mit dieser Taste das Zeichen gelöscht, auf dem der Cursor gerade steht. Sind beispielsweise in dem Textverarbeitungsprogramm Word mehrere Zeichen markiert, werden die markierten Textteile gelöscht. Auch beim Schreiben von DOS-Befehlen und deren Korrektur findet diese Taste Verwendung.*

In vielen Anwenderprogrammen dient diese Taste zum Verlassen einer Programmfunktion. Auf der Betriebssystemebene bewirkt ⟨Esc⟩, daß ein eingegebener DOS-Befehl nicht ausgeführt wird.

---

* vgl. Peter Freese, Standardbetriebssystem MS-DOS, rororo computer 8145, Reinbek 1990, aktualisierte Neuausgabe 1994

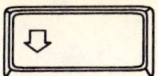

Diese Taste bewirkt eine Arretierung der ⬧-Taste. Auf guten Tastaturen wird diese Feststellung der ⬧-Taste mit einer Leuchtdiode angezeigt. Die Arretierung wird mit Betätigung einer der beiden ⬧-Tasten wieder aufgehoben.

Unter DOS ist es mit dieser Taste möglich, die Ausführung von DOS-Befehlen anzuhalten. Nach Betätigung einer beliebigen Taste wird die Ausführung des Befehls fortgesetzt. Die Kombination Strg + Pause führt zum Abbruch des aufgerufenen DOS-Befehls.

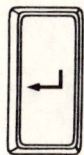

Mit der ↵-Taste werden auf der Betriebssystemebene und in vielen Anwenderprogrammen Eingaben abgeschlossen. In den meisten Textprogrammen allerdings dient sie zur Erzeugung einer Absatzschaltung.

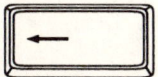

Die ← - oder Backspace-Taste löscht nach Betätigung das Zeichen, das sich links vom Cursor befindet.

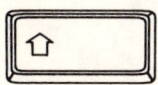

Die ⬧-Taste bewirkt, daß bei doppelt belegten Tasten das obere Zeichen verwendet wird. Bei den alphabetischen Tasten wird mit ⬧ auf die Großschreibung umgestellt. Sowohl die PC- als auch die MF-Tastatur verfügen aus ergonomischen Gründen über zwei $\boxed{\diamond}$-Tasten, die absolut gleichwertig sind.

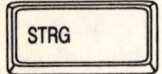

Auf der Ebene des Betriebssystems dient diese Taste dazu, in Kombination mit anderen Tasten bestimmte DOS-Funktionen aufzurufen.

Beispiele: $\boxed{\text{Strg}}$+$\boxed{\text{C}}$ führt zum Abbruch einer Befehlsausführung. $\boxed{\text{Strg}}$+$\boxed{\text{Alt}}$+$\boxed{\text{Entf}}$ bewirkt einen Neustart des Betriebssystems.
Achtung: Alle im Arbeitsspeicher des Computers befindlichen Programme und Daten werden beim Neustart gelöscht.

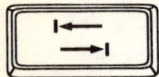

Die Tabulatortaste $\boxed{\text{⇆}}$ wird überwiegend in Anwendersoftware genutzt, um einen Tabulator anzusteuern. In Standardsoftware mit Menüleisten dient diese Taste dazu, alternative Befehlsfelder auszuwählen.

▪ Tasten zur Cursorsteuerung

Die Cursorsteuertasten dienen in Anwenderprogrammen zur Positionierung des Cursors. Das Aufsuchen einer Bildschirmposition kann schrittweise, aber auch in Sprüngen erfolgen.

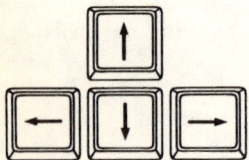

Mit den Pfeiltasten wird der Cursor schrittweise

▪ eine Zeile nach oben,
▪ eine Zeile nach unten,

■ ein Zeichen nach links,
■ ein Zeichen nach rechts

verschoben.

Diese Tasten erlauben, daß der Bildschirminhalt um jeweils eine Seite weiter nach oben bzw. nach unten «geblättert» werden kann. In vielen Programmen sind diesen beiden Tasten in Verbindung mit anderen Tasten wie zum Beispiel Strg weitere Funktionen zugeordnet. So springt beispielsweise in Word der Cursor nach Betätigung von Strg + Bild ↑ an den Textanfang, beziehungsweise nach Strg + Bild ↓ an das Textende.

Je nach verwendeter Software hat diese Taste abweichende Funktionen. Bei den meisten Textverarbeitungsprogrammen bewirkt diese Taste einen Sprung des Cursors an den Zeilenanfang. In Kombination mit der Strg-Taste wird die linke obere Bildschirmecke angesteuert.

Auch diese Taste wirkt sich je nach verwendeter Software unterschiedlich auf die Cursorsteuerung aus. Im Textverarbeitungsprogramm Word für Windows springt der Cursor hinter das letzte Zeichen in der Zeile. In Verbindung mit der Taste Strg wird der Cursor an das Textende gesetzt.

7.1.2 Spezialtastaturen

Der überwiegende Teil der Anwender arbeitet mit der MF-Tastatur. Für den industriellen Einsatz gibt es vielfältige Spezialtastaturen. Im Produktionsbereich mit erhöhter Umweltbelastung, wie Einwirkung von Staub, verwendet man eine Folientastatur. Diese Tastatur hat keine Tasten. Der Nutzer löst über Kontaktpunkte, die durch eine Folie geschützt sind, die entsprechenden Eingabesignale aus.

Sind mit dem Computer Texte in verschiedenen Sprachen mit unterschiedlichen Schriftzeichen (beispielsweise deutsche, griechische, kyrillische) zu erstellen, bietet sich eine LCD-Tastatur an. Je nach geladenem Zeichensatz werden die deutschen, englischen, kyrillischen Zeichen durch kleine LCD-Anzeigen in den Tasten dargestellt.

Multifunktionale Tastaturen integrieren mehrere Eingabegeräte. So werden Tastaturen mit eingebautem Barcodeleser sowie mit einer Mausschnittstelle angeboten. Ein Barcodeleser ist in der Lage, Strichcodes wie beispielsweise den EAN-Code auf Lebensmittelverpackungen zu lesen und diese Informationen an den angeschlossenen Computer weiterzuleiten. Tastaturen mit eingebautem Lesegerät für Magnetstreifenkarten werden oftmals eingesetzt, wenn die Zugangsberechtigung zum Computer zu prüfen ist. Nur der Inhaber einer entsprechenden Berechtigungskarte darf den Computer bzw. bestimmte Programme nutzen.

7.1.3 Ergonomische Gestaltung von Tastaturen

Bei den meisten Computeranwendungen ist die Tastatur das am häufigsten genutzte Eingabegerät. Der intensive Nutzer arbeitet mehrere Stunden am Tag mit der Tastatur. Von daher sollte eine Tastatur so gestaltet sein, daß sie den Bedingungen des Menschen Rechnung trägt und die Belastung bei der Arbeit möglichst gering gehalten wird. Ergonomie umfaßt somit mehrere Aspekte:

- Anordnung der Tasten
- Druckpunkt der einzelnen Tasten
- Tastenwiederholfrequenz
- Form der Tastenkappen
- Höhe und Neigung der Tastatur
- verwendete Farben etc.

Institute für Arbeitswissenschaft haben für eine ergonomische Gestaltung von Tastaturen Empfehlungen erarbeitet, an denen sich die meisten Hersteller orientieren. Insbesondere die Vertretungen der Arbeitnehmer achten in Unternehmen darauf, daß bei Investitionen ergonomischen Aspekten Rechnung getragen wird.

Eine Tradition ist allerdings kaum zu überwinden: Die Anordnung der

Tasten im alphanumerischen Tastenblock stammt von der mechanischen Schreibmaschine. Dabei mußte darauf Rücksicht genommen werden, daß sich auch beim schnellen Schreiben die einzelnen Typenhebel nicht ineinander verhaken. Bei einer Anordnung der Tasten nach der Häufigkeit der Verwendung der einzelnen Zeichen könnten erheblich höhere Eingabegeschwindigkeiten erreicht werden. Außerdem ist die durchgehende Anordnung der Tasten für beidhändiges Schreiben nicht ideal, da die Hände unnatürlich abgewinkelt werden müssen. Eine Abwinklung der Tastatur mit getrennten Bereichen für die linke und die rechte Hand hat in Tests zu höheren Eingabegeschwindigkeiten bei geringerer Ermüdung geführt. Allerdings werden solche Tastaturen bisher nur von wenigen Herstellern angeboten.

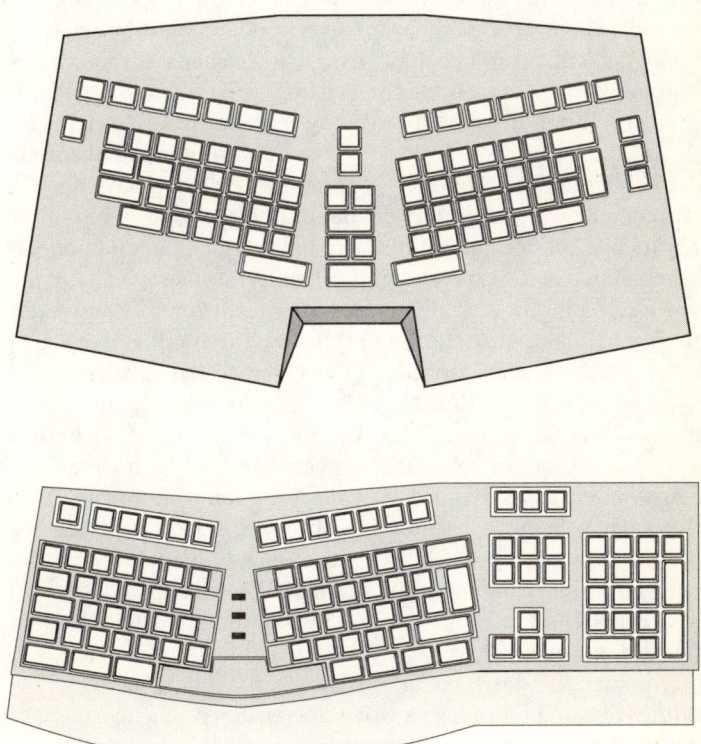

7.1.4 Datentransfer zwischen Tastatur und Computer

Die Tastatur ist in der Regel über ein Kabel mit einem fünfpoligen runden Stecker mit dem Computer verbunden. Da sich fast alle Hersteller an diesen Standard halten, hat der Nutzer die Möglichkeit, statt der vom Händler angebotenen Tastatur eine seinen Vorstellungen gemäße Tastatur an den Computer anzuschließen.

In der Tastatur ist ein kleiner Mikroprozessor eingebaut. Beim Einschalten des Computers führt er einen Test durch, ob die eingebaute Elektronik funktionsfähig ist. Beim Schreiben sendet er über das Kabel seriell einen speziellen Code an die Tastaturschnittstelle. Dieser sogenannte Scancode beinhaltet nicht das über den Bildschirm ausgegebene Zeichen im ASCII-Code, sondern nur eine Nummer der betätigten Taste. Auf diese Weise ist es wesentlich leichter, mit der gleichen Tastatur einen beliebigen Zeichensatz zu verwenden. Wird beispielsweise unter DOS nicht ausdrücklich der deutsche Zeichensatz vereinbart, so ist automatisch der amerikanische Zeichensatz geladen. In diesem Fall werden die Tasten bei der Übersetzung vom Scancode in den ASCII-Code so interpretiert, als ob sie von einer Tastatur mit amerikanischen Tastenbezeichnungen kommen würden. So sind typischerweise die Buchstaben Z und Y gegenüber der deutschen Anordnung vertauscht.

Der Scancode bei Computern mit dem Prozessor 80286 und höher unterscheidet sich vom Scancode beim PC und XT. Daher ist es nicht möglich, eine AT-Tastatur an einen PC/XT anzuschließen bzw. umgekehrt. Mittlerweile liefern viele Hersteller ihre Tastaturen mit einem Schalter aus, der das Umschalten zwischen PC/XT und AT ermöglicht.

Das Betriebssystem stellt für Eingaben über die Tastatur einen Pufferspeicher bereit. So können einige Anschläge zwischengespeichert werden. Die Wirkung des Tastaturpuffers erfahren Sie beispielsweise bei der Anwendung von Word, wenn das Programm automatisch eine Speicherung vornimmt. Während Sie Ihre Eingabe fortsetzen, zeigt der Bildschirm die von Ihnen eingetasteten Zeichen nicht an. Nach Speicherung erscheinen dann auf einen Schlag alle Zeichen, die sich im Tastaturpuffer befinden. Sollte es einmal vorkommen, daß der Tastaturpuffer voll ist und keine weiteren Zeichen mehr aufnehmen kann, teilt der Computer dies durch ein akustisches Signal mit.

Achtung: Geben Sie in diesem Fall keine weiteren Zeichen mehr ein. Wenn der Computer auf Tastatureingaben nicht mehr reagiert, kann die Arbeit nur durch einen Neustart wiederaufgenommen werden.

7.2 Maus

Viele Nutzer empfinden die Eingabe von Befehlen über die Tastatur als umständlich und fehleranfällig. Deshalb wurden Bedienoberflächen entwickelt, bei denen die gewünschten Aktivitäten bildhaft durch Symbole dargestellt werden. Die Auswahl aus den angebotenen Möglichkeiten erfolgt überwiegend unter Einsatz einer Maus.

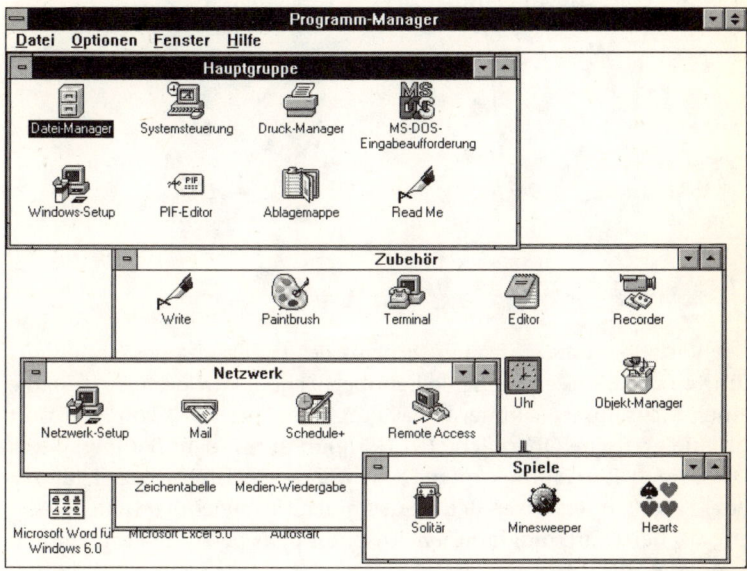

7.2.1 Einsatz der Maus

In diesem Fall ist auf dem Bildschirm deutlich ein Pfeil zu sehen. Durch Rollen der an den Computer angeschlossenen Maus wird dieser Pfeil auf dem Bildschirm bewegt. Er kann so auf eines der Bildsymbole gesteuert werden. Durch Betätigung einer Taste auf der Maus wird dann die gewünschte Aktion ausgelöst.

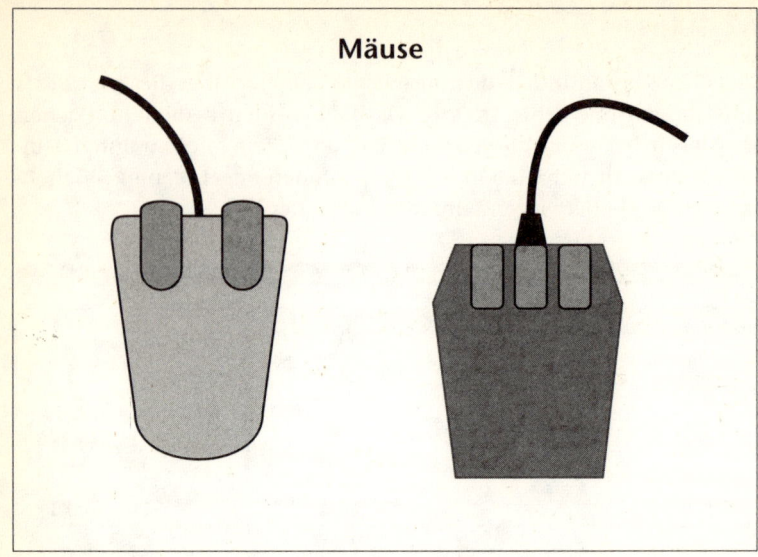

Mäuse

Die Vorteile dieses einfachen Prinzips der Bedienung des Computers führten dazu, daß grafische Bedienoberflächen entwickelt wurden, die einen Mauseinsatz erfordern. Das Programm Windows von Microsoft ist eine grafische Oberfläche bei Computern mit dem Betriebssystem DOS. Auch Programme unter DOS, wie beispielsweise Word, dBASE oder Pascal, unterstützen den Mauseinsatz. Unverzichtbar ist der Mauseinsatz bei Grafikprogrammen, insbesondere bei CAD-Programmen oder DTP-Software.

7.2.2 Funktionsweise der Maus

Das Prinzip des Mauseinsatzes ist relativ einfach. Die Maus wird auf dem Tisch bewegt, und dementsprechend bewegt sich ein Zeiger auf dem Bildschirm.

■ Mechanische Maus

Im Innern des Mausgehäuses befindet sich eine Gummikugel, die aus einer Öffnung an der Unterseite aus dem Gehäuse herausragt. Wird die Maus auf einer harten Oberfläche bewegt, so werden diese Bewegungen von der Kugel auf Friktionsräder übertragen. Diese übermitteln die Be-

wegungsrichtung und die zurückgelegte Entfernung an einen Mikroprozessor, der sich im Innern der Maus befindet. Dort werden diese Impulse ausgewertet und an den Computer übermittelt. Der Computer
rechnet die Impulse um und steuert den Pfeil auf dem Bildschirm entsprechend der Bewegungsrichtung der Maus. Die Positionsveränderun-
gen werden in sogenannten Mickey-Einheiten ($^1/_{100}$ Zoll), übermittelt.
Bei dieser Bezeichnung stand die berühmteste Maus der Welt, die
Mickey-Mouse, Pate.

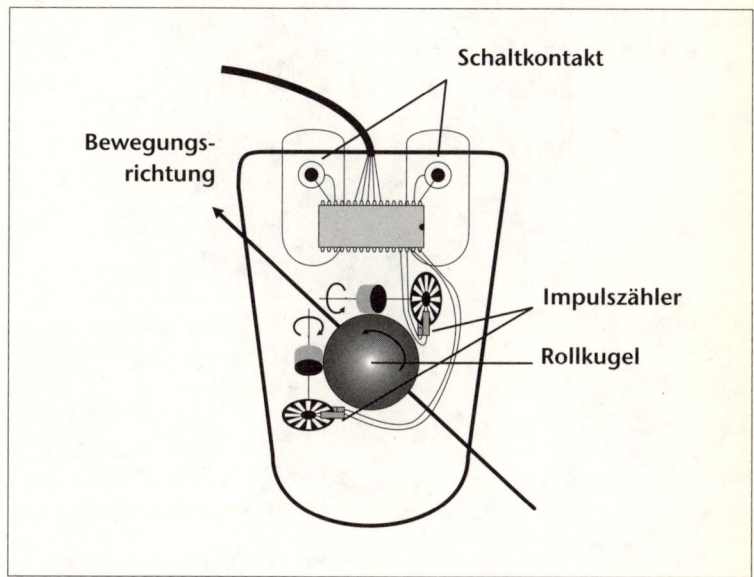

■ Optische Maus

Die mechanische Maus hat Nachteile. Bei der Bewegung gelangen über
die Rollkugel Schmutzpartikel in das Innere des Gehäuses. Sie muß von
Zeit zu Zeit gereinigt werden. Weiterhin ist eine präzise Positionierung
des Zeigers schwierig. Bei CAD-Programmen muß die Positionierung
äußerst präzise erfolgen. Abweichungen von Bruchteilen von Millime-
tern führen schon zu fehlerhaften Ergebnissen. Aus diesem Grund werden auch sogenannte optische Mäuse angeboten.
Die optische Maus funktioniert nach einem anderen Prinzip. Zu ihrem
Einsatz benötigt man eine spezielle Unterlage (Mouse-Pad), die mit

einem ein- oder mehrfarbigen Gittermuster bedruckt ist. An der Unterseite der Maus befinden sich Leuchtdioden, die dieses Gitternetz anleuchten. Das reflektierte Licht wird über ein Spiegelsystem zu entsprechenden Sensoren übertragen. Bewegungen auf dieser Unterlage werden in der Elektronik der Maus ausgewertet und an den Computer übertragen. Hier werden wiederum die elektronischen Impulse in Pfeilbewegungen umgesetzt.

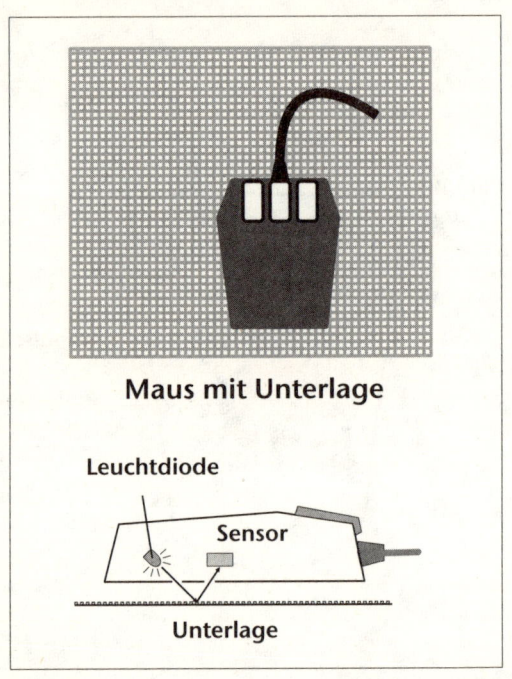

Maus mit Unterlage

Leuchtdiode

Sensor

Unterlage

■ Befehlsauslösung

Sowohl die optische als auch die mechanische Maus werden überwiegend mit zwei Tasten auf dem Mausgehäuse angeboten. Es gibt aber auch Mäuse mit drei Tasten. Die von der Firma Microsoft entwickelte Maus mit zwei Tasten hat sich als Standard bei DOS-Computern durchgesetzt. Konkurrenzprodukte mißt man daran, ob sie auch mit der Microsoft-Maus kompatibel sind.

▦ Anschluß der Maus an den Computer

Die einfachste Möglichkeit, eine Maus an einen Computer anzuschließen, besteht darin, diese über die serielle Schnittstelle mit dem Computer zu verbinden. Dies ist die kostengünstigste Lösung eines Mausanschlusses. Damit ist allerdings auch eine – oft die einzige – serielle Schnittstelle belegt. Verwendet der Nutzer mehrere Geräte, die nur über eine serielle Schnittstelle angeschlossen werden können, wie Akustikkoppler, Plotter usw., so ist oft der zusätzliche Einbau einer solchen Schnittstelle erforderlich. Außerdem kann das Betriebssystem DOS nur maximal vier serielle Schnittstellen verwalten.

In solchen Fällen ist zu überlegen, ob nicht eine sogenannte **Busmaus** installiert werden soll. In diesem Fall ist eine Mauskarte in einen freien Steckplatz auf der Platine einzusetzen. Diese Mauskarte enthält einen entsprechenden Stecker für den Mausanschluß.

▦ Kabelanschluß oder Infrarotverbindung

Der Nutzer empfindet häufig das Kabel zwischen Maus und Computer vor allem bei den Rollbewegungen als hinderlich. Daher haben Hersteller sich ein anderes Prinzip der Datenübermittlung zunutze gemacht, das Sie schon von der Fernbedienung eines Fernsehers her kennen. An die serielle Schnittstelle bzw. an die Mauskarte wird ein Empfangsgerät angeschlossen, das Impulse des infraroten Lichts in elektrische Impulse umwandeln kann. Die Maus sendet die Bewegungsimpulse kabellos über einen Infrarotsender an dieses Empfangsgerät.

Bei dieser Übertragungstechnik entfällt zwar das lästige Kabel, aber die Übertragungsstrecke von der Maus zum Empfangsgerät darf durch keinerlei Hindernisse unterbrochen sein. Auch muß der Sendeteil der Maus immer auf das Empfangsgerät ausgerichtet sein. Da die Stromversorgung für den Infrarotsender und die Mauselektronik über eine Batterie erfolgt, ist die Batterie für einen störungsfreien Betrieb immer rechtzeitig zu wechseln.

7.2.3 Einbindung der Maus in das Betriebssystem

Unter dem Betriebssystem DOS muß dem Computer mitgeteilt werden, daß eine Maus angeschlossen ist. Hierzu ist ein sogenannter Maustreiber beim Start des Computers zu laden. Der Nutzer hat allerdings zwei Möglichkeiten. Will er nur sporadisch mit einem Programm arbeiten, das einen Mauseinsatz erfordert, ruft er vor dem Start der Software die

Betriebssystemdatei MOUSE.COM auf. Hierdurch wird sichergestellt, daß der Mauseinsatz über das Betriebssystem vom Programm unterstützt wird.

Der Einbau von MOUSE.COM in die Startdatei AUTOEXEC.BAT bewirkt, daß die Mausunterstützung bei jedem Start des Betriebssystems aktiviert wird. Sinnvoller ist es, bei ständigem Mauseinsatz den Aufruf des Maustreibers MOUSE.SYS durch die Startdatei CONFIG.SYS zu veranlassen. Die Verwendung des Treibers MOUSE.SYS führt dazu, daß weniger Speicherplatz belegt wird als bei der Verwendung von MOUSE.COM.

Beim Kauf einer Maus sollten Sie darauf achten, daß Ihnen der Händler eine Diskette mit den notwendigen Maustreibern zur Verfügung stellt. Meist sind hierbei auf der Diskette noch Testprogramme vorhanden. Hersteller aufwendiger und daher teurer Mäuse liefern noch ein einfaches Mal- bzw. Zeichenprogramm, wie z. B. PC-PAINT, mit.

7.3 Sonstige Eingabegeräte

7.3.1 Trackball

Der Einsatz der Maus wird von vielen Anwendern als nachteilig empfunden, da auf dem Arbeitstisch genügend Platz für die Mausbewegungen vorhanden sein muß. Auch das Hinundherschieben der Maus mit dem anhängenden Kabel ist oft eine lästige Angelegenheit. Abhilfe schafft der Trackball, der im Prinzip eine auf dem Rücken liegende Maus ist. Aus dem oberen Teil des Gehäuses ragt eine frei bewegliche Kugel. Der Nutzer bewegt die Kugel und steuert so die Pfeilbewegungen auf dem Bildschirm. Programmaktionen werden wie bei der Maus durch Tasten ausgelöst, die sich neben der Kugel befinden. Beim Trackball entfällt somit das lästige Hinundherschieben. Allerdings ist das Gerät von den Ausmaßen her wesentlich größer als eine Maus. Bei der Anschaffung eines Trackballs ist darauf zu achten, daß dieser für den Einsatz an Ihrem Computer geeignet ist. Trackballs gibt es in verschiedenen Variationen, bisher jedoch überwiegend für Home-Computer. Erst in letzter Zeit ist das Angebot für DOS-Rechner umfangreicher geworden. Einige Tastaturhersteller bieten mittlerweile Spezialtastaturen mit integriertem Trackball an. Diese Kombination ist ideal für Nutzer, die überwiegend mit grafisch orientierten Programmen arbeiten.

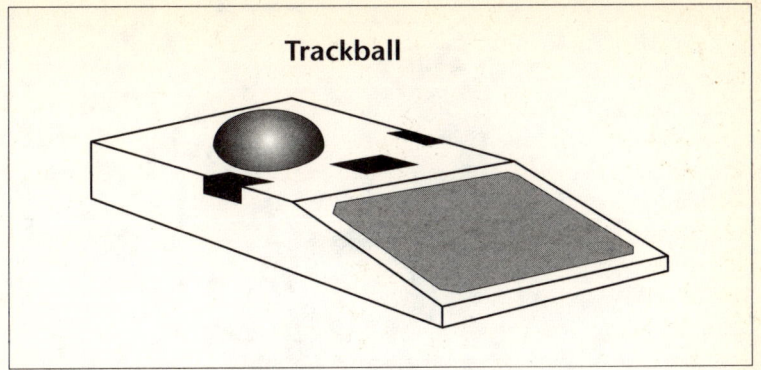

Trackball

7.3.2 Joystick

Freunde von Computerspielen kommen um den Einsatz von Joysticks nicht herum. Dabei handelt es sich um einen ca. 10 Zentimeter langen «Steuerknüppel», der auf einer Steuereinheit montiert ist. Er läßt sich in jede beliebige Richtung bewegen. Diese Bewegung wird in Steuersignale umgewandelt und direkt auf den Cursor, in Computerspielen auf das bewegte Objekt, übertragen. Auf diese Weise lassen sich Flugzeuge, Raumschiffe, Raketen und Monster leicht über den Bildschirm bewegen. Eine Art Feuerknopf auf dem Steuerknüppel ermöglicht es dem Spieler, gegnerische Flugzeuge, Raketen etc. abzuschießen.

Sollen an den Rechner zwei Joysticks angeschlossen werden, um beispielsweise Partnerspiele zu nutzen, so ist bei den meisten Computern eine spezielle Joystick-Karte mit mehreren Anschlüssen einzubauen.

Joystick

7.3.3 Lichtgriffel

In Konstruktions- und Baubüros haben mittlerweile aufwendige CAD-Systeme Einzug gehalten (engl. **C**omputer-**A**ided **D**esign = CAD = computerunterstütztes Entwickeln). Mit Hilfe des Computers werden Maschinen und Maschinenteile, Grundrisse von Gebäuden, Schaltpläne usw. entwickelt. Hierbei wird direkt am Bildschirm interaktiv mit dem CAD-Programm gearbeitet. Die Entwicklungskosten konnten trotz des Einsatzes dieser teuren Systeme erheblich reduziert werden. Bei diesen Systemen kommt häufig ein sogenannter Lichtgriffel (engl. Light Pen) zum Einsatz. Er hat die Form eines Schreibstiftes. Über eine in der Spitze eingelassene Linse werden Lichtimpulse des Bildschirms aufgenommen. Diese Lichtimpulse werden in Steuerimpulse umgesetzt. Hierdurch erkennt das Programm exakt die Position des Stiftes.

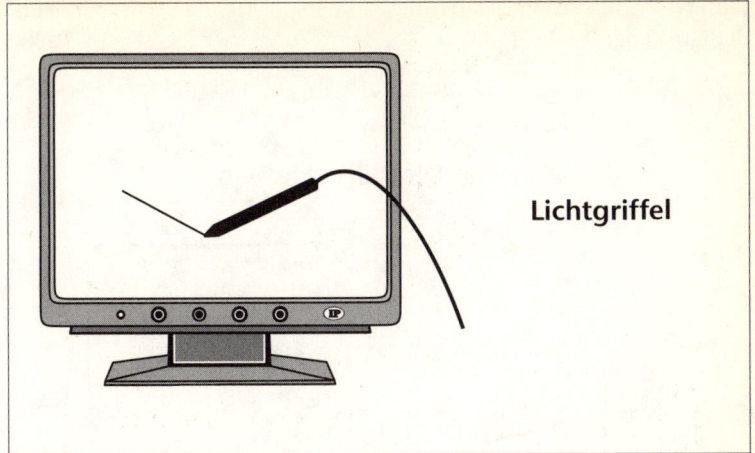

Lichtgriffel

Die Arbeit mit diesem Lichtgriffel soll an einem ganz einfachen Beispiel verdeutlicht werden. Will der Konstrukteur auf dem Bildschirm eine Linie zwischen zwei Punkten ziehen, setzt er den Lichtgriffel auf den Anfangspunkt und dann auf den Endpunkt. Der Computer kann auf Grund der Programmanweisung «Linie ziehen» die gewünschte Darstellung auf dem Bildschirm ausgeben.

7.3.4 Digitalisiertablett

Im Bereich der technischen Anwendungen zählt das Digitalisiertablett (engl. Digitizer) zu den wichtigsten Eingabegeräten. Seine Funktion läßt sich am einfachsten am Beispiel technischer Zeichnungen erläutern. Grundlage dieses Eingabegeräts ist ein Tablett oder neuerdings eine Spezialfolie. Dieses Tablett ist an den Computer angeschlossen. Mit der dazugehörenden Steuersoftware ist jeder Punkt auf dem Tablett mit seiner Positionsangabe identifizierbar. Wird nun das Tablett mit dem dazugehörigen Stift berührt, erscheint eine entsprechende Markierung auf dem Bildschirm. Freihändig oder nach Vorlage lassen sich so Zeichnungen in den Computer übertragen. Bei einer Übertragung von Zeichnungen, bei der es auf hohe Genauigkeit ankommt, werden markante Punkte in der Zeichnung, die auf dem Digitalisiertablett aufliegt, mit einer Lupe angesteuert. Die Übertragung der Position dieses

Punktes erfolgt durch Betätigung von entsprechenden Tasten, die auf der Lupe angebracht sind.

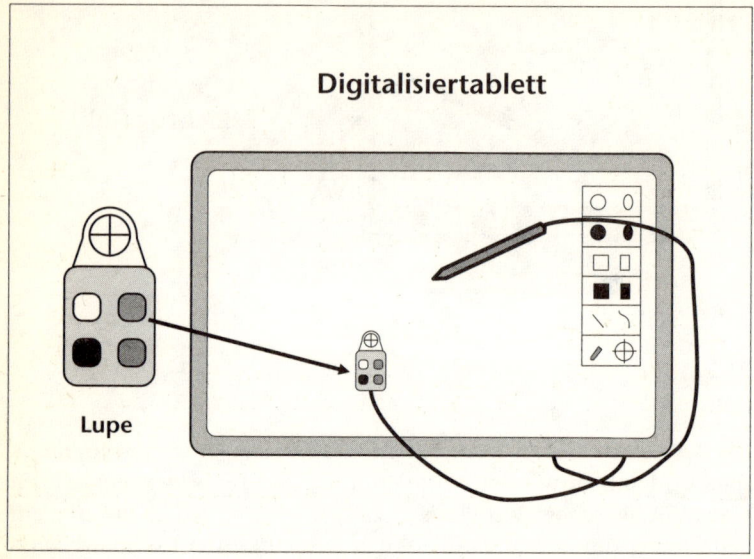

Einige Anbieter von Software haben sich diese Technik zunutze gemacht. Sie bieten die Menüs ihrer Software auf einer Schablone an, die auf ein Digitalisiertablett gelegt werden muß. Der Nutzer wählt Aktionen des Programms aus, indem er mit dem Stift oder mit der Lupe entsprechende Felder der Schablone ansteuert. Die mitgelieferte Steuersoftware stellt sicher, daß das Programm diese Impulse des Digitalisiertabletts so verarbeitet, als hätte der Nutzer entsprechende Aktionen des Programms über ein Menü am Bildschirm ausgewählt. Der Bildschirm wird so von der Menüführung entlastet; der Nutzer muß nicht unter Umständen lange Befehlsfolgen in diesen Menüs auswählen.

7.3.5 Barcodeleser

Die optische Aufnahme von Helligkeitsunterschieden hat man sich auch beim Barcodeleser zunutze gemacht. Sie kennen solche Eingabegeräte überwiegend aus dem Einzelhandel. Mit dem Barcodeleser werden die Strichmarkierungen auf Verpackungen gelesen und in eine Artikelnummer umgewandelt. Auf Grund der Artikelnummer kann der Computer die Artikelbezeichnung und den Verkaufspreis aus seinem Datenbestand abrufen. Das Ergebnis ist ein sogenannter sprechender Kassenbon, auf dem alle wesentlichen Daten aufgeführt sind.

40	12345	00315	4
Vorziffern	bundeseinheitliche Betriebsnummer	interne Artikelnummer der Hersteller	Prüfziffer
Bundesrepublik Deutschland	z. B. Versandhaus AG Industriestr. 1–12 12037 Berlin	z. B. Computer-Spezialtisch Höhe 70–90 cm	99 % Sicherheit

Im Lebensmittel-Einzelhandel ist der Barcodeleser meistens direkt in das Transportband an der Kasse integriert. Die Kassiererin muß die Ware mit dem Barcode über ein Lesefenster führen. Mit einem Laserstrahl wird die Strichmarkierung abgetastet (gescannt); die Helligkeitsunterschiede werden in entsprechende Stromimpulse umgewandelt. Entsprechende Kasseneinheiten werden mit einem Fachbegriff als Scannerkassen bezeichnet.

In Fachgeschäften, zum Beispiel Textilfachgeschäften, die ihre Waren mit speziellen Strichcode-Etiketten versehen, ist der Barcodeleser in Form eines Handscanners an die Kasse angeschlossen.

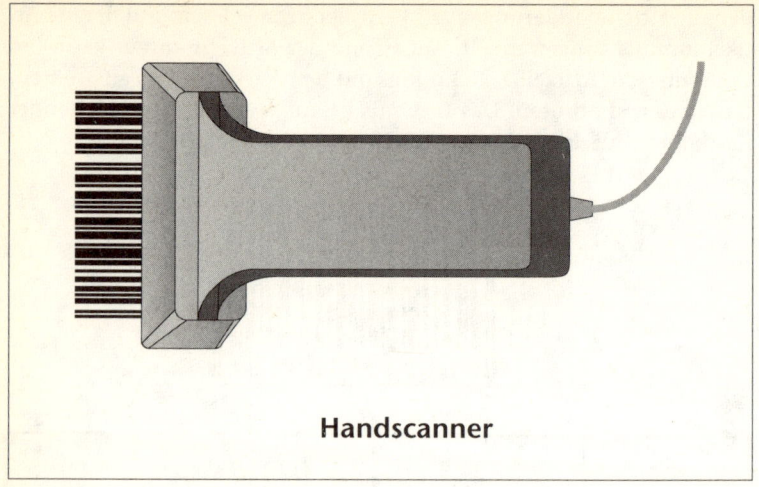

Handscanner

Auch in diesem Fall muß die Kassiererin die Artikeldaten nicht über die Tastatur eingeben, sondern der Scanner wird auf das Etikett gehalten. Die Strichcodierung wird so gelesen und als Artikelnummer an den Kassencomputer weitergeleitet.

Eine preiswerte Alternative für Geschäfte mit geringerem Artikeldurchsatz ist ein PC mit einem Strichcode-Lesestift. Dieser Lesestift wird zwischen Tastatur und Computer geschaltet. Die Steuerungselektronik wandelt die Lichtimpulse, die vom Lesestift aufgenommen werden, in den Scancode der Tastatur um. Die Daten gehen dann über die Tastaturschnittstelle in den Computer und können so verarbeitet werden. Allerdings ist beim Lesen von Strichcode mit dem Lesestift auf eine sorgfältige Handhabung zu achten. Der Lesestift muß in einem gleichmäßigen Tempo über das Etikett geführt werden.

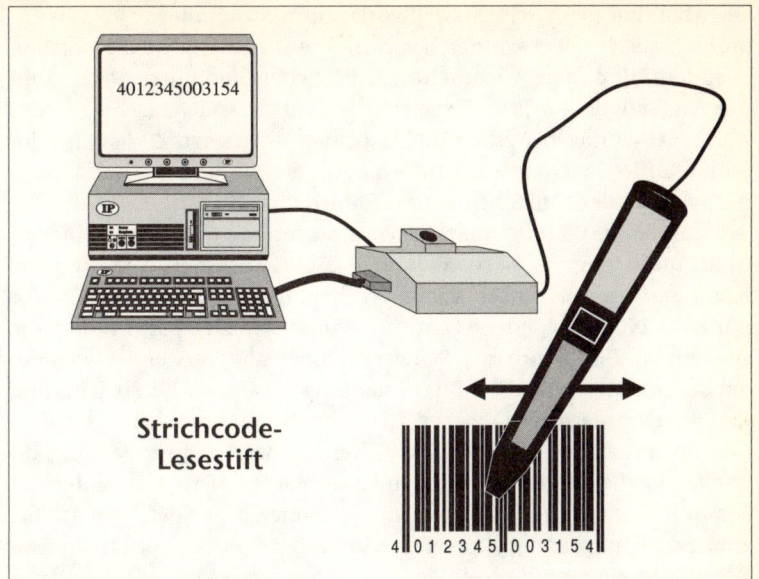

Strichcode-Lesestift

7.3.6 Scanner

Scanner dienen dazu, Bildvorlagen und Texte in einem Arbeitsgang in Bildpunkte zu zerlegen und dann zur weiteren Bearbeitung in den Computer zu übertragen. Das Prinzip erinnert an Fotokopierer, nur daß hier nicht eine Abbildung des Originals auf Papier erfolgt, sondern im Computer als digitale Information gespeichert wird. Gerade die Übernahme von Bildern in den Computer wird auf diese Weise vereinfacht. Abbildungen, die im Computer gespeichert sind, können mit speziellen Programmen weiterverarbeitet werden. Beispielsweise kann in eine Landschaftsaufnahme die Silhouette eines Neubaus einmontiert werden, um die Wirkung dieser Landschaftsveränderung zu überprüfen.

Bei der Zerlegung eines Bildes in Punkte erfolgt die Auflösung entsprechend den technischen Möglichkeiten des jeweiligen Scanners. Maßzahl für die Genauigkeit der Auflösung ist die Anzahl der Bildpunkte je Zoll (engl. **d**ots **p**er **i**nch = dpi). Bei Geräten mittlerer Preisklasse ist eine Auflösung von 600 dpi üblich. Dies entspricht auch dem jetzigen Standard der meisten Laserdrucker, die überwiegend für die Ausgabe solcher Bilder verwendet werden.

Die Abbildung von Schwarzweißvorlagen im Computer ist relativ unproblematisch. Der Scanner hat nur eine Auflösung in die entsprechenden Bildpunkte vorzunehmen. Für jeden Bildpunkt (Pixel) sind nur zwei mögliche Werte zu speichern, nämlich 0 oder 1 (schwarz oder weiß). Farbvorlagen werden in Graustufen umgesetzt. Zu jedem Bildpunkt wird eine Graustufen-Information als Nummer gespeichert. Je nach Anzahl der vom Scanner unterschiedenen Graustufen werden für jeden Bildpunkt 4 Bit (= maximal 16 Graustufen), 6 Bit (= maximal 64 Graustufen) oder 8 Bit (= maximal 256 Graustufen) Speicherplatz benötigt. Untersuchungen haben ergeben, daß das menschliche Auge nur zirka 190 verschiedene Graustufen unterscheiden kann. Sollen die gescannten Bilder nur als Schwarzweißausgabe verwendet werden, reicht normalerweise die 4-Bit- beziehungsweise die 6-Bit-Speicherung aus. Bei einer farbigen Ausgabe, die dem Original möglichst detailgetreu entspricht, ist eine 8-Bit-Speicherung der Grauwerte zwingend notwendig. Bei der Ausgabe auf einen farbfähigen Drucker werden die Grauwerte wieder in Farbwerte umgerechnet. Der Speicherplatz für eine möglichst originalgetreue Speicherung von Farbbildern ist enorm. Die Abbildung einer DIN-A4-Seite erfordert schon mehrere Megabyte Speicherplatz.

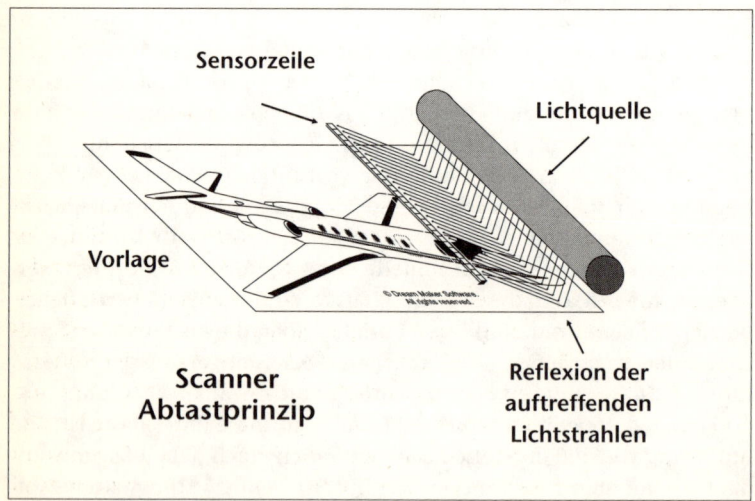

Sensorzeile

Lichtquelle

Vorlage

Scanner Abtastprinzip

Reflexion der auftreffenden Lichtstrahlen

Die sauberste Umsetzung von Originalen in digitale Impulse bieten die Flachbettscanner. Hier werden die Vorlagen wie bei einem Fotokopierer auf eine Glasplatte gelegt und von unten durch eine Lichtquelle beleuchtet. Die Reflexion der Hell-dunkel-Werte beziehungsweise der Farben wird über eine Optik auf spezielle Sensoren übertragen. Ein in den Scanner integrierter Mikroprozessor übernimmt die Umsetzung der Lichtimpulse in die entsprechenden Graustufen mit ihren jeweiligen Werten.

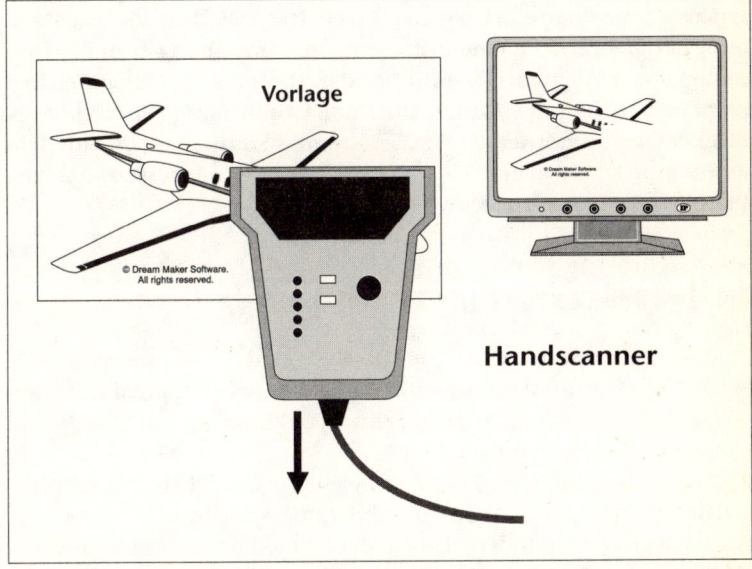

Für den Hobby-Anwender sind diese Geräte zu teuer. Auf dem Markt werden Handscanner angeboten. Bei dieser Art von Scannern führt der Nutzer das Gerät, dessen Leseoptik nur etwa 10 cm breit ist, über die Vorlage. Dabei muß ein gleichmäßiges Tempo eingehalten werden. Jegliches Verwackeln, Zittern und jede ungleichmäßige Führung des Geräts überträgt sich auf die computerinterne Darstellung der Vorlage. In der Regel muß der Lesevorgang mehrmals wiederholt werden, um ein befriedigendes Ergebnis zu erzielen. Sehr aufwendig ist die korrekte Umsetzung einer Vorlage in die computerinterne Abbildung, wenn die Vorlage breiter ist als die Leseoptik. Eine solche Vorlage muß in zwei Durchgängen gescannt werden.

Der Einsatz von Scannern zur Speicherung von Texten erscheint zunächst als eine faszinierende Möglichkeit, umfangreiche Texteingaben zu vermeiden. Aber auch Texte werden bei einer Umrechnung durch den Scanner in Graustufen wie ein Bild behandelt. Die sinnvolle Interpretation als Text und die Umsetzung der Bildinformationen in den ASCII-Code, der üblicherweise Texten zugrunde liegt, erfordern eine spezielle Texterkennungs-Software. Mit dieser Software wird jedes Zeichen in der Abbildung mit gespeicherten Zeichen verglichen; bei Übereinstimmung wird der entsprechende ASCII-Wert zugeordnet. Voraussetzung hierfür ist, daß der Schrifttyp der Vorlage im Texterkennungsprogramm vorhanden ist. Geringste Abweichungen in der Darstellung von Zeichen führen dazu, daß das entsprechende Zeichen nicht oder fehlerhaft erkannt wird. Dann ist eine manuelle Nachbesserung des Textes notwendig. Texterkennungs-Software, die relativ fehlerfrei arbeitet, ist teuer. Sie wird von Instituten eingesetzt, die eine Vielzahl von Texten zu archivieren haben.

7.4 Zusammenfassung

▦ Die Tastatur ist das wichtigste Eingabegerät des Computersystems.

▦ Die MF-(Multifunktions-)Tastatur ist mittlerweile Standard. Sie umfaßt einen alphanumerischen, einen Funktions-, einen Cursor- und einen numerischen Tastenblock.

▦ Tasten mit Sonderfunktionen erleichtern die Arbeit mit dem Betriebssystem DOS und mit Anwenderprogrammen.

▦ Die Cursorsteuertasten dienen der schnellen Positionierung des Cursors auf dem Bildschirm.

▦ Spezialtastaturen gibt es für den Einsatz unter erhöhten Umweltbelastungen, zur Darstellung verschiedener Zeichensätze auf den Tastenkappen und mit Integration spezieller Eingabegeräte wie Barcodeleser.

▦ Computertastaturen sollten hohen ergonomischen Anforderungen genügen, da viele Nutzer lange Zeit mit ihnen arbeiten müssen.

▦ Die Datenübertragung von der Tastatur zum Computer erfolgt in einem Scancode. Erst die Tastaturschnittstelle übersetzt diesen Code in den ASCII-Code des Computers.

▦ PC- und XT-Tastaturen haben einen anderen Scancode als AT-Tastaturen.

▓ Während die Tastatur mehr eine zeichenorientierte Eingabeeinheit ist, wird die Maus vor allem bei Programmen mit grafischer Bedienoberfläche und bei Programmen zur Erstellung von Grafiken eingesetzt.

▓ Beim Einsatz einer Maus wird ein Pfeil auf dem Bildschirm durch die Bewegung der Maus gesteuert. Durch Betätigung einer Maustaste kann eine auf dem Bildschirm angezeigte Aktion ausgelöst werden.

▓ Man unterscheidet mechanische und optische Mäuse.

▓ Der Anschluß der Maus an den Computer erfolgt über die serielle Schnittstelle oder durch eine eigene Steckkarte (Busmaus).

▓ Durch Einbindung der Datei MOUSE.COM in die Startdatei oder durch MOUSE.SYS in die Konfigurationsdatei wird die angeschlossene Maus in das Betriebssystem eingebunden.

▓ Zu den sonstigen Eingabegeräten gehören Trackball, Joystick, Lichtgriffel, Digitalisiertablett, Barcodeleser und Scanner.

▓ Der Trackball funktioniert ähnlich wie eine mechanische Maus, nur wird in einem stationären Gerät eine Rollkugel von Hand bewegt.

▓ Joysticks werden vor allem bei Spielprogrammen eingesetzt.

▓ Bei CAD-Systemen erleichtern Lichtgriffel das Erstellen von exakten Zeichnungen.

▓ Das Digitalisiertablett kommt ebenfalls überwiegend bei technischen Anwendungen zum Einsatz. Durch die Verwendung von Menüschablonen, die für verschiedene Anwenderprogramme angeboten werden, kann der Bedienungskomfort gesteigert werden.

▓ Barcodeleser finden vor allem Anwendung im Einzelhandel. Mit ihnen wird der Strichcode von Waren gelesen.

▓ Scanner übertragen Bildvorlagen komplett in den Computer. Bei Texten muß allerdings zusätzlich ein Texterkennungsprogramm verwendet werden.

7.5 Aufgaben

1. Ein Anwender möchte in einem Text das Wurzelzeichen √ verwenden.
   Dieses Zeichen ist auf der Tastatur nicht vorhanden.
   Wie kann man dieses Zeichen trotzdem im Text darstellen?

   _____

   _____

   _____

2. Nennen Sie drei Einsatzbereiche für Spezialtastaturen.
   a) _____
   b) _____
   c) _____

3. Beim Nutzer eines älteren PC ist die Tastatur defekt. Er möchte seinen Computer mit einer modernen MF-Tastatur ausrüsten. Worauf
   muß er beim Kauf besonders achten?

   _____

   _____

   _____

   _____

4. Setzen Sie bei den folgenden Aussagen ein R ein, wenn die Aussage
   richtig ist, oder ein F, wenn die Aussage falsch ist.

   a) Die Maus eignet sich besonders für den Einsatz bei Pro-
      grammen mit grafischer Bedienoberfläche.   ____

   b) Die mechanische Maus benötigt eine spezielle Unterlage
      (Mouse-Pad), die mit einem ein- oder mehrfarbigen Gitter-
      muster bedruckt ist.   ____

   c) Optische Mäuse erlauben eine präzisere Positionierung
      des Mauspfeils.   ____

   d) Mäuse werden überwiegend an die parallele Schnittstelle
      angeschlossen.   ____

   e) Zur Erleichterung der Handhabung werden bei manchen
      Mäusen die Daten zum Computer durch eine Infrarotver-
      bindung übermittelt.   ____

   f) Zur Einbindung einer Maus in das Computersystem genügt
      es, die korrekte Steckerverbindung herzustellen.   ____

5. Geben Sie an, welches Eingabegerät (Trackball, Joystick, Lichtgriffel, Digitalisiertablett, Barcodeleser, Scanner) in den folgenden Anwendungssituationen sinnvoll eingesetzt werden kann.

a) Eine Bildvorlage soll in den Computer übertragen werden.

b) Der Strichcode auf einem Warenetikett soll gelesen werden.

c) In einem Computerspiel soll ein Flugzeug gesteuert werden.

d) Durch Zeigen auf den Bildschirm soll eine Programmaktion ausgelöst werden.

e) Ein Pfeil auf dem Bildschirm wird durch Bewegung einer Rollkugel gesteuert.

f) Mit einem Stift sollen auf einer Schablone Menübefehle ausgewählt werden.

7.6 Lösungen

1. Ein Anwender möchte in einem Text das Wurzelzeichen √ verwenden. Dieses Zeichen ist auf der Tastatur nicht vorhanden. Wie kann man dieses Zeichen trotzdem im Text darstellen?

   Das Zeichen √ kann durch die Eingabe des zugehörigen Dezimalwertes des ASCII-Codes erzeugt werden. Hierzu ist die Alt *-Taste zu drücken, und gleichzeitig sind die Tasten* 2 5 1 *auf dem numerischen Tastenblock nacheinander zu betätigen.*

2. Nennen Sie drei Einsatzbereiche für Spezialtastaturen.

   a) *Einsatz unter erhöhter Umweltbelastung*
   b) *Einsatz von unterschiedlichen Zeichensätzen*
   c) *Integration weiterer Eingabegeräte*

3. Beim Nutzer eines älteren PC ist die Tastatur defekt. Er möchte seinen Computer mit einer modernen MF-Tastatur ausrüsten. Worauf muß er beim Kauf besonders achten?

Die MF-Tastatur ist die Standardtastatur für AT-Computer. Der von dieser Tastatur erzeugte Scancode unterscheidet sich von dem Code, den die Tastatur eines PC erzeugt. Der Anschluß einer solchen MF-Tastatur ist nur dann möglich, wenn sie auf den Scancode des PC umgeschaltet werden kann.

4. Setzen Sie bei den folgenden Aussagen ein R ein, wenn die Aussage richtig ist, oder ein F, wenn die Aussage falsch ist.

a) Die Maus eignet sich besonders für den Einsatz bei Programmen mit grafischer Bedienoberfläche. *R*

b) Die mechanische Maus benötigt eine spezielle Unterlage (Mouse-Pad), die mit einem ein- oder mehrfarbigen Gittermuster bedruckt ist. *F*

c) Optische Mäuse erlauben eine präzisere Positionierung des Mauspfeils. *R*

d) Mäuse werden überwiegend an die parallele Schnittstelle angeschlossen. *F*

e) Zur Erleichterung der Handhabung werden bei manchen Mäusen die Daten zum Computer durch eine Infrarotverbindung übermittelt. *R*

f) Zur Einbindung einer Maus in das Computersystem genügt es, die korrekte Steckerverbindung herzustellen. *F*

5. Geben Sie an, welches Eingabegerät (Trackball, Joystick, Lichtgriffel, Digitalisiertablett, Barcodeleser, Scanner) in den folgenden Anwendungssituationen sinnvoll eingesetzt werden kann.

a) Eine Bildvorlage soll in den Computer übertragen werden.
Scanner

b) Der Strichcode auf einem Warenetikett soll gelesen werden.
Barcodeleser

c) In einem Computerspiel soll ein Flugzeug gesteuert werden.
Joystick

d) Durch Zeigen auf den Bildschirm soll eine Programmaktion ausgelöst werden.
Lichtgriffel

e) Ein Pfeil auf dem Bildschirm wird durch Bewegung einer Rollkugel gesteuert.

Trackball

f) Mit einem Stift sollen auf einer Schablone Menübefehle ausgewählt werden.

Digitalisiertablett

8 Ausgabegeräte

Datenverarbeitung im Dialog ist ohne Bildschirm nicht möglich. Zur dauerhaften Dokumentation der Datenverarbeitungsergebnisse werden Drucker und Plotter eingesetzt.

8.1 Bildschirm

Der Bildschirm ist das wichtigste Ausgabegerät eines Personal Computers. Die in der Datenverarbeitung seit langem eingesetzten Bildschirme erzeugen das Bild mit Hilfe einer Kathodenstrahlröhre. In der Fachsprache wird oft die Abkürzung CRT (engl. Cathode Ray Tube) benutzt.

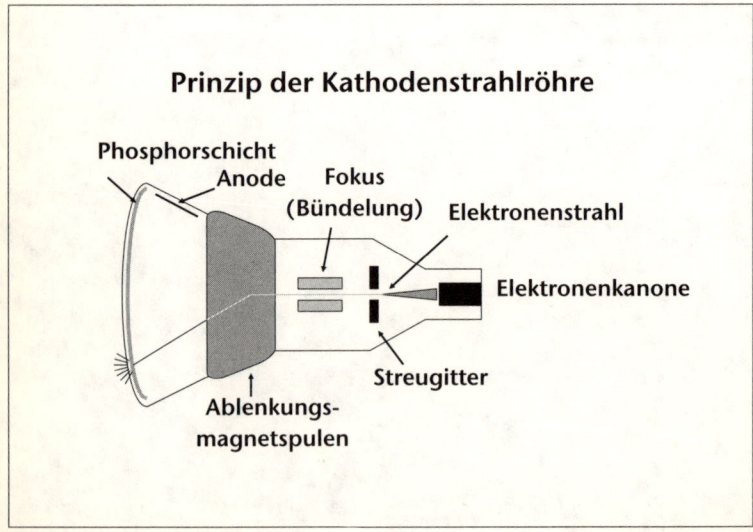

Prinzip der Kathodenstrahlröhre

Phosphorschicht
Anode
Fokus
(Bündelung)
Elektronenstrahl
Elektronenkanone
Streugitter
Ablenkungs-
magnetspulen

8.1.1 Techniken der Bilderzeugung

▨ Kathodenstrahlröhre

Eine Kathodenstrahlröhre besteht aus einem luftleeren Glaskolben. In ihm werden Elektronen gezielt auf die Glasinnenfläche geschleudert. Die Intensität des Elektronenflusses kann durch den Kontrast- und Helligkeitsregler beeinflußt werden. Bevor die Elektronen auf die Bildschirminnenfläche auftreffen und die dort aufgebrachte Phosphorschicht zum Leuchten bringen, werden sie durch eine Lochmaske ausgerichtet. Die Lochmaske ist notwendig, um eine scharfe Abgrenzung einzelner Lichtpunkte zu erzielen.

Zur Ausgabe der Zeichen auf den Bildschirm wird sein Inhalt in eine große Anzahl einzelner Punkte zerlegt. Je höher die Anzahl der Punkte und je kleiner der einzelne Punkt ist, desto schärfer werden Texte und Grafiken dargestellt. Die Anzahl der Bildschirmpunkte bestimmt die Bildschirmauflösung. Bei den gebräuchlichen Bildschirmen reicht diese bis zu 1024×768 Bildpunkten. Die erste Zahl gibt die Anzahl der Bildpunkte pro Zeile, die zweite die Anzahl der Zeilen an. Die Bildschirmauflösung ist somit ein Gesichtspunkt für die Leistungsfähigkeit des Bildschirms.

Neben der Bildschirmauflösung ist die Bildwiederholfrequenz ein wichtiges technisches und Qualitätsmerkmal. Je häufiger ein Bild auf dem Bildschirm wiederholt wird, desto ruhiger wirkt das Bild und desto angenehmer ist es für die Augen des Nutzers. Die Bildwiederholfrequenz ist bei bewegten Bildern, wie sie beim Fernseher auftreten, nicht von so großer Bedeutung. Hier geht ein leichtes Flimmern in der Bewegung der Bilder unter und wird vom Betrachter kaum wahrgenommen. Bei stehenden Bildern, wie sie üblicherweise in der Datenverarbeitung vorkommen, wirkt ein leichtes Flimmern und Flackern sehr störend. Eine höhere Bildwiederholfrequenz schafft hier Abhilfe. Aus ergonomischen Gesichtspunkten wird eine Mindestbildwiederholfrequenz von 72 Hz und höher gefordert.

Die Anzahl der darstellbaren Farben ist abhängig von der verwendeten Videokarte und reicht von 16 bis 16,7 Millionen Farben.

▨ LCD-Bildschirm

Der LCD-Bildschirm (engl. **L**iquid **C**rystal **D**isplay) oder Flüssigkristallbildschirm wird überwiegend in tragbare Computer eingebaut. Dieser Bildschirmtyp, dessen Technik auch in den digitalen Armbanduhren zu finden ist, zeichnet sich durch einen besonders geringen Stromverbrauch und Platzbedarf aus.

Zwischen zwei Glasplatten befindet sich eine Schicht mit Flüssigkristallen, die im Normalzustand Licht durchlassen. Die Glasplatten sind mit feinen, stromführenden Leiterbahnen versehen. Wird an bestimmten Stellen der Glasplatte ein Spannungsfeld erzeugt, so läßt die Kristallschicht an dieser Stelle kein Licht durch. Dieser Zustand bleibt so lange erhalten, bis durch eine Änderung des Spannungsfeldes die Kristallschicht wieder lichtdurchlässig wird.

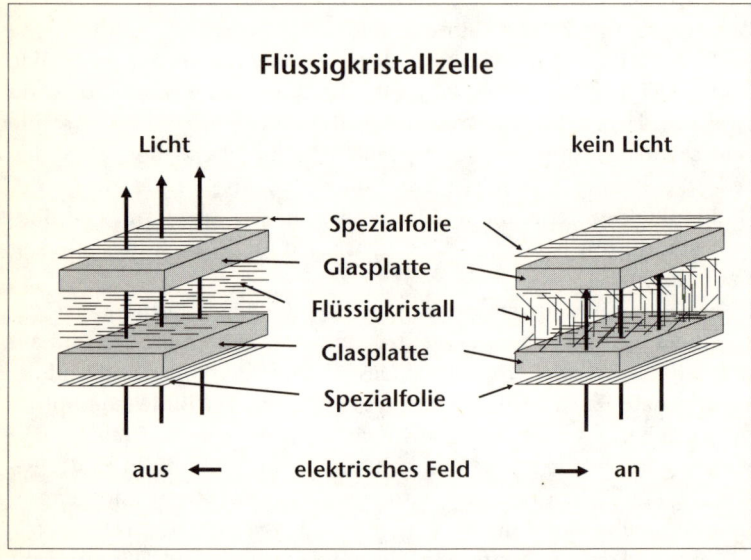

Die LCD-Technik wird ständig weiterentwickelt. Gute Displays zeichnen sich durch einen hohen Kontrast bei der Wiedergabe aus. Um dies auch bei Tageslicht zu erreichen, werden viele Geräte mit einer Hintergrundbeleuchtung ausgerüstet. Diesen Displaytyp bezeichnet man auch als passiven Display, weil der einzelne Bildpunkt nur indirekt angesteuert wird. Durch die Trägheit der Flüssigkristalle erscheinen schnell auf dem Bildschirm bewegte Objekte wie der Mauszeiger verschmiert. Farbbildschirme in dieser Technik haben eine mittlere bis gute Farbbrillanz, die abhängig von dem verwendeten Displayaufbau ist.

Für die tägliche Arbeit mit einem LC-Display ist darauf zu achten, daß die Oberfläche möglichst wenig spiegelt und ein guter Kontrast nicht nur in einer Schirmposition erreicht wird, daß also auch aus einem möglichst großen Winkel heraus der Inhalt noch problemlos lesbar ist. Diese beschriebenen Nachteile werden bei aktiven TFT-Displays (Thin Film Transistor) vermieden. Dabei werden aktiv schaltende Transistoren direkt auf dem Display untergebracht. Durch die kürzere Schaltzeit wird die Darstellungsqualität erheblich verbessert. TFT-Displays sind erheblich teurer als «normale» Farbdisplays, weil die Ausschußrate bei der Produktion aufgrund defekter Pixel sehr hoch ist.

8.1.2 Graustufen oder Farbe

Gab es früher noch die Diskussion Graustufen- oder Farbbildschirm, so wird heute grundsätzlich ein Farbmonitor mit dem Computer ausgeliefert. Die sinnvolle Größe des Bildschirmes und die notwendige Vielfalt der darstellbaren Farben hängen vom Anwendungszweck und von der verwendeten Software ab. Für eine Textverarbeitung reichen 16 Farben und ein 38 cm (15 Zoll) großer Bildschirm vollständig aus, während z. B. beim Zeitschriftensatz mit Bildverarbeitung in Fotoqualität ein 53-cm-(21-Zoll-)Bildschirm mit 16,7 Millionen Farben notwendig ist. Damit diese Leistungen erreicht werden, ist eine passende Videokarte zu verwenden.

Nach neueren Untersuchungen wird das menschliche Auge bei der Arbeit am Computer stark belastet, da ein häufiger Blickwechsel zwischen Papier, Tastatur und Bildschirm stattfindet. Bei einem Farbmonitor kommt noch hinzu, daß unterschiedliche Farben das menschliche Auge zusätzlich belasten. Deshalb wird empfohlen, möglichst Pastelltöne auf einem einheitlichen Hintergrund zu verwenden und mit der Anzahl der gleichzeitig verwendeten Farbtöne sehr zurückhaltend zu sein.

■ Monochrom-Bildschirm

Monochrome Bildschirme erzeugen eine Grundfarbe wie Grün, Weiß oder Amber (Bernstein) mit unterschiedlicher Nachleuchtdauer. Die einzelnen Punkte können auf dem Bildschirm unterschiedlich hell dargestellt werden. Bewirkt die verwendete Software eine Farbdarstellung, so wird beim monochromen Bildschirm das vom Computer gelieferte Farbsignal in unterschiedliche Helligkeitsstufen umgesetzt.

Monochrome Bildschirme sind heute eher die Ausnahme. Die Forderung, zwecks besserer Lesbarkeit eine schwarze Schrift auf hellem Untergrund wie beim Papier darzustellen, wurde z. B. unter Windows verwirklicht, auch wenn Windows üblicherweise mit einem Farbbildschirm arbeitet.

■ Farbbildschirm

Der Farbbildschirm stellt jeden Bildpunkt (Pixel) durch die drei Farben Rot, Grün und Blau dar. Für jede der drei Grundfarben wird ein gesonderter Elektronenstrahl erzeugt. Auf der Bildschirminnenfläche entsteht jeweils ein Bildpunkt. Die unterschiedliche Intensität der drei Farbwerte ergibt zusammen eine Mischung, die vom Auge als Mischfarbe wahrgenommen wird. Geht man ganz nah an einen Farbbildschirm heran, so löst sich das Bild in seine einzelnen Farbpunkte Rot, Grün und Blau auf. Die häufig verwendete Bezeichnung RGB-Monitor für Farbbildschirme leitet sich aus den verwendeten Grundfarben ab.

Die Breite, die ein solcher Bildpunkt einnimmt, wird als Dotpitch in mm angegeben. Der Wert 0,26 mm ist ein üblicher Standardwert. Je kleiner dieser Wert ist, desto näher liegen die Bildschirmpunkte beieinander, und desto besser ist die Darstellung infolge einer feineren Auflösung.

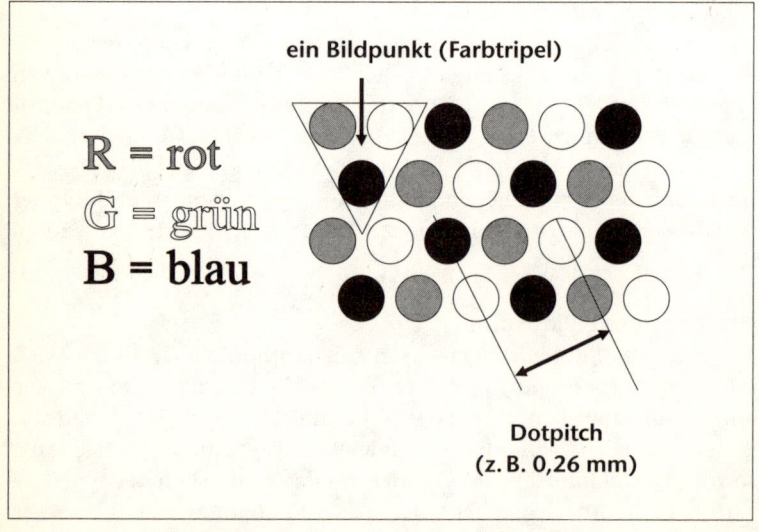

ein Bildpunkt (Farbtripel)

R = rot
G = grün
B = blau

Dotpitch
(z. B. 0,26 mm)

Bei den Farbmonitoren gibt es erhebliche Qualitätsunterschiede. Einen guten Farbmonitor erkennt man unter anderem an einer exakten Farbdarstellung am äußeren Rand. Hersteller von Niedrigpreisgeräten umgehen dieses Problem teilweise dadurch, daß sie nicht die ganze Bildschirmfläche ausnutzen, sondern einen mehr oder weniger großen Rand lassen.

Neben der Lochmaske mit den runden Löchern und Farbtripeln wird auch eine teurere Bildschirmtechnik mit der Trinitron-Schlitzmaske angeboten. Dabei liegen die Bildpunkte als Rechtecke dichter nebeneinander und nutzen so die Bildschirmfläche besser aus. Diese Bildschirmtechnik wird wegen ihrer scharfen Darstellung besonders für CAD bevorzugt.

Die TFT-Displays arbeiten mit einer ähnlichen Anordnung der Bildpunkte. Jeder Transistor ist einzeln schaltbar und für einen Farbpunkt zuständig. Ein typischer Bildschirm enthält rund 920 000 solcher Farbpunkte.

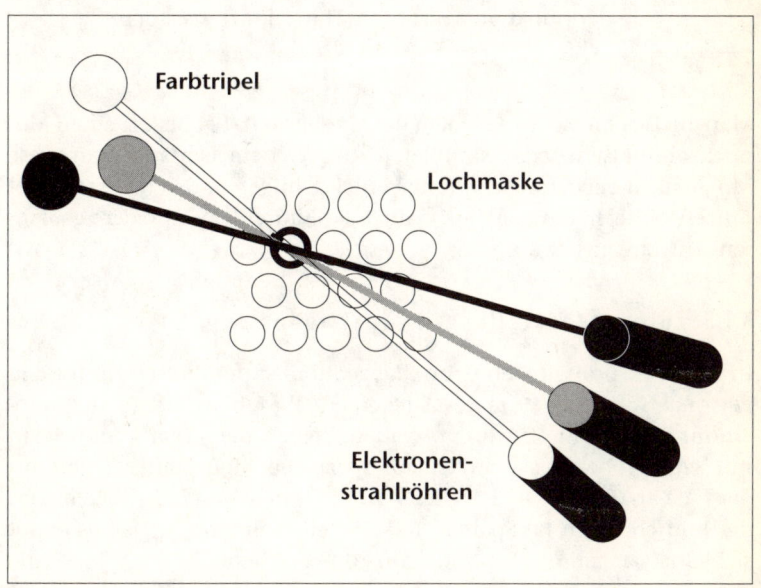

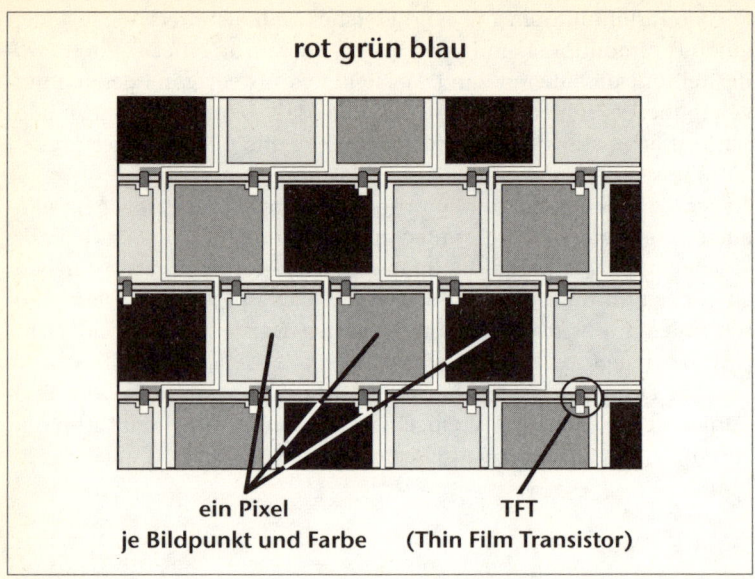

rot grün blau

ein Pixel
je Bildpunkt und Farbe

TFT
(Thin Film Transistor)

Manche Farbbildschirme bieten die Möglichkeit, bei Bedarf einen Monochrombildschirm zu simulieren. In welchem Umfang man diese Möglichkeit bei der Anschaffung berücksichtigen und beim Einsatz benutzen sollte, hängt von der Qualität des Bildschirms und dem geplanten Softwareeinsatz ab.

8.1.3 Zeichendarstellung im Textmodus

In seiner ursprünglichen Grundkonzeption ist der Bildschirm für den Personal Computer als reines Zeichenausgabesystem auf einem Monochrom-Bildschirm entwickelt worden. Neben dem Text konnte man nur sehr grobe Blockgrafiken mit speziellen Blockgrafikzeichen aus dem ASCII-Zeichensatz erstellen. Für die Darstellung von Texten wird der Bildschirm in 80 Spalten und 25 Zeilen unterteilt. Daraus ergibt sich eine Darstellungskapazität von 2000 Zeichen.

```
Textmodus mit 25 Zeilen zu je 80 Zeichen
()*+,-./0123456789:;<=>?@ABCDEFGHIJKLMNOPQRSTUUVWXYZ[\]^_` abcdefghijklmnopqrstuuv
'()*+,-./0123456789:;<=>?@ABCDEFGHIJKLMNOPQRSTUUVWXYZ[\]^_` abcdefghijklmnopqrstuu
&'()*+,-./0123456789:;<=>?@ABCDEFGHIJKLMNOPQRSTUUVWXYZ[\]^_` abcdefghijklmnopqrstu
%&'()*+,-./0123456789:;<=>?@ABCDEFGHIJKLMNOPQRSTUUVWXYZ[\]^_` abcdefghijklmnopqrst
$%&'()*+,-./0123456789:;<=>?@ABCDEFGHIJKLMNOPQRSTUUVWXYZ[\]^_` abcdefghijklmnopqrs
#$%&'()*+,-./0123456789:;<=>?@ABCDEFGHIJKLMNOPQRSTUUVWXYZ[\]^_` abcdefghijklmnopqr
"#$%&'()*+,-./0123456789:;<=>?@ABCDEFGHIJKLMNOPQRSTUUVWXYZ[\]^_` abcdefghijklmnopq
!"#$%&'()*+,-./0123456789:;<=>?@ABCDEFGHIJKLMNOPQRSTUUVWXYZ[\]^_` abcdefghijklmnop
 !"#$%&'()*+,-./0123456789:;<=>?@ABCDEFGHIJKLMNOPQRSTUUVWXYZ[\]^_` abcdefghijklmno
▼ !"#$%&'()*+,-./0123456789:;<=>?@ABCDEFGHIJKLMNOPQRSTUUVWXYZ[\]^_` abcdefghijklmn
▲▼ !"#$%&'()*+,-./0123456789:;<=>?@ABCDEFGHIJKLMNOPQRSTUUVWXYZ[\]^_` abcdefghijklm
↑▲▼ !"#$%&'()*+,-./0123456789:;<=>?@ABCDEFGHIJKLMNOPQRSTUUVWXYZ[\]^_` abcdefghijkl
←↑▲▼ !"#$%&'()*+,-./0123456789:;<=>?@ABCDEFGHIJKLMNOPQRSTUUVWXYZ[\]^_` abcdefghijk
↵←↑▲▼ !"#$%&'()*+,-./0123456789:;<=>?@ABCDEFGHIJKLMNOPQRSTUUVWXYZ[\]^_` abcdefghij
→↵←↑▲▼ !"#$%&'()*+,-./0123456789:;<=>?@ABCDEFGHIJKLMNOPQRSTUUVWXYZ[\]^_` abcdefghi
↓→↵←↑▲▼ !"#$%&'()*+,-./0123456789:;<=>?@ABCDEFGHIJKLMNOPQRSTUUVWXYZ[\]^_` abcdefgh
↑↓→↵←↑▲▼ !"#$%&'()*+,-./0123456789:;<=>?@ABCDEFGHIJKLMNOPQRSTUUVWXYZ[\]^_` abcdefg
‡↑↓→↵←↑▲▼ !"#$%&'()*+,-./0123456789:;<=>?@ABCDEFGHIJKLMNOPQRSTUUVWXYZ[\]^_` abcdef
_‡↑↓→↵←↑▲▼ !"#$%&'()*+,-./0123456789:;<=>?@ABCDEFGHIJKLMNOPQRSTUUVWXYZ[\]^_` abcde
§_‡↑↓→↵←↑▲▼ !"#$%&'()*+,-./0123456789:;<=>?@ABCDEFGHIJKLMNOPQRSTUUVWXYZ[\]^_` abcd
¶§_‡↑↓→↵←↑▲▼ !"#$%&'()*+,-./0123456789:;<=>?@ABCDEFGHIJKLMNOPQRSTUUVWXYZ[\]^_` abc
!¶§_‡↑↓→↵←↑▲▼ !"#$%&'()*+,-./0123456789:;<=>?@ABCDEFGHIJKLMNOPQRSTUUVWXYZ[\]^_` ab
‡!¶§_‡↑↓→↵←↑▲▼ !"#$%&'()*+,-./0123456789:;<=>?@ABCDEFGHIJKLMNOPQRSTUUVWXYZ[\]^_` a
◄‡!¶§_‡↑↓→↵←↑▲▼ !"#$%&'()*+,-./0123456789:;<=>?@ABCDEFGHIJKLMNOPQRSTUUVWXYZ[\]^_`
```

Die einzelnen Zeichen werden am Bildschirm aus Punkten innerhalb einer sogenannten Punktmatrix zusammengesetzt. Einen Bildschirmbildpunkt bezeichnet man auch als **Pixel.** Je nach der verwendeten Videokarte erfolgt die Darstellung jedes einzelnen Zeichens in einer Matrix (Pixelbreite mal Pixelhöhe) von 9×14, 8×14, 8×16 oder auch 8×8 Punkten. Das Aussehen der einzelnen Zeichen ist im Computer in einer Bitmatrix fest gespeichert. Die einzelnen Pixel können im Textmodus nicht angesteuert oder verändert werden. Nur das gesamte fest definierte Zeichen mit all seinen Punkten ist als Einheit darstellbar. Ein Zeichen kann auch nicht aus dem Bildschirmraster von Zeilen und Spalten herausgelöst werden, also beispielsweise breiter oder höher dargestellt oder um eine halbe Zeile nach oben oder unten versetzt werden, wie man es zum Beispiel für Formeln benötigt.

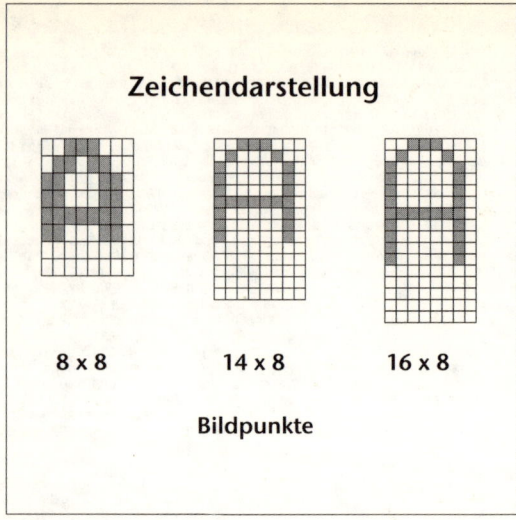

Zeichendarstellung

8 x 8   14 x 8   16 x 8

Bildpunkte

Für die Textdarstellung wird ein Bildschirmspeicher von nur 4 Kilobyte benötigt. 4 KB entsprechen 4096 Byte. Da die Bildschirmdarstellung 2000 Zeichen enthält, stehen für jedes Zeichen zwei Byte zur Verfügung. In einem Byte steht der Dezimalwert des ASCII-Codes, und im anderen Byte stehen die Zusatzangaben (Attribute) über Farbe und/oder Intensität.

Im Grafikmodus ist die Darstellung von Texten technisch aufwendiger, da zusätzliche Zeichensätze geladen oder im Speicher erzeugt werden müssen. Dafür lassen sich die Texte dann frei auf dem Bildschirm positionieren, und auch in der Größe und Gestaltung der Schrift gibt es vielfältige Variationsmöglichkeiten.

8.1.4 Videomodi

Die grafischen Darstellungsmöglichkeiten des Bildschirms hängen von den Möglichkeiten der verwendeten Videokarte ab. Die weitere Entwicklung der Grafikstandards sorgt für einen ständigen Wandel.

■ VGA – Standard

Der **VGA**-Videomodus (engl. **V**ideo **G**raphics **A**rray) ist der gültige Standard und wird ständig durch Weiterentwicklung der Videokarten verbessert und immer leistungsfähiger.

Videomodus	Text Zeichen	Grafik Pixel	Farben Anzahl
VGA (Standard)	40 × 25		16
	80 × 25		16
	80 × 30		16
	80 × 60		16
		320 × 200	16/256
		640 × 200	16/256
		640 × 350	16/256
		640 × 480	16/256
VGA (erweitert)		640 × 480	16/256/65536/16,7 Mio.
		800 × 640	16/256/65536/16,7 Mio.
		1024 × 768	16/256/65536/16,7 Mio.
Super-VGA		1280 × 1024	16/256/65536/16,7 Mio.
		1600 × 1200	16/256/65536/16,7 Mio.

■ VGA

VGA ermöglicht durch die Verwendung analoger RGB-Videosignale in Verbindung mit Hochleistungsvideokarten eine gleichzeitige Darstellung von bis zu 16,7 Millionen verschiedenen Farben. In der VGA-Grundversion sind es jedoch nur maximal 256 verschiedene Farben. Die typische VGA-Buchse hat 15 Steckkontakte.

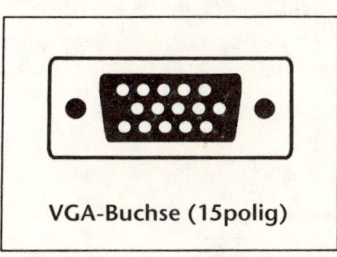

VGA-Buchse (15polig)

Die 256 Farben können aus einer Farbpalette von 262 144 Farbstufen ausgewählt werden. Voraussetzung ist natürlich, daß ein ausreichender Bildschirmspeicher zur Verfügung steht. Bei einem Speicher von 256 KB sind 16 Farben und bei 512 KB 256 Farben im Grafikmodus möglich.

Videokarten mit ein oder zwei Megabyte Speicher bieten dementsprechend eine größere Anzahl von Farben wie 65 536 (Highcolor) oder 16 777 216 (Truecolor oder Realcolor). Der RAM-Speicherbedarf der Videokarte richtet sich nach der Anzahl der dargestellten Bildschirmpunkte und der pro Bildschirmpunkt benötigten Bitanzahl entsprechend der Anzahl der Farben. Die nachfolgende Tabelle enthält die rechnerischen Werte für verschiedene Speicherbereiche, die jeweils auf 512 KB, 1 MB, 2 MB oder 4 MB Speicher nach oben aufzurunden sind.

Farben	640 × 480	800 × 600	1024 × 768	1280 × 1024
16	154 KB	240 KB	394 KB	656 KB
256	308 KB	480 KB	787 KB	1,31 MB
65 536	615 KB	960 KB	1,57 MB	2,62 MB
16 777 216	922 KB	1,44 MB	2,36 MB	3,93 MB

Im VGA-Textmodus werden die 80 × 25 Zeichen bei einer Auflösung von 720 × 400 Pixel mit 16 Farben dargestellt. Die Bildwiederholfrequenz beträgt dabei 70 Hz und ermöglicht ein flimmerfreies Bild.
Durch die Verwendung anderer im VGA-ROM vorhandener Zeichensätze lassen sich mit einem Font (Zeichensatz) sogar bis zu 60 Zeilen auf dem Bildschirm darstellen.

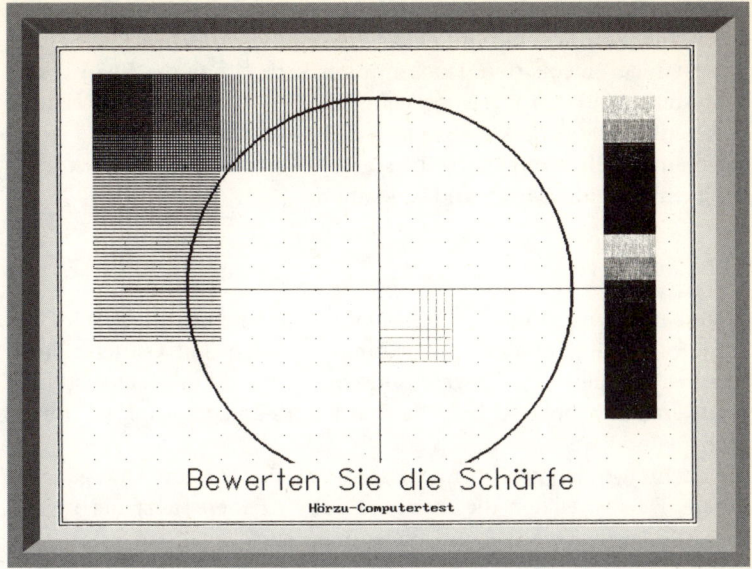

Bewerten Sie die Schärfe

Hörzu-Computertest

▣ S-VGA – Super-VGA

Viele Videokartenhersteller bieten verbesserte VGA-Videokarten an. Die Auflösung geht von 640×480 Pixel bis zu 1600×1200 Pixel mit einer unterschiedlichen Anzahl von Farben. Faustregel ist dabei: je höher die Auflösung, desto geringer die Anzahl der möglichen Farben. Ein Megabyte Bildschirmspeicher ist dabei aber mindestens erforderlich. Um die erweiterten Möglichkeiten dieser S-VGA-Videokarten zu nutzen, sind spezielle Treiberprogramme z. B. für Windows notwendig. Ohne diese aktuellen Treiberprogramme, die der Videokarte beiliegen müssen, kann nur der VGA-Standardmodus genutzt werden.

▣ Beschleunigerkarten unter Windows

Grafische Oberflächen wie Windows stellen bei höheren Auflösungen und größerer Farbanzahl erheblich höhere Anforderungen an die Leistungsfähigkeit der Videokarte. Durch einen eigenen Prozessor soll der CPU ein Teil der Arbeit abgenommen werden. Schnellere spezielle VRAM-Speicher (Video Random Access Memory) erlauben einen beschleunigten Bildaufbau. Deshalb werden diese Videokarten auch als

Beschleuniger- oder Accelerator-Karten besonders für Windows angeboten. Auch für Rechner mit dem herkömmlichen ISA-Bus gibt es leistungsfähige Videokarten. Doch mit der Verbreitung des VESA-Local-Bussystems und des PCI-Bussystems sind spezielle Videokarten mit besseren Leistungsmerkmalen entwickelt worden.

Insgesamt gesehen zeigt sich eine ständige Verbesserung der Leistungsfähigkeit der Videokarten und Videomodi.

8.1.5 Monitore

Grafikkarten und Monitore müssen aufeinander abgestimmt sein. Daher erforderten die Weiterentwicklungen bei den Grafikkarten immer entsprechend leistungsfähigere Bildschirme. Moderne Hochleistungsgeräte erkennen unterschiedliche Grafikmodi und passen sich automatisch an den jeweiligen Modus an.

Die nachfolgenden Ausführungen beziehen sich auf am Markt gängige Geräte. Dabei weichen die Produkte der einzelnen Hersteller in Leistungsfähigkeit, Qualität und Preis oft so stark voneinander ab, daß hier nur allgemeine Aussagen vorgenommen werden können.

■ Farbbildschirm

Der VGA-Farbmonitor ist inzwischen zusammen mit der VGA-Videokarte zum Standard geworden. Wie viele Farben dabei in den verschiedenen Modi dargestellt werden, hängt von dem Bildschirmspeicher der Videokarte ab. Die typische Videokarte ist mit 1 MB ausgestattet.

■ Mehrfrequenz-, Multisync- oder Multiscan-Monitor

Ein Mehrfrequenz-Monitor ist in der Lage, verschiedene Grafikmodi und unterschiedliche Frequenzen problemlos zu verarbeiten.

Der Multisync- oder Multiscan-Monitor ist in Zusammenarbeit mit der verwendeten Videokarte darüber hinaus in der Lage, die zur korrekten Bildwiedergabe notwendigen Parameter selbst einzustellen. Multisync und Multiscan sind Kunstworte. Sie sind abgeleitet und zusammengesetzt aus dem lateinischen Wort multi = viel und dem griechischen Wort sync(hron) = gleichzeitig und dem englischen scan = abtasten.

Multisync-Monitore sind nur dann sinnvoll, wenn man häufig den Videomodus wechseln muß. Bei einer normalen Büroanwendung ist das ganz selten der Fall, denn fast alle gängigen Softwareprogramme laufen mit einer VGA-Grafikkarte und dem entsprechenden VGA-Bild-schirm.

8.1.6 Was man beim Monitorkauf beachten sollte

Monitor und Videokarte bilden eine Einheit, denn beide Komponen-ten müssen aufeinander abgestimmt sein. Der Nutzer hat die Auswahl zwischen verschiedenen Bildschirmgrößen. In Angeboten finden sich häufig 14"- (" = Zoll, 2,54 cm), 15"-, 17"-, 20"- und 21"-Monitore. Dieses Maß gibt an, wie groß die Diagonale der Bildschirmröhre ist, also die Strecke von der linken unteren Ecke zur rechten oberen Ecke.

Bildschirmdiagonale in	
Zoll	Zentimetern
14"	35,56 cm
15"	38,10 cm
17"	43,18 cm
20"	50,80 cm
21"	53,34 cm

Damit wird nicht ausgesagt, wie gut die Bildschirmfläche ausgenutzt wird, d. h. wie groß die effektive Bildgröße ist. Dies läßt sich nur bei ei-ner Vorführung und einem Vergleich verschiedener Bildschirme beim Fachhändler feststellen.

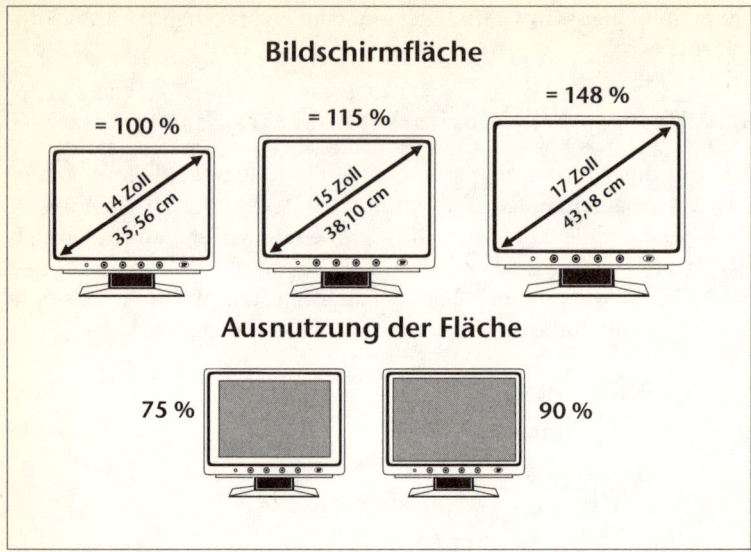

Die Leistungsfähigkeit einer Grafikkarte, z. B. 1024 × 768 Pixel bei 256 Farben, bedeutet nicht, daß der Bildschirm diese Auflösung auch gut darstellen kann. Ein 14"-Monitor kann aufgrund der zu geringen Anzahl von Bildpunkten in der Lochmaske diese Auflösung nicht scharf wiedergeben. Hier ist mindestens ein 15"- oder besser noch ein 17"-Monitor sinnvoll und notwendig.

Die Zeilenfrequenz (horizontale Videofrequenz) eines Monitors gibt in Kilohertz (KHz = 1000 Hertz) an, welche Maximalzahl von Impulsen der Monitor bezogen auf die horizontale Pixelanzahl (Bildschirmzeile) und die Häufigkeit des Bildwechsels pro Sekunde verarbeiten kann. Aus ergonomischer Sicht sollte die Bildwiederholfrequenz möglichst hoch sein. Der Mindestwert liegt bei 70 Hertz (Bildwechsel pro Sekunde).

Auflösung	(vertikale) Bildwiederholfrequenz			
	60 Hz	70 Hz	80 Hz	90 Hz
640 × 480	32 KHz	37 KHz	43 KHz	48 KHz
800 × 640	38 KHz	45 KHz	52 KHz	58 KHz
1024 × 768	48 KHz	58 KHz	68 KHz	78 KHz
1280 × 1024	68 KHz	79 KHz	90 KHz	101 KHz
	(horizontale) Zeilenfrequenz			

Ein weiterer Maßstab für die Leistungsfähigkeit ist der Pixeltakt der Videokarte bzw. die Videobandbreite des Monitors in Megahertz (MHz = 1 000 000 Hertz). Dieser Wert errechnet sich aus der Bildschirmauflösung mal der vertikalen Bildwiederholfrequenz plus 30 % Zuschlag für Steuerungsimpulse. Soll eine Grafikkarte bei einer Auflösung von 800 × 600 Pixel in Highcolor mit 80 Hertz Bildwiederholfrequenz betrieben werden, so sind (800 × 600 × 80 = 38 400 000 × 1,3 = 49 920 000) rund 50 Megahertz Pixeltakt bzw. Videobandbreite erforderlich.

Bei allen Bildschirmen kommt es auf die Schärfe der Darstellung an, die man am besten mit einem Testbild prüft. Ein derartiger Test zeigt bei Farbbildschirmen hervorragend, wie gut die Farben in den Randzonen wiedergegeben werden. Doch der eigene subjektive Eindruck des Käufers und Anwenders muß letztlich den Ausschlag für eine Kaufentscheidung geben. Derselbe Monitor wird von verschiedenen Personen bei gleicher Einstellung der Farbsättigung und Bildschärfe oft unterschiedlich beurteilt. Eine qualitativ schlechte Farbsättigung oder verringerte Bildschärfe kann aber auch durch eine technisch nicht so leistungsfähige «billige» Videokarte verursacht werden.

Die Regler für Kontrast, Bildschärfe, Farbsättigung usw. sollten möglichst von vorn zu bedienen sein, damit man den Bildschirm beim Einstellen beobachten kann. Ferner sollte der Bildschirm in Höhe und Neigungswinkel verstellbar sein. Wenn mehrere Personen abwechselnd an einem Personal Computer arbeiten, können sie den Bildschirm entsprechend ihrer Augenhöhe individuell einstellen.

Bei der Auswahl des Bildschirms wird zunehmend darauf geachtet, daß er strahlungsarm ist. Bei den im Monitor entstehenden Magnetfeldern und Strahlungen ist derzeit noch nicht nachgewiesen, ob sie für den Nutzer schädlich oder unbedenklich sind. Trotzdem sollten Sie sich einen strahlungsarmen Monitor anschaffen. Ab 1996 gilt im Rahmen

von EU-Vorschriften und einer neuen DIN, daß neu eingerichtete Bildschirmarbeitsplätze entsprechend ergonomisch gestaltet und strahlungsarm sein müssen. Dabei wird die schärfere Norm der schwedischen Gewerkschaften (TCO 92) die Grundlage bilden. Diese Norm
umfaßt auch Vorgaben, nach welcher Zeit sich der Monitor bei Nichtbenutzung automatisch in einen Stromsparzustand umzuschalten hat.
Die Energiesparfunktionen (Power Management) und die automatische Abschaltung des Monitorbildes werden bei bestimmten Monitoren auch nach der amerikanischen EPA-Norm (ENERGY EPA Pollution
Preventer) oder der schwedischen NUTEK-Norm unterstützt. Nachfolgend eine Übersicht derzeit festgelegter Grenzwerte.

Bildschirmstrahlung Richtwerte der schwedischen Empfehlungen		
	MPR II	**TCO (91)**
elektrostatisches Feld in Volt pro Meter	+/− 500 V	+/− 500 V
elektrostatisches Feld aus der Bildwiederholfrequenz in Volt pro Meter (Band I)	25 V/m	10 V/m
elektrostatisches Feld aus der Zeilenfrequenz in Volt pro Meter (Band II)	2,5 V/m	1 V/m
magnetisches Feld aus der Bildwiederholfrequenz in Nanotesla (Band I)	250 nT	200 nT
magnetisches Feld aus der Zeilenfrequenz in Nanotesla (Band II)	25 nT	25 nT

Beim Kauf eines Computers sollte man bei den Ausgaben für den Bildschirm und die passende Videokarte nicht sparen. Bei längerer Arbeit
mit dem Computer kann ein schlechter Bildschirm zu einer starken Augenbelastung führen. Die Bildschirmoberfläche sollte auf jeden Fall so
behandelt sein, daß möglichst wenig Reflexionen und Spiegelungen
auftreten. Aber auch bei gut entspiegelten Geräten sind störende Reflexe möglich, wenn der Monitor ungünstig zu einfallendem Sonnenlicht
oder vorhandener Raumbeleuchtung steht.

8.1.7 Auswahl der Videokarte (Grafikkarte)

Unter den derzeitigen Gegebenheiten sollte man eine VGA-Videokarte wählen, die dem Stand der Technik entspricht. Der Einsatz von grafischen Bedienoberflächen, wie z. B. Windows, stellt hohe Anforderungen an die Leistungsfähigkeit der Videokarte.

Die Verarbeitungsgeschwindigkeit bei Videokarten hängt intern von mehreren Faktoren ab. So wie der PC ein BIOS mit Grundfunktionen enthält, gibt es ein Video-BIOS in einem ROM auf der Videokarte. Da ROMs recht langsame Bausteine sind, kann die maximal mögliche Ausgabegeschwindigkeit nicht erreicht werden. Zur Erhöhung der Ausgabegeschwindigkeit haben einige Anbieter dazu das Konzept des Video-Shadow-ROM (engl. shadow = Schatten) entwickelt. Der ROM-Inhalt wird in den schnelleren RAM-Speicher kopiert. Dadurch wird die Ausgabegeschwindigkeit erhöht.

Eine weitere Beschleunigung ist durch den Einbau einer leistungsfähigen VESA-Local-Bus- oder PCI-Videokarte an Stelle einer ISA-Videokarte zu erzielen. Der mit dem höheren Datendurchsatz erzielbare Vorteil kommt nur dann zur Geltung, wenn auch die Taktfrequenz der Videokarte der Taktfrequenz des Prozessors beim VESA-Local-Bus entspricht.

Videokarten arbeiten mit einem eigenen Prozessor zur Aufbereitung der Videodaten. Je mehr Bit in einem Arbeitstakt verarbeitet werden können, desto leistungsfähiger und schneller ist die Bildverarbeitung. Videoprozessoren haben eine Zugriffsbreite von 32 bis 128 Bit. Die Leistungsfähigkeit kann noch gesteigert werden, wenn statt der normalen DRAM-Speicher (Dynamic Random Access Memory) schnellere VRAM-Speicher (Video Random Access Memory) verwendet werden. Beim VRAM können in einem Arbeitsgang die vorhandenen Pixeldaten gelesen und die neuen Pixeldaten für das nächste Bild geschrieben werden. Als weiteres technisches Element einer Videokarte ist der Umwandler zur Erzeugung der analogen Bildsignale aus den digitalen Speicherinhalten notwendig. Letztlich bestimmt die Leistungsfähigkeit dieses Bauteils in Verbindung mit dem Prozessor und dem RAM die Gesamtleistungsfähigkeit der Videokarte.

Bei den VGA-Grafikkarten gibt es erhebliche Leistungs- und Preisunterschiede. Sie ergeben sich aus der unterschiedlichen Busbreite, der Größe des Video-RAM, der Anzahl der unterstützten Videomodi, der Taktfrequenz und den verwendeten Chips. Auf Grund der Vielfalt der angebotenen Videokarten ist auch hier nur ein Kauf nach Test mit der zu verwendenden Software zu empfehlen.

8.2 Drucker

Daten sind immer dann über den Drucker auszugeben, wenn sie aus Dokumentations- und Nachweisgründen schriftlich fixiert werden müssen. Trotz der vielen Ankündigungen vom papierlosen Zeitalter wurde der Papierverbrauch in den letzten Jahren erheblich gesteigert. Fast an jedem PC-Arbeitsplatz steht ein Drucker.

Bei der Entscheidung, welcher der richtige Drucker ist, spielen neben dem Anschaffungspreis noch viele andere Gesichtspunkte eine Rolle. Druckgeschwindigkeit, Druckqualität und der vom Drucker verursachte Geräuschpegel sind Faktoren, die der Nutzer berücksichtigen sollte. Die erforderliche Druckgeschwindigkeit hängt dabei von Umfang und Anzahl der in einem bestimmten Zeitraum zu druckenden Schriftstücke ab. Die Druckqualität sollte bei der Korrespondenz als «Visitenkarte nach außen» von bester Qualität sein. Interne Listen und Auswertungen können im Schnelldruck mit geringerer Druckqualität erstellt werden. Die mögliche Belästigung durch den Geräuschpegel eines Druckers darf nicht unterschätzt werden. Sie hängt jeweils von der verwendeten Drucktechnik ab und ist bei mechanischen Druckern besonders hoch.

Folgende Druckertypen lassen sich unterscheiden:

Drucker	
mechanische Verfahren (Impact-Drucker)	**nichtmechanische Verfahren (Non-Impact-Drucker)**
elektronische Schreibmaschine Typenraddrucker Matrixdrucker	Thermodrucker Thermotransferdrucker Tintenstrahldrucker Laserdrucker

Man unterscheidet bei den Druckern die mechanischen und die nichtmechanischen Druckverfahren. Die mechanischen Drucker wie Typenrad- und Matrixdrucker schlagen durch das Bewegen eines kleinen

Hammers oder einer Nadel das Farbband so gegen das Papier, daß die Farbe übertragen wird. Dabei ist es entsprechend der Anschlagstärke auch möglich, einen oder mehrere Durchschläge in einem Arbeitsgang zu drucken. Die nichtmechanischen Drucker müssen demgegenüber die gleiche Anzahl von Originalen nacheinander drucken, weil mit ihnen keine Durchschläge erzeugt werden können.

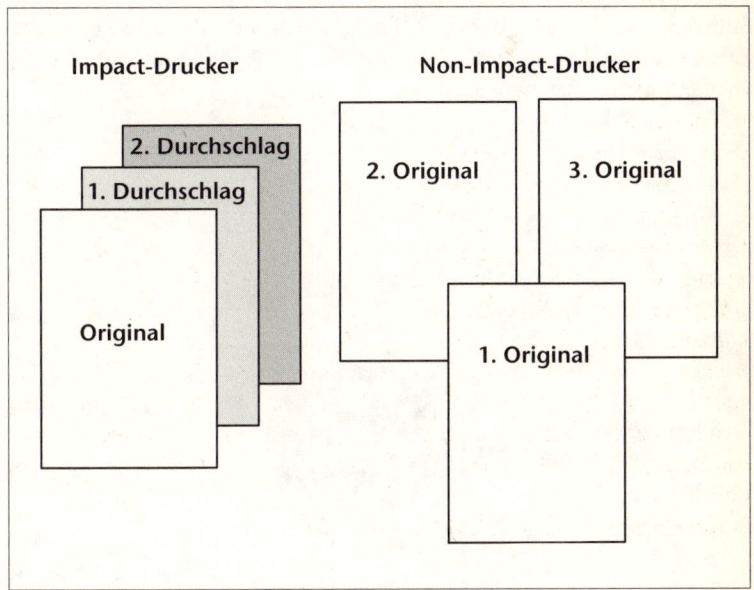

8.2.1 Schreibmaschine und Typenraddrucker

Die ersten an einen Computer anschließbaren Drucker waren Fernschreiber, die nur einen beschränkten Zeichensatz ohne differenzierte Klein- und Großschreibung und ohne Umlaute verwendeten. Einen Bildschirm verwendete man damals noch nicht, weil diese Technik zu teuer war. Das Kürzel TTY, abgeleitet aus dem englischen Wort Teletype für Fernschreiber, erinnert noch an diese Zeit.

Mit der elektromechanischen und elektronischen Schreibmaschine wurde es erstmals möglich, eine Ausgabe auf dem Papier in der gewohnten Schreibmaschinenqualität zu erreichen. Die Entwicklung führte von der Typenhebelschreibmaschine über die Kugelkopfschreibmaschine zum Typenraddrucker.

Beim Typenraddrucker wird der gesamte Zeichensatz, meist 96 verschiedene Zeichen einschließlich der Klein- und Großschrift, auf einem Plastikrad untergebracht. Dieses Plastikrad wird durch einen Motor jeweils in die richtige Position gedreht. Kommt das Typenrad zum Stillstand, schlägt ein Hammer das zu druckende Zeichen gegen das Farbband und damit auf das dahinterliegende Papier. Bei jedem Schlag wird ein ganzes Zeichen gedruckt.

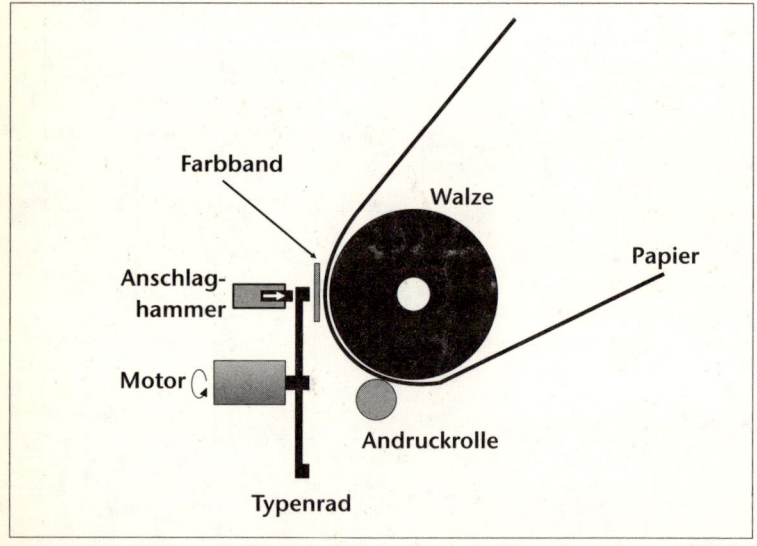

Typenraddrucker sind relativ langsam. Sie drucken zwischen 18 und ca. 50 Zeichen pro Sekunde. Für einen Schriftartwechsel während eines Druckvorgangs muß das Typenrad von Hand ausgewechselt werden. Deshalb wird der Typenraddrucker für reine Textanwendungen, die eine sehr gute Schriftqualität erfordern, eingesetzt.

Moderne elektronische Schreibmaschine können über ein Interface an einen Computer angeschlossen werden. Für sie gelten die gleichen Beschränkungen wie bei den Typenraddruckern.

8.2.2 Matrixdrucker

Matrixdrucker sind in der Computerwelt am weitesten verbreitet. Die gedruckten Zeichen werden aus einzelnen Punkten zusammengesetzt. Beim Drucken schießen Nadeln gegen das Farbband und hinterlassen einen Farbpunkt auf dem Papier. Mit dieser Drucktechnik kann der Matrixdrucker beliebige Zeichen drucken. Diese Flexibilität ist sein großer Vorteil! In einem Ausdruck kann er Texte und Grafiken wechselweise darstellen. Ein entscheidender Nachteil des Matrixdruckers ist der Lärm, den er beim Drucken erzeugt.

Die Angebotspalette reicht von preisgünstigen Geräten für Hobbynutzer bis hin zum teuren Hochleistungsdrucker für professionelle Anwendungen. Die am Markt angebotenen Drucker arbeiten mit 9, 18, 24 oder gar 48 Nadeln.

Zeichendarstellung beim Matrixdrucker

9 Nadeln   24 Nadeln   48 Nadeln

Von der Anzahl der Nadeln hängen Druckgeschwindigkeit und Druckqualität ab. Die gängigsten Drucker haben 9 oder 24 Nadeln, wobei der Trend eindeutig hin zum Drucker mit 24 Nadeln geht. Während beim 9-Nadel-Drucker neun Nadeln untereinander angeordnet sind, hat der 24-Nadel-Drucker zwei parallel angeordnete Reihen von je 12 Nadeln. Der Nadeldurchmesser ist kleiner, weil nun 12 statt 9 Nadeln der Zeichenhöhe der Normalschrift entsprechen. Der 48-Nadel-Drucker ist speziell für den japanischen Markt mit seinen komplizierten und feinen Schriftzeichen entwickelt worden. Gegenüber dem 24-Nadel-

Drucker bringt er für europäische Verhältnisse in der Schriftqualität nur eine geringe Verbesserung.

Schriftart:	Courier mit festem Zeichenabstand
Schriftart:	Prestige mit festem Zeichenabstand
Schriftart:	Modern Proportionalschrift
Schriftart:	Helvetica als glatte Schrift
Schriftart:	Times Roman mit Serifen

■ Drucktechnik

Der Druckkopf ist beim Matrixdrucker das am höchsten beanspruchte Teil. Schon bei einem einfachen Drucker müssen die Nadeln in einer Sekunde ca. 1000 Farbpunkte erzeugen. Der Transportmechanismus bewegt den Druckkopf vor dem Papier waagerecht auf einen hundertstel Millimeter genau.

Ein Elektromagnet bewirkt, daß die Nadeln aus dem Druckkopf gegen das Farbband gestoßen werden. Eine Rückholfeder sorgt für ein schnelles Zurückziehen der Drucknadel in den Druckkopf. Dann wird der Kopf um eine oder eine halbe Nadelbreite (ca. 0,14 mm) seitlich weiterbewegt, und der ganze Vorgang wird wiederholt. Dabei werden, entsprechend dem zu druckenden Muster, oft auch alle Nadeln gleichzeitig angeschlagen.

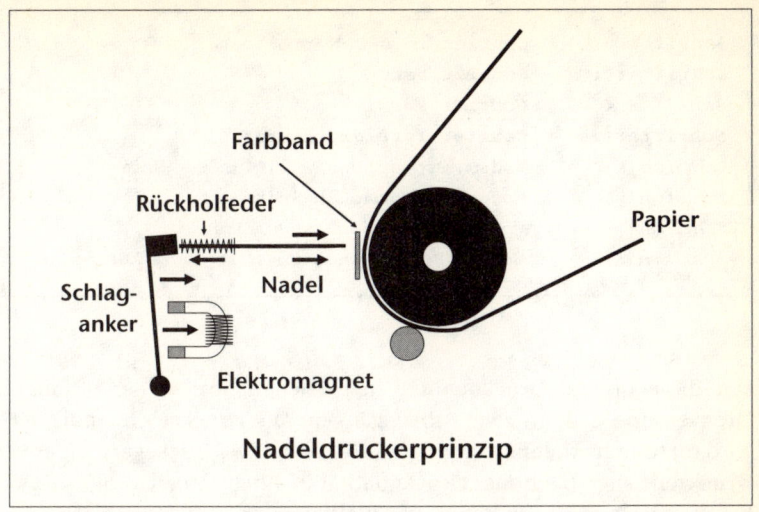

Nadeldruckerprinzip

Für jedes Zeichen des ASCII-Codes enthält das Drucker-ROM ein Zeichenmuster. Da ein Drucker mehrere Schriftarten wie Roman, Courier usw. beherrscht, hat er im ROM für jede Schriftart eine gesonderte Zeichenmustertabelle. Schriftarten in der Darstellung fett oder kursiv werden durch Umrechnungen durch den Druckerprozessor aus den vorhandenen Schriften abgeleitet. Durch die Nachrüstung mit Font-Karten können viele Drucker um zusätzliche Schriftarten erweitert werden.

Bestimmte Schriften lassen sich in unterschiedlichen Qualitätsstufen ausdrucken. Die einfachste Druckqualität ist die Schnellschrift (Draft-Modus), die überwiegend für Probeausdrucke oder betriebsinterne Schriftstücke verwandt wird. Eine höhere Druckqualität erzielt der Drucker im NLQ- (engl. **N**ear **L**etter **Q**uality) bzw. LQ-Modus (engl.: **L**etter **Q**uality).

```
Schriftart:      Courier in der Normalform
Schriftart:      Courier fett
Schriftart:      Courier kursiv
Schriftart:      Courier fett und kursiv
Schriftart:      Modern Proportionalschrift in der Normalform
Schriftart:      Modern Proportionalschrift fett
Schriftart:      Modern Proportionalschrift kursiv
Schriftart:      Modern Proportionalschrift fett und kursiv
```

Um diese höhere Druckqualität zu erreichen, druckt der 9-Nadel-Drucker eine Zeile in zwei Arbeitsgängen. Die Druckgeschwindigkeit wird hierdurch erheblich verringert. Der 24-Nadel-Drucker erstellt eine Druckzeile auch bei hoher Druckqualität in einem Arbeitsgang.

Beim Druck von Grafik hängt die Qualität von der maximalen Druckauflösung, der Farbbandqualität und der Genauigkeit des Papiervorschubs ab. 9-Nadel-Drucker erreichen maximal eine Auflösung von 240 Punkten/Zoll, während 24-Nadel-Drucker sogar 360 Punkte/Zoll schaffen. Bei Grafiken verläuft die Druckrichtung immer von links nach rechts, damit senkrechte Linien auch wirklich senkrecht verlaufen. Versetzungen von Linien werden so vermieden. Beim Drucken von senkrechten Linien im Textmodus können solche Versetzungen auftreten, da der Drucker normalerweise die Zeilen abwechselnd von links nach rechts oder von rechts nach links druckt. Dieses Problem kann eventuell durch eine Einstellung im Textverarbeitungsprogramm gelöst werden. Der Drucker wird dabei auf den sogenannten unidirektionalen Druck umgeschaltet.

▪ Farbbänder

Für viele mechanische Drucker, auch Impact-Drucker genannt, werden zwei grundlegend unterschiedliche Farbbänder angeboten, das Nylonband und das Multistrike-Karbonband. Das Nylonband ist schwarz eingefärbt und liegt in einer Endloskassette. Durch die Druckvorgänge verringert sich die Farbsättigung des Bandes, und gleichzeitig wird die Schrift blasser. Ein Nachfärben dieser Bänder ist im Prinzip möglich. Der Nutzer sollte aber bedenken, daß sich die Farbbänder durch die Beanspruchung beim Druck abnutzen. Verschlissene Farbbänder können zu Beschädigungen des Druckkopfes und verbogenen Druckernadeln führen.

Beim Karbonband handelt es sich um eine Folie, auf die eine Farbschicht aufgetragen ist. Beim Drucken wird diese Beschichtung mechanisch auf das Papier übertragen. Der Vorteil dieses teuren Bandes ist eine gegenüber dem Nylonband exaktere Schrift, die nicht verläuft oder schmiert. Einige Drucker unterstützen das Multistrike-Verfahren. Hierbei wird ein mehrfaches Anschlagen und Nutzen der Beschichtung an ein und derselben Stelle möglich. Karbonbänder werden nur in Einmalkassetten und nicht als Endloskassetten geliefert.

8.2.3 Thermo- und Thermotransferdrucker

Der Thermo- oder Thermotransferdruck ist ein sehr leises Druckverfahren mit geringem Energieverbrauch. Statt eines Druckkopfes findet man beim Thermodrucker eine Druckleiste, die genauso breit ist wie das zu bedruckende Papier. In dieser Leiste sind nebeneinander Thermo- oder Heizelemente aufgereiht. Das wärmeempfindliche Spezialpapier wird nun an der Druckleiste in so kleinen Schritten vorbeigeführt, daß ein Punkt genau einem Thermoelement entspricht.

Soll ein schwarzer Punkt erzeugt werden, so wird das entsprechende Thermoelement für einen Augenblick durch Strom aufgeheizt und strahlt die Wärme auf das Papier ab, das sich daraufhin verfärbt und schwarz wird. Der Thermodrucker weicht insofern vom Matrixdrucker ab, als mit jedem Schritt immer nur eine komplette Punktzeile auf der gesamten Breite geschrieben wird. Eine vollständige Textzeile entsteht dann erst im Laufe des Schreibvorgangs von oben nach unten und nicht von links nach rechts. Die Druckgeschwindigkeit ist beim Thermodrucker deutlich niedriger als beim Matrixdrucker. Thermodrucker mit Spezialpapier werden in vielen preiswerten Faxgeräten eingesetzt oder mit einer Batterie als netzunabhängige und portable Drucker an tragbaren Computern betrieben. Mit Thermodruckern kann man keine Durchschläge erstellen.

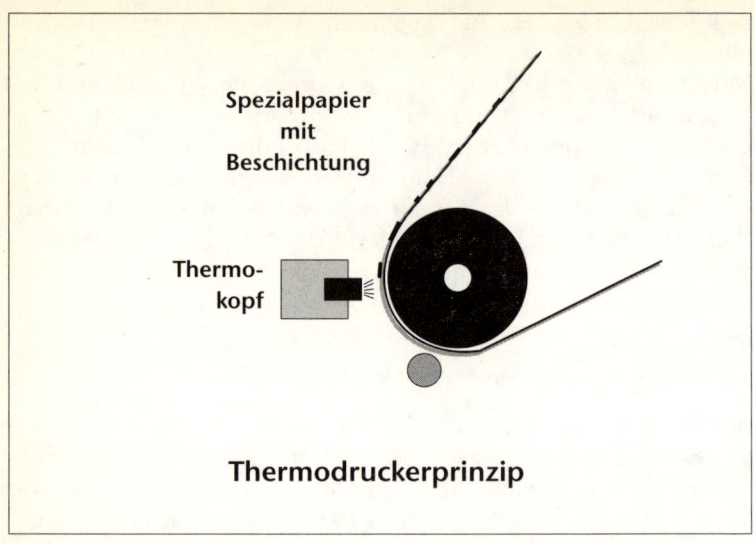

Spezialpapier mit Beschichtung

Thermo-kopf

Thermodruckerprinzip

Die Ausdrucke auf dem Spezialpapier sind zu Anfang gut lesbar. Vor allem durch Einwirkung von Licht verliert das Spezialpapier im Laufe der Zeit an Lesbarkeit. Um diesem Mangel Abhilfe zu schaffen, wurde das Thermotransferverfahren entwickelt. Hierbei kann man mit Schreibmaschinenpapier arbeiten.

Zwischen der Thermodruckkopfleiste und dem Normalpapier befindet sich nun ein Farbband, das mit einer farbigen Wachsschicht versehen ist. Erwärmt sich ein Thermoelement der Druckleiste, so wird die Wachsfarbe weich, löst sich vom Farbband und haftet durch den mechanischen Druck auf dem Papier. Auch hier wird jede Punktzeile auf der gesamten Papierbreite in einem Arbeitsgang gedruckt und dann das Farbband um diese Länge weitertransportiert. Das Spezialfarbband kann nur einmal verwendet werden, weil die Farbe an den Druckpunkten beim Schmelzen vollständig auf das Papier übergeht. Dadurch entstehen im Vergleich zu anderen Druckern hohe Farbbandkosten.

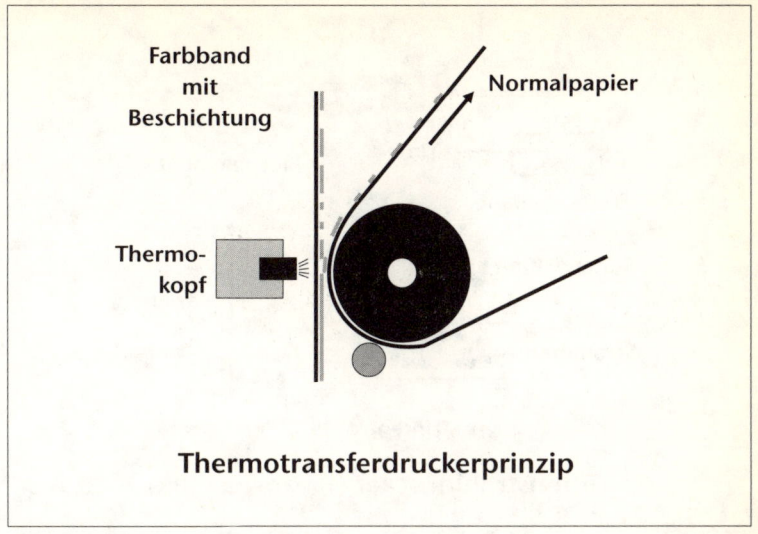

Thermotransferdruckerprinzip

Bei Farbausdrucken, bei denen sehr hohe Qualitätsanforderungen gestellt werden, liefern die Thermotransferdrucker hervorragende Ergebnisse. Die Farbbänder sind für diesen Zweck mit den Farben Gelb, Grün (Cyan), Rot (Magenta) und Schwarz beschichtet. Jede Farbe wird für jeweils eine Punktreihe nacheinander neben- oder übereinander einzeln aufgetragen.

Farbfähige Thermotransferdrucker werden derzeit auf Grund ihres hohen Preises vorwiegend im professionellen Bereich eingesetzt. Die Farbbandkosten pro Einzelblatt können mehrere Mark betragen.

8.2.4 Tintenstrahldrucker

Auch der Tintenstrahldrucker gehört zu den extrem leisen Druckern. Das Druckverfahren ähnelt im Prinzip dem des Matrixdruckers. Jede Zeile wird Zeichen für Zeichen, bestehend aus einzelnen Punkten, zu Papier gebracht.

Während beim Matrixdrucker die Nadel punktförmig gegen ein Farbband schlägt, schießt der Tintenstrahldruckkopf aus einer Düse feine Tintentröpfchen auf das Papier. Von einem Farbtank aus werden alle Düsen des Druckkopfes mit Druckfarbe versorgt.

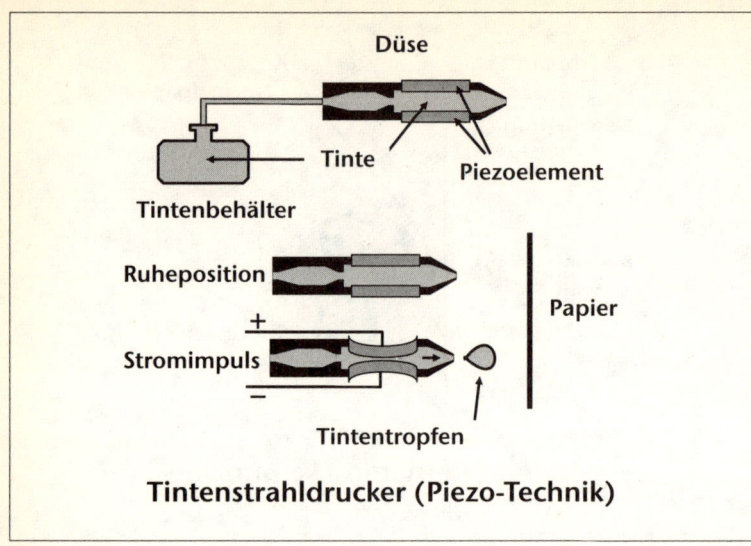

Tintenstrahldrucker (Piezo-Technik)

Während bei der Piezo-Technik ein Piezoelement durch einen Stromimpuls verformt wird und so die Tinte zum Papier befördert, erreicht die Bubblejet-Technik durch ein Heizelement, daß eine Blase die Tinte aus dem Kanal drückt. Die Piezo-Technik ist das umweltfreundlichere Verfahren, weil der Druckkopf sich im Prinzip nicht abnutzt und deshalb auch nicht erneuert werden muß.

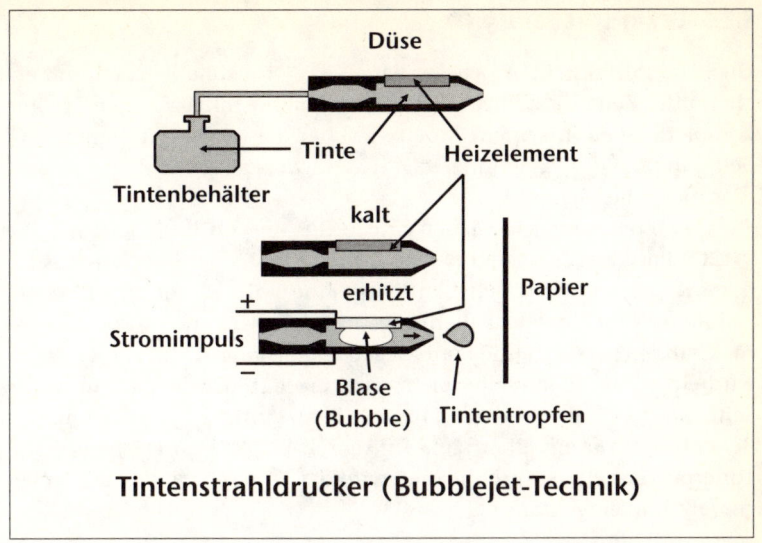

Tintenstrahldrucker (Bubblejet-Technik)

Tintenstrahldrucker bieten inzwischen ein günstiges Preis-Leistungs-Verhältnis. Die Auflösung erreicht mit 360 × 360 oder sogar 720 × 720 Druckpunkten/Zoll die von Laserdruckern. Gedruckt werden kann auf normalem Papier, Spezialpapier und Spezialfolien, aber natürlich immer nur ein Original. Durchschläge sind nicht möglich.

Beim Farbdruck erbringt ein Tintenstrahldrucker nur mit teurem Spezialpapier fast so gute Ergebnisse wie ein Thermotransferdrucker. Die Anschaffungskosten für Tintenstrahldrucker sind verhältnismäßig günstig, während das Verbrauchsmaterial wie Tinte doch auf die Dauer die Kosten für den Tintenstrahldruck gegenüber dem Matrixdruck und sogar dem Laserdruck in die Höhe treiben kann. Bei Einwegdruckköpfen bietet sich inzwischen das preisgünstige Wiederbefüllen des vorhandenen Tintenbehälters an. Bei Farbdruckern ist darauf zu achten, daß die einzelnen Farbbehälter unabhängig voneinander ersetzt werden können, sonst muß wegen einer leeren Farbe die gesamte Farbversorgung ausgewechselt werden. Schwarz sollte als eigenständiger Farbbehälter neben den Farben Gelb, Grün und Rot dafür sorgen, daß reine schwarze Textausdrucke nicht durch die drei Grundfarben teuer und langsam erzeugt werden müssen.

8.2.5 Laserdrucker

Die bisher dargestellten Drucker bauen das Druckbild Zeichen für Zeichen oder Zeile für Zeile auf. Der Laserdrucker hingegen erstellt eine komplette Seite in seinem Arbeitsspeicher, bevor er sie in einem Arbeitsgang auf das Papier überträgt. Laserdrucker werden daher als Seitendrucker bezeichnet.

Die meisten Laserdrucker haben eine Auflösung von 300 × 300 bis 1200 × 1200 Punkten/Zoll (engl. **d**ots **p**er **i**nch = dpi). Der Druckprozeß ist dem Kopierverfahren sehr ähnlich. Eine mit einem organischen Halbleiter beschichtete Belichtungstrommel wird zuerst von Tonerrückständen gereinigt und dann negativ aufgeladen. Durch einen Laser wird ein scharf gebündelter Lichtstrahl erzeugt, der die zu druckende Seite über ein aufwendiges Linsensystem Punkt für Punkt auf die Belichtungstrommel überträgt. Auf diesen belichteten Flächen bleibt Tonerpulver haften. Anschließend wird das Tonerpulver auf das Papier gepreßt und eingebrannt.

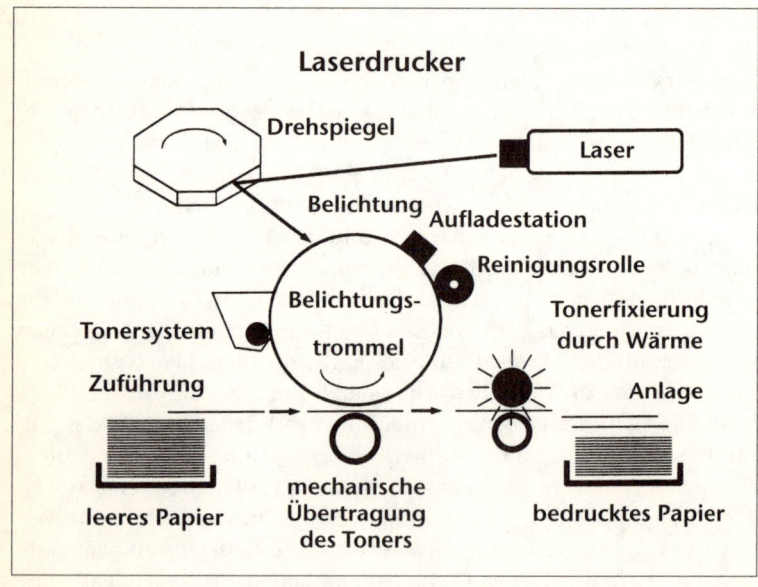

Laserdrucker

Drehspiegel

Laser

Belichtung
Aufladestation

Reinigungsrolle

Belichtungs-
trommel

Tonersystem

Tonerfixierung
durch Wärme

Zuführung

Anlage

leeres Papier

mechanische
Übertragung
des Toners

bedrucktes Papier

Neben dem klassischen Verfahren der Übertragung der Druckvorlage auf die Belichtungstrommel wurden als neue Belichtungsverfahren das LED-Verfahren (engl. **L**ight **E**mitting **D**iode) und das LCS-Verfahren (engl. **L**iquid **C**hristal **S**hutter) entwickelt. Anbieter von Druckern mit dieser Technik werben mit dem Argument einer geringeren mechanischen Anfälligkeit.

Durch das Verfahren der Kantenglättung wird die scheinbare Ausgabequalität verbessert, ohne daß die Grundauflösung des Lasers sich ändert. Die bei 300 × 300 dpi noch störende Treppchenbildung an schrägen Linien bei Laserausdrucken wird vermindert, indem die Größe der Bildpunkte mit Hilfe eines Rechenverfahrens an die umgebenden Punkte angepaßt wird. Die schräge Linie wirkt dann insgesamt gleichmäßiger.

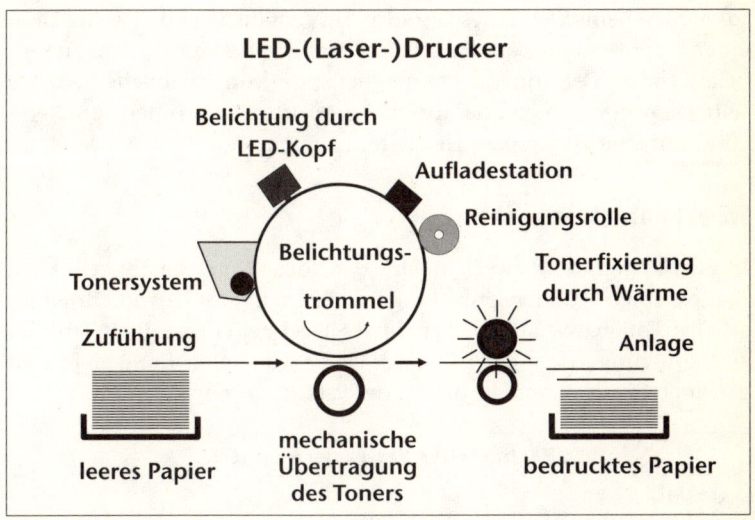

LED-(Laser-)Drucker

Belichtung durch LED-Kopf

Aufladestation

Reinigungsrolle

Belichtungstrommel

Tonersystem

Tonerfixierung durch Wärme

Zuführung

Anlage

leeres Papier

mechanische Übertragung des Toners

bedrucktes Papier

Der Laserdrucker besticht durch seine hohe Druckqualität, die Druckgeschwindigkeit und die verhältnismäßig geringen Betriebsgeräusche. Er arbeitet mit Normalpapier. Die Kosten pro Seite sind höher als bei Matrixdruckern. Wesentliche Bestandteile, wie Tonerkartusche, Entwicklereinheit und Belichtungstrommel, müssen in regelmäßigen Abständen erneuert werden.

Im Sinne des Umweltschutzes haben bestimmte Hersteller Geräte entwickelt, bei denen z. B. die Trommel nicht mehr ausgetauscht werden muß und so der Preis für den Druck einer Seite sehr günstig ist. Um die Gesamtkosten zu vergleichen, ist zuerst festzustellen, auf welche Lebensdauer der Laserdrucker ausgelegt ist, z. B. 180000 Seiten. Dann muß ermittelt werden, wieviel Verbrauchsmaterial an Toner (z. B. für 8000 Blatt), Trommeln (z. B. für 60000 Blatt) usw. für diese Lebensdauer benötigt wird und was es insgesamt kostet. Zu dieser Summe kommen noch der Anschaffungspreis und die Kosten für das Papier und den Strom. Bei den Stromkosten ist zu beachten, daß der Drucker die meiste Zeit auf Arbeit wartet. Es ist auf die Dauer gesehen also für den Geldbeutel von Vorteil, wenn auch der Drucker mit den schon beim Bildschirm erwähnten Energiesparfunktionen versehen ist.

Unter dem Gesichtspunkt des Umwelt- und des Gesundheitsschutzes sollte man beim Kauf eines Laserdruckers darauf achten, daß der Laser einen Ozonfilter enthält, damit die Atemluft im Zimmer nicht zu sehr belastet wird. Der Toner sollte möglichst frei von schädlichen Stoffen sein. Die verbrauchten oder leeren Tonerkartuschen sollten zum Recycling von Lieferanten oder Herstellern zurückgenommen werden.

8.2.6 Papiertransport

Je nach Verwendungszweck möchte der Nutzer Daten auf Einzelblätter, Endlospapier, Aufklebeetiketten, Karteikarten aus Karton, Briefumschläge, Folien usw. ausdrucken. In der Regel steht ihm nur ein Drucker zur Verfügung. Nicht jeder Drucker ist für jede Anwendung gleich gut geeignet. Entscheidend ist die Art des Papiertransports.

Möglichkeiten des Papiertransports	
Traktor	Friktion
Zugtraktor Schubtraktor Zug- und Schubtraktor	manuelle Zuführung halbautomatischer Einzug vollautomatischer Einzug

Wird mit Endlospapier gearbeitet, muß der Drucker mit einem sogenannten Traktor ausgerüstet sein. Dieser stellt einen exakten Papiertransport über Hunderte von Seiten sicher, ohne daß das Papier verkantet.

Beim Traktor gibt es zwei grundlegende Anordnungen zum Transport des Endlospapiers.

Zugtraktor
Bei Druckern mit einem Zugtraktor wird das Papier von hinten oder unten über eine Walze am Druckkopf vorbeigeführt. Danach erreicht es den Transportmechanismus des Zugtraktors. Da der Traktor «hinter» dem Druckkopf liegt, wird das Papier durch den Drucker gezogen.

Diese Art des Papiertransports hat einen entscheidenden Nachteil. Entnimmt der Nutzer das bedruckte Papier, so muß er zunächst einen Papiervorschub auslösen. Dadurch geht jeweils ein Blatt verloren. Dies führt zu einem zusätzlichen Papierverbrauch. Andererseits sorgt ein Zugtraktor für eine exakte und straffe Papierführung, die vor allem beim Drucken von Grafiken vorteilhaft ist.

Schubtraktor
Beim Schubtraktor wird das Papier am Druckkopf vorbeigeschoben. Der Transportmechanismus befindet sich «vor» dem Druckkopf. Durch diese Anordnung des Traktors wird ein unnötiger Papierverbrauch vermieden. Die Blätter lassen sich direkt oberhalb des Druckkopfes problemlos abreißen.

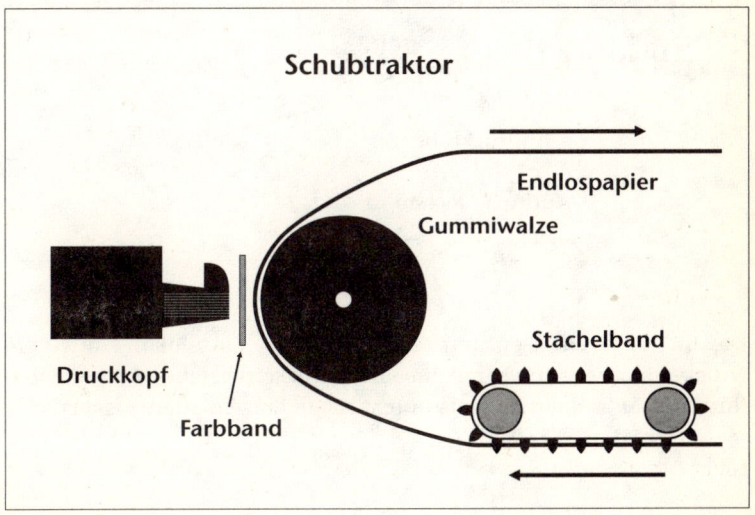

Bei Karton, Mehrfachsätzen und Etiketten auf Endlosträgern kann es Probleme bei der Führung des Papiers um die Walze geben. Die Umlenkung des Papiers muß durch die Schubkraft von hinten geleistet werden. In ungünstigen Fällen verhakt oder verkantet sich das Papier.

▉ Friktionsantrieb

Um auch einzelne Blätter ohne die Endlosführung bedrucken zu können, nutzt man den Friktionsantrieb. Hierbei wird das Papier zwischen zwei Rollen geführt. Der Begriff «Friktion» bedeutet nichts anderes als «Reibung» und bezieht sich auf den Reibungswiderstand, der zum Transport des Papiers durch die Rollen ausgenutzt wird.

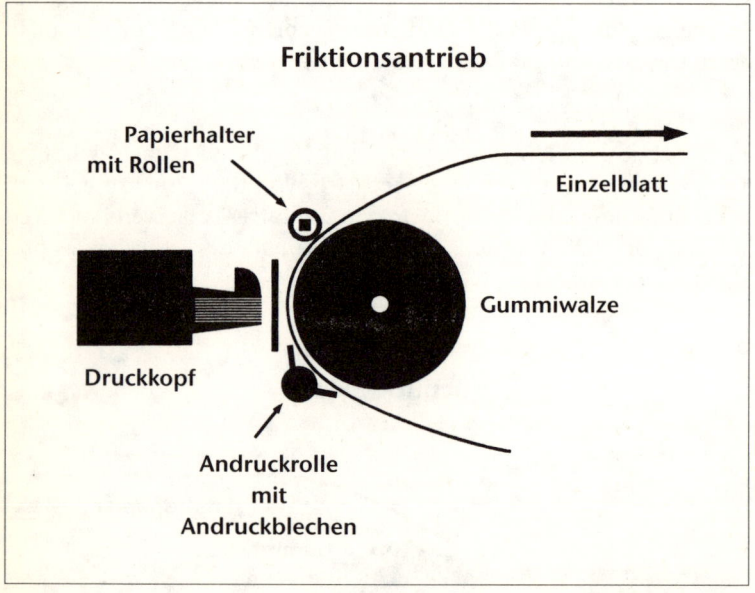

Das manuelle Einlegen und Ausrichten eines Einzelblattes in einem Drucker ist meist umständlich. Viele Druckerhersteller statten daher ihre Drucker mit einem vollautomatischen Einzelblatteinzug aus.

Vollautomatischer Einzelblatteinzug

Der vollautomatische Einzelblatteinzug gehört zur Grundausstattung aller Drucker, die nur Einzelblätter verarbeiten. Dabei wird aus einem Vorratsmagazin mit Zuführungsmöglichkeit das Blatt direkt in den Druckbereich des Druckers transportiert. Die Transportvorrichtung richtet das Papier aus und bringt es in eine Grundposition. Je nach Ausführung können auch unterschiedliche Formate automatisch eingezogen werden. Bei vielen Druckern gibt es für abweichende Formate eine zusätzliche Zuführungsmöglichkeit über einen eigenen Schacht, die mit manueller Zuführung einzelne Ausdrucke ermöglicht.

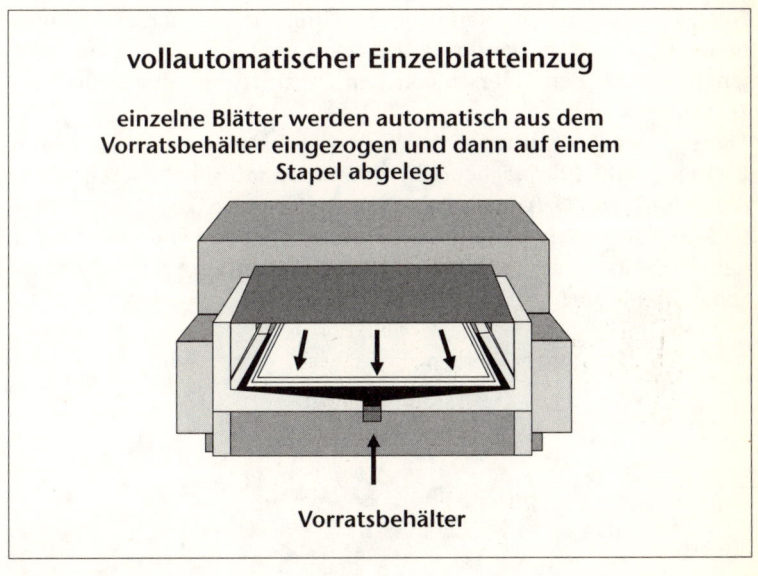

vollautomatischer Einzelblatteinzug

einzelne Blätter werden automatisch aus dem Vorratsbehälter eingezogen und dann auf einem Stapel abgelegt

Vorratsbehälter

Muß der Nutzer unterschiedlich gestaltete Einzelblätter drucken, wie beispielsweise Briefbögen und Folgeseiten, so empfiehlt sich die Ausstattung des Druckers mit mehreren Einzugsschächten. Dadurch können die erste Briefseite aus dem ersten Schacht und sämtliche Fortsetzungsblätter aus dem zweiten Schacht eingezogen werden.

Bei der Ablage der bedruckten Seiten unterscheidet man Face-up und Face-down (engl. face = Gesicht, up = nach oben, down = nach unten). Die Face-up-Ablage legt die bedruckten Blätter mit der beschriebenen Seite nach oben auf den Stapel. Dieser Stapel muß noch einmal von

Hand umsortiert werden. Bei der Face-down-Ablage liegen die Blätter auf der Druckseite und sind sofort richtig sortiert.

8.2.7 Druckerparameter

Drucker sind so ausgestattet, daß sie weltweit eingesetzt werden können. Die Anpassung an nationale Besonderheiten (Zeichensatz) und die jeweiligen Anwendungen wird über die Druckerparameter gesteuert. Anpassungen sind oftmals notwendig hinsichtlich der Blattlänge, der Druckbetriebsart und des Zeichensatzes. Die meisten Drucker werden mit für Deutschland passenden Einstellungen ausgeliefert. Will der Nutzer Parameter ändern, muß er unbedingt die Angaben und Hinweise des Herstellers im Handbuch beachten. Um die Parameter einzustellen, gibt es bei den unterschiedlichen Druckertypen unterschiedliche Techniken.

Manche Drucker enthalten hierfür DIP-Schalter (engl. **D**ual **I**n-line **P**ackage = DIP). Entsprechend ihrer Funktion müssen diese Schalter in die Stellung ein (ON) oder aus (OFF) gestellt werden. Die kleinen Schalter lassen sich am besten mit einem kleinen Schraubendreher oder einem Kugelschreiber umstellen. Wegen ihrer geringen Größe wird die Schalterreihe auch «Mäuseklavier» genannt.

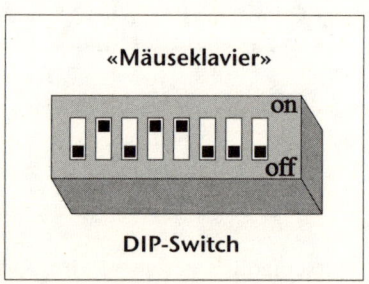

Andere Druckertypen speichern die Druckerparameter in Speicherbausteinen, die die Informationen auch nach dem Abschalten des Geräts aufbewahren. Diese Informationen können über ein Druckerdisplay angezeigt oder ausgedruckt werden. Die Änderung von Parametern wird über Tasten am Drucker vorgenommen.

Fast alle Druckerparameter lassen sich bei Bedarf durch Angaben in den meisten Anwenderprogrammen ändern.

8.2.8 Druckersteuertasten

Bei der Arbeit mit dem Drucker muß der Nutzer zuweilen manuell in den Druckbetrieb eingreifen. Verkantet sich beispielsweise das Papier, so kann der Nutzer den Druckvorgang stoppen, indem er die Verbindung zum Rechner unterbricht. Für die manuelle Steuerung des Druckers stehen je nach Druckertyp bestimmte Tasten und Kontrolleuchten zur Verfügung. Ihre Beschriftung ist nicht einheitlich, entspricht aber in vielen Fällen den folgenden Ausführungen.

■ POWER ON/OFF

Mit dieser Taste wird der Drucker ein- oder ausgeschaltet. Eine Kontrolleuchte für POWER oder POWER-ON (engl. power = Kraft) zeigt die Betriebsbereitschaft an. Wenn diese Kontrolleuchte nicht leuchtet, dann ist entweder der Drucker nicht eingeschaltet, oder das Stromversorgungskabel hat keine einwandfreie Verbindung zum Stromnetz.

■ ON/OFF LINE

Diese Taste, mit einer eigenen Kontrolleuchte versehen, schaltet die Datenverbindung zum Computer ein und aus. Normalerweise ist der Drucker ON LINE (engl. line = Leitung) geschaltet; die vom Computer übermittelten Daten werden dann vom Drucker übernommen. Dabei untersteht der Drucker vollständig der Kontrolle durch die Software des Computers.

Soll jedoch zum Beispiel das Endlospapier noch eine Zeile nach oben geschoben werden, weil die Papierkante etwas zu tief steht, dann wird die Taste ON LINE gedrückt. Der Drucker schaltet auf den Modus OFF LINE um. Jetzt kann über die Taste LF (Line Feed) jeweils ein Zeilenvorschub ausgelöst werden. Mit der erneuten Betätigung der Taste ON LINE wird die Kontrolle wieder an den Computer zurückgegeben.

■ LINE FEED

Mit dieser Taste, in der Regel bei Matrixdruckern, wird ein Vorschub um eine Zeile ausgelöst. Voraussetzung dafür ist, daß der Drucker OFF LINE geschaltet ist. Bei vielen Druckern kann man das Papier über Tastenkombinationen in Mikroschritten vorwärts oder rückwärts transportieren. Dadurch ist es möglich, Formulare auf den Millimeter genau auszufüllen.

■ FORM FEED

Mit der Tastenfunktion FORM FEED (Seitenvorschub) löst der Nutzer
beim Endlospapier den Vorschub auf den Anfang des nächsten Blattes
aus. Bei Einzelblattverarbeitung wird das im Druckwerk befindliche
Blatt ausgeworfen und das nächste Blatt eingezogen.

Beim Laserdrucker ist es manchmal notwendig, ein FORM FEED oder
FEED manuell auszulösen, weil sich noch Daten im Druckerspeicher
befinden. Ein Beispiel dafür ist der Ausdruck des Bildschirminhalts
(engl. hardcopy). Bei dieser Funktion sendet der Computer kein ab-
schließendes Signal zum Seitenvorschub. Erst durch die FORM-FEED-
Funktion wird der Druckvorgang ausgelöst.

8.2.9 Druckertreiber und ihre Probleme

Ein wichtiger Gesichtspunkt bei der Auswahl eines Druckers ist, ob für
die einzusetzende Software passende Druckertreiber zur Verfügung stehen. Der Druckertreiber stellt sicher, daß die Druckanweisungen des
Programms exakt in die jeweilige Kommandosprache des Druckers umgesetzt werden. Nur so können die Möglichkeiten des Druckers beispielsweise hinsichtlich Schriftart und Schriftgestaltung voll ausgeschöpft werden.

Ist für einen Drucker kein spezieller Druckertreiber für das jeweilige
Programm vorhanden, so kann der Nutzer einen anderen Druckertreiber verwenden, sofern er diesen Drucker emulieren (nachahmen)
kann. Diese Emulation muß gegebenenfalls am Drucker über die
Druckerparameter eingestellt werden. Im Bereich der Laser- und Tintenstrahldrucker ist als Emulation die von Hewlett Packard definierte
Druckersprache PCL (engl. Printer Control Language = Standard-
druckersprache) weit verbreitet. Eine andere von Druckerherstellern
unabhängige Seitenbeschreibungssprache zur Ansteuerung von
Druckern ist PostScript, die in den meisten Fällen jedoch nur bei teureren Laserdruckern in der Grundausstattung zu finden ist, da gewisse
Hardware- und Softwarevoraussetzungen erfüllt sein müssen.

Unter Windows zeichnet sich eine neue Entwicklung für Drucker ab.
War der Drucker bisher nur Empfänger von Befehlen und Druckdaten,
die dann autonom im Drucker in einem eigenen Speicher aufbereitet
wurden, so erzeugt Windows das fertige Druckbild schon im Speicher
des Computers. Dann werden die auszudruckenden Daten als fertige
Druckinformation aus dem PC-Speicher zum Drucker übertragen, was

zu einer Verbesserung der Druckgeschwindigkeit führt. Weiterhin ist eine umfangreiche Kommunikation nun in beiden Richtungen möglich, d. h., der Drucker ist z. B. in der Lage, sich aktiv an die PC-Steuerung unter Windows zu wenden, wenn es Probleme beim Drucken gibt. In einem Windows-Fenster erscheinen dann die entsprechenden Informationen, und der Benutzer kann, soweit es sinnvoll ist, alle notwendigen Schritte vom PC aus veranlassen.

8.3 Plotter

Zur möglichst exakten Darstellung von technischen Zeichnungen werden Plotter eingesetzt (engl. plotter = Zeichner). Mit diesen Geräten kann man beliebige Linien in einem Arbeitsgang exakt zeichnen. Die bei einem Drucker infolge der Punktrasterung entstehenden «Treppenstufen» treten hier nicht auf. Die Ausgabe farbiger Zeichnungen bereitet dem Plotter auf Grund des programmgesteuerten Farbstiftwechsels keine Probleme.
Die Plotter teilt man entsprechend ihrer Technik in zwei Gruppen ein.

8.3.1 Flachbettplotter

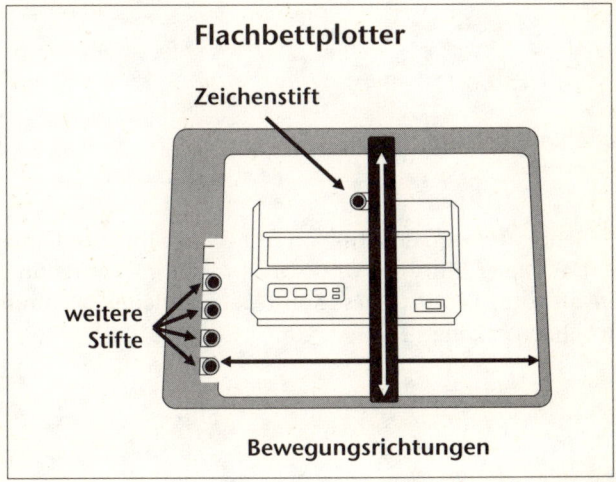

Flachbettplotter

Zeichenstift

weitere Stifte

Bewegungsrichtungen

Flachbettplotter werden für Zeichnungen in den Formaten DIN A4 und größer angeboten. Das Papier wird zum Zeichnen auf der Arbeitsfläche festgeklemmt. Ein auswechselbarer Zeichenstift wird durch exakt berechnete Bewegungen in allen Richtungen über das Papier geführt. Dabei kann der Stift auch vom Papier abgehoben werden. Zum Austausch eines Farbstiftes bewegt sich der Transportmechanismus zur Stiftleiste, legt den Stift in einer leeren Halterung ab, nimmt einen anderen auf und setzt die Zeichnung fort.

8.3.2 Rollenplotter

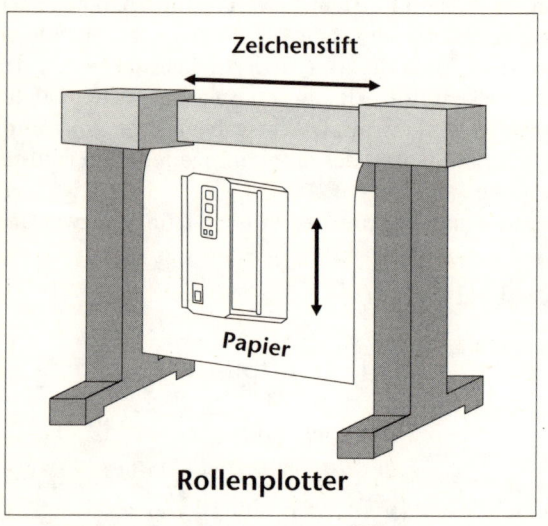

Beim Rollenplotter wird der Stift von rechts nach links und umgekehrt bewegt. Das Papier hingegen wird vorwärts und rückwärts unter dem Zeichenstift vorbeigeführt. Diese Konstruktion erlaubt Zeichnungen in nahezu beliebiger Länge.

8.4 Zusammenfassung

▪ Der Bildschirm ist neben dem Drucker das wichtigste Ausgabegerät. Die meisten Bildschirme arbeiten mit einer Kathodenstrahlröhre. Daneben gibt es vor allem in tragbaren Computern LCD-Bildschirme.

▪ Auf Bildschirmen können Texte und Grafiken dargestellt werden. Im Textmodus sind 25 Zeilen mit je 80 Zeichen üblich. Bei der Textdarstellung im Grafikmodus hängt die Anzahl der Zeilen und Zeichen von der Auflösung und dem verwendeten Zeichensatz ab.

▪ Farbmonitore oder RGB-Monitore sind in der Lage, durch Kombination der drei Farben Rot, Grün und Blau Mischfarben darzustellen.

▪ Bei Bildschirmen mit Analogsignalen (fünfzehnpoliger Stecker) sind in Abhängigkeit von der Größe des Video-RAM und der Bildschirmauflösung bis zu 16 777 216 Farben in Abhängigkeit von der Videokarte darstellbar.

▪ Der Standardmodus ist VGA mit einer Auflösung von 25×80 Zeichen im Textmodus und 640×480 Pixel im Grafikmodus. Super-VGA ermöglicht darüber hinaus Auflösungen bis zu 1600×1200 Pixel.

▪ Mehrfrequenz-, Multiscan- oder Multisync-Monitore bieten beim Umschalten zwischen verschiedenen Videomodi mehr Komfort.

▪ Videokarte und Bildschirm müssen genau aufeinander abgestimmt sein.

▪ Entscheidend für die Beurteilung von Bildschirmen sind die Auflösung, die Anzahl der möglichen Farben und die maximalen Frequenzwerte für den Bildwechsel.

▪ Bei der Videokarte sind über die beim Bildschirm genannten Parameter hinaus noch die Speichergröße des Video-RAM, die Busbreite sowie die Treibersoftware für spezielle Grafikmodi zu beachten.

▪ Bei den Druckern unterscheidet man Typenrad-, Matrix-, Thermo- oder Thermotransfer-, Tintenstrahl- und Laserdrucker.

Druckertypen	Typen-rad-drucker	Matrix-drucker	Thermo-drucker	Thermo-transfer-drucker	Tinten-strahl-drucker	Laser-drucker
Durchschläge	ja	ja	nein	nein	nein	nein
hoher Lärmpegel	ja	ja	nein	nein	nein	nein
Mehrfarbdruck	nein	ja	nein	ja	ja	(ja)
Betriebskosten	niedrig	niedrig	hoch	hoch	mittel	mittel
Endlospapier	(ja)	ja	nein	nein	(ja)	nein

- Der Typenraddrucker ist recht langsam und hat einen eingeschränkten Zeichensatz, ermöglicht jedoch ein sehr gutes Schriftbild.
- Die meisten Matrixdrucker verfügen über einen Druckkopf mit 9 oder 24 Nadeln. Sie können beliebige Zeichen, Schriften und Grafiken drucken. Ausgaben in LQ, NLQ oder hochauflösender Grafik benötigen mehr Druckzeit.
- Thermotransferdrucker übertragen durch Wärmeeinwirkung eine farbige Wachsschicht auf das Papier. Die Anschaffungs- und Betriebskosten sind sehr hoch.
- Tintenstrahldrucker setzen das Druckbild aus kleinen punktförmigen Tintentropfen auf dem Papier zusammen. Die Druckqualität ist bei verhältnismäßig niedrigen Kosten recht gut.
- Laserdrucker sind von der Technik her mit einem Kopierer vergleichbar. Sie zählen zu den Ganzseitendruckern und bieten mit ihrer hohen Auflösung eine sehr gute Druckqualität.
- Traktoren sind nur bei Endlospapier mit Lochrändern verwendbar. Der Schubtraktor ist bei häufigem Bedrucken von einzelnen Endlosblättern vorteilhafter. Der Zugtraktor zieht das Papier von oben aus dem Drucker heraus. Er bewirkt eine exaktere Papierführung.
- Ein vollautomatischer Einzelblatteinzug mit ein oder zwei Einzugschächten ist notwendig, wenn regelmäßig Einzelblätter bedruckt werden.
- Über die Druckerparameter wird die Grundeinstellung des Druckers festgelegt.
- Zur manuellen Druckersteuerung stehen verschiedene Tastenfunktionen wie ON/OFF LINE zur Verfügung.
- Druckertreiber sind notwendig, um den Drucker möglichst umfassend mit der verwendeten Software zu nutzen. Gibt es kein passendes Treiberprogramm für einen Drucker, so kann man sich mit der Emulation eines anderen Druckers behelfen.
- Plotter sind Zeichengeräte, die mit einem speziellen Zeichenstift durchgehende Linien in jeder gewünschten Form auf das Papier zeichnen. Sie werden besonders im technischen Bereich eingesetzt. Entsprechend der Art der Stiftführung und des Papiertransports unterscheidet man Flachbett- und Rollenplotter.

8.5 Aufgaben

1. Der Bildschirm ist das wichtigste Ausgabegerät. Welche beiden Grundtypen kann man unterscheiden?

   a) _____

   b) _____

2. Kreuzen Sie die zutreffenden Aussagen an:

   a) Ein Farbbildschirm im VGA-Modus mit 640 × 480 Pixel kann fast beliebig viele unterschiedliche Farben erzeugen. ____

   b) Im Textmodus werden auf dem Bildschirm nur 80 × 25 Zeichen und keine echten Grafiken dargestellt. ____

   c) Ein Bildschirm mit einer Bildwechselfrequenz von 25 Hertz (Bildern pro Sekunde) schont die Augen. ____

   d) Bildschirm und Grafikkarte kann man völlig unabhängig voneinander kaufen, sie passen immer zusammen. ____

3. Wann ist der Einsatz von Multiscan-Monitoren sinnvoll?

   _____

   _____

4. Videokarte und Monitor bilden zusammen eine _____. Eine hohe Bildwiederholfrequenz führt zu einem _____ Bild und schont die Augen. Die _____ sollte entspiegelt sein. Beim Aufstellen des Monitors ist zu beachten, daß die Beleuchtung im Raum und die Einstrahlung des Sonnenlichtes im Bildschirm _____ werden.

5. Welche Druckertypen werden unterschieden?

   _____

   _____

6. Kreuzen Sie die zutreffenden Aussagen an:

   a) Mit einem Tintenstrahldrucker kann man in einem Arbeitsgang auch gleichzeitig zwei Durchschläge drucken. ____

   b) Ein Matrixdrucker setzt jedes Zeichen aus einzelnen Punkten zusammen. ____

   c) Die Druckqualität hängt von der Anzahl der Nadeln oder Düsen und der verwendeten Schreibdichte in Punkten/Zoll ab. ____

    d) Thermo- und Thermotransferdrucker haben die geringsten Kosten beim Verbrauchsmaterial (Farbband). ____

    e) Der Tintenstrahldrucker, der Thermotransferdrucker und der Laserdrucker arbeiten im Vergleich zum Matrixdrucker sehr leise. ____

    f) Ein Laserdrucker erzeugt erst die ganze Seite, bevor er sie druckt. ____

7. Was sind die besonderen Merkmale eines Plotters?

_____

_____

_____

8.6 Lösungen

1. Der Bildschirm ist das wichtigste Ausgabegerät. Welche beiden Grundtypen kann man unterscheiden?

    a) *Monitor mit Kathodenstrahlröhre*
    b) *Flüssigkristallbildschirm*

2. Kreuzen Sie die zutreffenden Aussagen an:

    a) Ein Farbbildschirm im VGA-Modus mit 640 × 480 Pixel kann fast beliebig viele unterschiedliche Farben erzeugen.   X

    b) Im Textmodus werden auf dem Bildschirm nur 80 × 25 Zeichen und keine echten Grafiken dargestellt.   X

    c) Ein Bildschirm mit einer Bildwechselfrequenz von 25 Hertz (Bildern pro Sekunde) schont die Augen. ____

    d) Bildschirm und Grafikkarte kann man völlig unabhängig voneinander kaufen, sie passen immer zusammen. ____

3. Wann ist der Einsatz von Multiscan-Monitoren sinnvoll?

Sie passen sich an die unterschiedlichen Frequenzen der verschiedenen Grafikmodi automatisch an. Sie sind daher sinnvoll, wenn häufig mit unterschiedlichen Grafikmodi gearbeitet werden soll.

4. Videokarte und Monitor bilden zusammen eine *Einheit*. Eine hohe Bildwiederholfrequenz führt zu einem *flimmerfreien* Bild und schont die Augen. Die *Bildschirmoberfläche* sollte entspiegelt sein. Beim Aufstellen des Monitors ist zu beachten, daß die Beleuchtung im

Raum und die Einstrahlung des Sonnenlichtes im Bildschirm *nicht reflektiert* werden.

5. Welche Druckertypen werden unterschieden?

Typenrad-, Matrix-, Thermo-, Thermotransfer-, Tintenstrahl- und Laserdrucker.

6. Kreuzen Sie die zutreffenden Aussagen an:

a) Mit einem Tintenstrahldrucker kann man in einem Arbeitsgang auch gleichzeitig zwei Durchschläge drucken. ___

b) Ein Matrixdrucker setzt jedes Zeichen aus einzelnen Punkten zusammen. _X_

c) Die Druckqualität hängt von der Anzahl der Nadeln oder Düsen und der verwendeten Schreibdichte in Punkten/Zoll ab. _X_

d) Thermo- und Thermotransferdrucker haben die geringsten Kosten beim Verbrauchsmaterial (Farbband). ___

e) Der Tintenstrahldrucker, der Thermotransferdrucker und der Laserdrucker arbeiten im Vergleich zum Matrixdrucker sehr leise. _X_

f) Ein Laserdrucker erzeugt erst die ganze Seite, bevor er sie druckt. _X_

7. Was sind die besonderen Merkmale eines Plotters?

Ein Plotter erzeugt beliebige Linien, was besonders bei technischen Zeichnungen erwünscht ist. Außerdem zeichnet er genau.

9 Externe Speicher

Magnetplatte, Diskette, Streamer – wozu braucht man das? Sind diese Geräte wirklich erforderlich?

Im Arbeitsspeicher werden während der Arbeit mit dem Computer das jeweils geladene Programm und die benötigten Daten zur Verfügung gestellt. Schaltet man den Rechner ab, so verliert der Arbeitsspeicher seinen Inhalt. Zur Speicherung von Daten und Programmen werden deshalb Datenträger benötigt, die auch dann die Daten nicht verlieren, wenn der Strom abgeschaltet wird. Diese Datenträger sind permanente Speicher. Sie verrichten ihre Aufgabe außerhalb der Zentraleinheit. Deshalb werden Datenträger wie Magnetplatten, Disketten, CD-ROMs und Magnetbänder als externe Speicher bezeichnet.

9.1 Disketten

9.1.1 Verarbeitungscharakteristik

Der Name «Diskette» leitet sich von dem Begriff «Disk» ab. Wenn «Disk» mit «Platte» oder «Scheibe» zu übersetzen ist, so bedeutet dann «Diskette» die «kleine Platte». Auch ist der Begriff «Floppy Disk» («schlappe Scheibe») gebräuchlich. Dadurch wird betont, daß die Scheibe nicht in sich starr und fest, sondern beweglich ist. Sie besteht aus einer mehrschichtigen runden Kunststoffolie. Die oberste Schicht der Folie besteht aus einer Vielzahl von magnetisierbaren Elementen. Sie sind in der Lage, einen durch magnetische Impulse erzeugten Magnetisierungszustand beizubehalten. Dabei unterscheidet man zwei Magnetisierungszustände, denen man die Werte 0 bzw. I zuordnet. Die Daten werden somit in binärer Form (0 bzw. I) auf der Diskette gespeichert. Damit die Daten auf der Diskette rasch und sicher wiedergefunden werden können, wird sie in Spuren und Sektoren unterteilt.

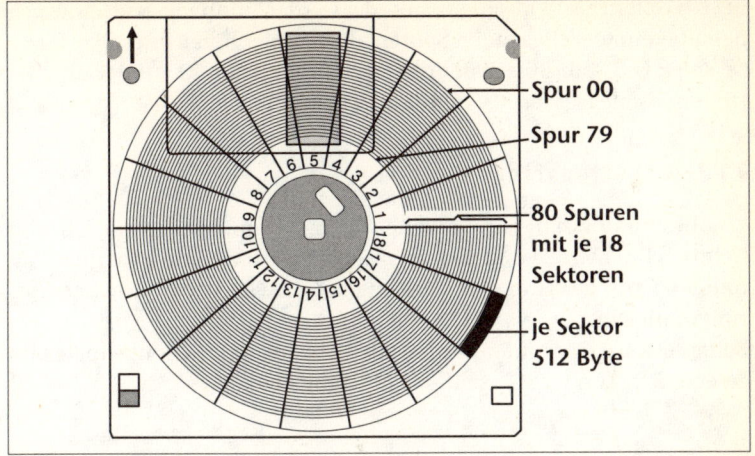

Spur 00

Spur 79

80 Spuren
mit je 18
Sektoren

je Sektor
512 Byte

Zum Schreiben bzw. Lesen wird ein Schreiblesekopf auf die gewünschte Spur gestellt. Da die Scheibe rotiert, werden sämtliche Punkte der
Spur am Schreiblesekopf vorbeigeführt. Sobald der Sektor, in dem sich
die gewünschten Daten befinden, erkannt ist, werden die Daten übertragen.
Jede Spur und jeder Sektor besitzt eine Kennung, die zur Steuerung des
Schreiblesekopfes benötigt wird. Der Nutzer des DV-Systems braucht
sich jedoch nicht um die Steuerung des Diskettenlaufwerks zu kümmern. Diese Aufgabe übernimmt ein Steuerprogramm innerhalb des
Betriebssystems.

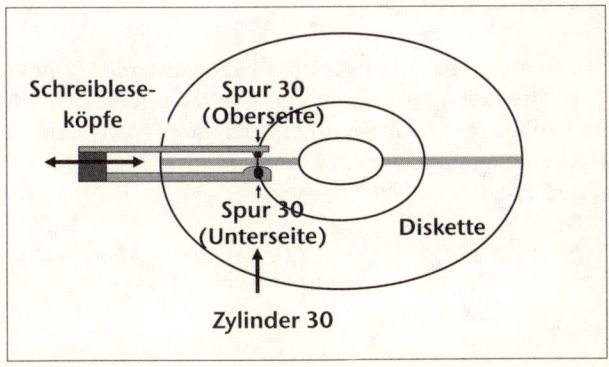

Schreiblese-
köpfe

Spur 30
(Oberseite)

Spur 30
(Unterseite)

Diskette

Zylinder 30

Bei Disketten, die beidseitig verwendet werden können, werden die beiden übereinanderliegenden Spuren als Zylinder bezeichnet.

Beispiel: Die Spur 30 auf der oberen und die Spur 30 auf der unteren Diskettenseite werden als Zylinder 30 bezeichnet.

9.1.2 Diskettenarten

Es gibt eine Vielzahl von Diskettenarten. Sie unterscheiden sich hinsichtlich ihrer Größe und Speicherkapazität. Dabei kann man nicht unmittelbar von der Größe der Diskette auf die Größe der Speicherkapazität schließen.

Beim Personal Computer werden vor allem zwei Diskettenformate eingesetzt: 5,25" und 3,5".

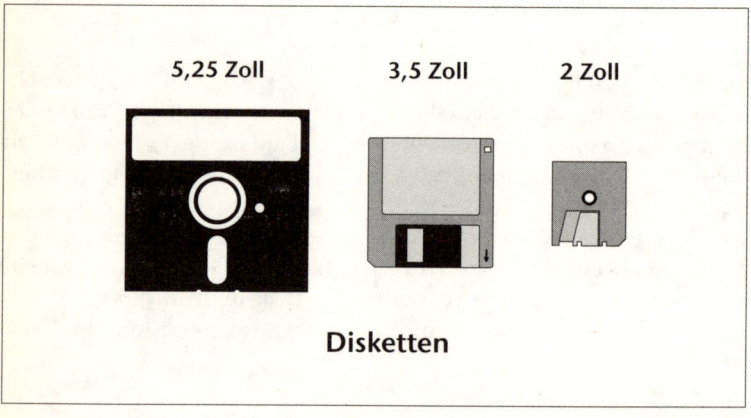

Disketten

Bevor Disketten als Speichermedium verwendet werden können, müssen sie formatiert, d. h. in Spuren und Sektoren unterteilt werden. Das erfolgt mit Hilfe eines Formatierungsprogramms (siehe Kapitel 9.1.5). Einige Hersteller nehmen diese Arbeit dem Nutzer ab, indem sie bereits formatierte Disketten anbieten.

**Diskettenaufkleber
eines Herstellers**

XYZ-Firma

DS, HD

**PC/AT COMPATIBLE
double sided, high density**

Bei den 5,25"- und 3,5"-Disketten unterscheidet man
░ einseitige oder zweiseitige Disketten mit
░ einfacher, doppelter oder hoher Dichte.

Die Disketten sind durch Abkürzungen entsprechend gekennzeichnet:
░ SS oder 1S   = single sided (einseitig beschreibbar)
░ DS oder 2S   = double sided (zweiseitig beschreibbar)
░ 1D   = single density (einfache Schreibdichte)
░ DD   = double density (doppelte Schreibdichte)
░ HD   = high density (hohe Schreibdichte)

Die Disketten, die heute im Handel angeboten werden, sind in der Regel zweiseitig beschreibbar, auch wenn die Diskette als nur einseitig nutzbar deklariert ist. Damit will der Hersteller ausdrücken, daß er keine Gewähr für eine korrekte Datenaufzeichnung auf der zweiten Seite übernehmen will. Ob Sie eine solche Diskette überhaupt einsetzen können, zeigt sich bereits nach dem Formatieren der Diskette. Das Formatierungskommando wird weiter unten behandelt.
Oftmals wird auf den Disketten durch den Vermerk «100 % Error Free» garantiert, daß die Diskette geprüft und fehlerfrei ist.

Welche Diskette Sie für Ihre Arbeiten am Rechner benötigen, hängt ab vom

- Diskettenlaufwerk,
- Rechnertyp,
- Betriebssystemstand,
- Verwendungszweck.

Diskettenlaufwerk

Bei den gängigen Personal Computern ist entweder ein Laufwerk für 5,25"-Disketten oder 3,5"-Disketten eingebaut. Es werden aber auch Geräte mit beiden Laufwerkstypen angeboten. Bei der Beschaffung von Disketten ist aber zu beachten, daß der einsetzbare Diskettentyp vom Laufwerkstyp abhängig ist.

Rechnertyp und Betriebssystemstand

Bei einem AT-Rechner mit der Betriebssystemversion MS-DOS 3.x oder höher wird überwiegend der Diskettentyp HD eingesetzt. Eine 5,25"-HD-Diskette kann durch ein entsprechendes Formatieren so eingerichtet werden, daß sie bis zu 1,2 Millionen Zeichen speichert. Bei einer 3,5"-Diskette kann ab dem Betriebssystemstand MS-DOS 3.3 eine Speicherkapazität von 1,44 Millionen Zeichen erreicht werden, sofern das Laufwerk eine entsprechende Schreibdichte zuläßt. Die 3,5"-HD-Diskette ist an ihrem zweiten viereckigen Loch im Rand zu erkennen.

HD-Disketten sind teurer als DD-Disketten. Manche preisbewußte PC-Nutzer versuchen, DD-Disketten als HD-Disketten einzusetzen, indem sie sie als HD-Disketten einrichten. Bei 3,5"-Disketten bohren sie die zweite Öffnung, die teilweise auf den Disketten schon angedeutet ist, nachträglich hinein. Bei 5,25"-Disketten ist das nicht erforderlich. Beim Formatieren der Disketten zeigt es sich dann, ob sie HD-fähig sind. Bei manchen Disketten benötigt das Formatprogramm sehr viel Zeit, um die Formatierung aufzubringen. Es prüft nämlich sofort, ob der angelegte Sektor in Ordnung ist. Stellt das Programm einen Fehler fest, versucht es erneut, den Sektor zu formatieren. Nach dem Formatieren zeigt das Formatprogramm an, wieviel Speicherplatz eingerichtet werden konnte. Da die Magnetschicht einer DD-Diskette eine niedrigere magnetische Energie als die einer HD-Diskette aufweist, können in vielen Fällen nicht alle Spuren und Sektoren für die Aufnahme von Daten verwendet werden.

Bei einem PC oder XT sind lediglich DD- und DS-Disketten für Sie interessant. Diese Rechnertypen können HD-Disketten in der Regel nicht verarbeiten.

▉ Verwendungszweck

Preisunterschiede bei Disketten werden oftmals mit Qualitätsunterschieden begründet. Die Qualität einer Diskette hängt unter anderem ab von der

▉ Festigkeit der Hülle und der Mittellochränder,

▉ Beschaffenheit des Innenvlieses,

▉ Beschichtung der Folie.

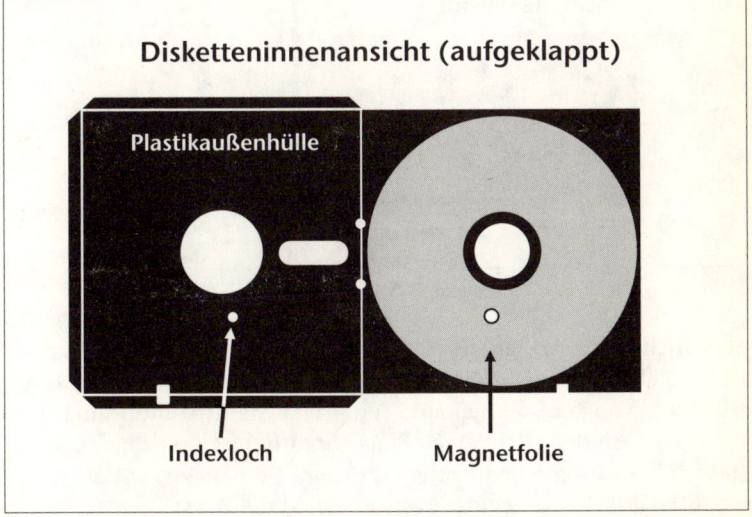

Disketteninnenansicht (aufgeklappt)

Plastikaußenhülle

Indexloch   Magnetfolie

Dem Nutzer stellt sich die Frage, ob er stets die teureren und damit die vermeintlich besseren Disketten einsetzen muß oder ob er auch die preiswerteren Exemplare verwenden darf. Wurde eine Diskette ohne Fehler formatiert, so läßt sie sich unabhängig von ihrer Qualität einige Zeit einsetzen. Im Dauerbetrieb kann es dagegen bei Disketten minderer Qualität schon einmal zu Schreib-/Lesefehlern kommen.

Beim Schreiben und Lesen berührt der Schreiblesekopf die Diskette. Dadurch entsteht auf der Diskettenoberfläche ein hauchdünner Abrieb. Sie hält aber durchaus 30 Millionen Zugriffe und mehr auf eine Spur aus. So viele Zugriffe werden erfahrungsgemäß nur nach mehreren Jahren intensiver Nutzung erreicht. Die Nutzungsdauer einer Diskette wird jedoch auch durch den eingedrungenen Staub herabgesetzt, da er sich wie ein weiterer Verschleißfaktor auswirkt. Für die erforderliche Entstaubung der Diskettenoberfläche muß das innenliegende Vlies sorgen. Die nachstehende Abbildung zeigt, wie Schmutz und Staub die Diskettenoberfläche überlagern.

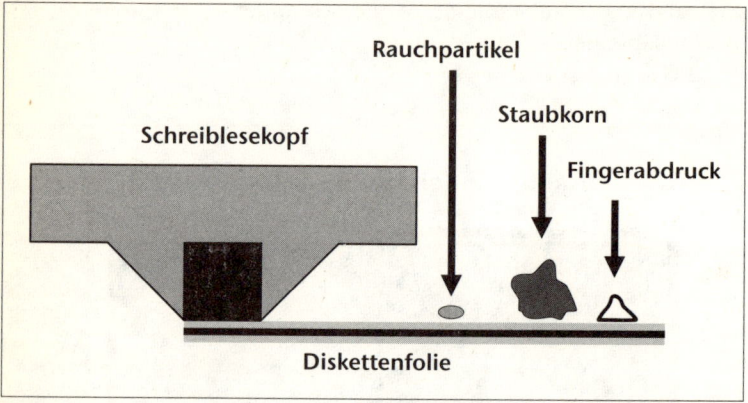

Sehr wichtig für das fehlerfreie Lesen und Beschreiben von Disketten ist der gleichmäßige Rundlauf. Sie darf nicht «eiern». Der exakte Rundlauf hängt von der Exaktheit und Festigkeit der Einspannöffnung (Mittelloch) ab. Sind die Ränder der Einspannöffnung zu weich, so können sie sich bei häufiger Benutzung verziehen. Deshalb werden die hochwertigen Disketten mit einem verstärkten Mittelring versehen.

Welche Diskettenqualität benötigt wird, hängt auch von der Einsatzintensität der Diskette ab. Wird eine Diskette als Arbeitsdiskette (Datendiskette) eingesetzt, so unterliegt sie einer starken Beanspruchung. Deshalb sollte man hier eine hochwertige Diskette verwenden, von der man eine störungsfreie Nutzung über einen längeren Zeitraum erwarten kann.

Soll eine Diskette als Sicherungsdiskette verwendet werden, genügen auch preiswertere Disketten. Eine solche Diskette mit Sicherungskopien von Daten oder Programmen weist einen nur geringen Beanspruchungsgrad auf.

Werden auf einer Diskette Daten oder Programme per Post versandt, so reichen in der Regel die einfacheren Diskettenqualitäten aus. Es ist nämlich zu erwarten, daß der Empfänger die ihm zugesandte Diskette auswertet und je nach Wichtigkeit des gespeicherten Inhalts die Diskette entweder ins Archiv übernimmt oder anderweitig nutzt.

Möchte man bei AT-Rechnern die Vorteile der höheren Speicherdichte nutzen, ist man stets auf HD-Disketten angewiesen. Bei den 3,5"-Disketten werden zur Zeit nur DS- und DD- bzw. HD-Disketten angeboten. Aus der nachstehenden Tabelle können Sie den für Ihren Verwendungszweck erforderlichen Diskettentyp ersehen.

Rechner-typ	Betriebs-system	Verwendungs-zweck	Disketten-typ	Kapazi-tät (KB)
PC, XT	ab DOS 2.0	Arbeitsdiskette	DD–DS 5,25"	360
		Duplikat, Versand	DD–DS 5,25"	360
	ab DOS 3.0	allgemein	DD–DS 3,5"	720
AT	bis DOS 3.3	Arbeitsdiskette	HD–DS 5,25"	1200
		Duplikat	HD–DS 5,25"	1200
		Versand	DD–DS 5,25"	360
		allgemein	DD–DS 3,5"	720
	ab DOS 3.3	Arbeitsdiskette	HD–DS 3,5"	1440
		Duplikat	HD–DS 3,5"	1440
		Versand	DD–DS 3,5"	720
386, 486, Pentium	ab DOS 5.0	allgemein	HD–DS 3,5"	1440
			ED–DS 3,5"	2880

9.1.3 Umgang mit Disketten

Eine Diskette wird aus einem hochempfindlichen Material gefertigt. Deshalb wird die Scheibe durch eine Kunststoffhülle geschützt.

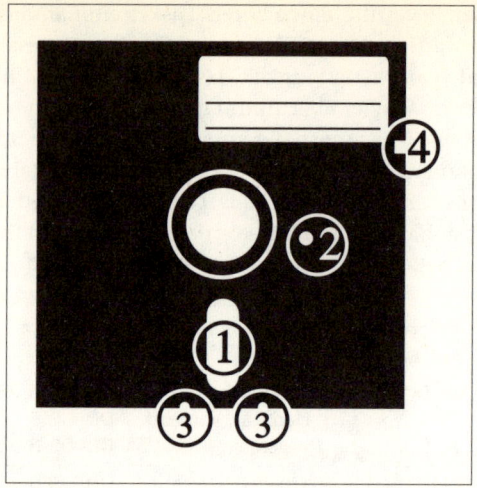

Erfahrungsgemäß baut man sich im Laufe von Wochen und Monaten eine große Sammlung von Disketten auf. Sehr bald ergibt sich dann die Schwierigkeit, die Disketten voneinander zu unterscheiden. Zwar kann man sich mit Hilfe des DOS-Betriebssystemkommandos DIR den Inhalt der Diskette am Bildschirm anzeigen lassen. Das ist aber lästig und sehr zeitaufwendig. Deshalb ist es wichtig, die Diskettenhüllen zu beschriften. Dazu dienen Aufkleber, die jeder Diskettenbox beigelegt sind. Das Beschriften eines Aufklebers sollte bei 5,25"-Disketten vor dem Aufkleben auf die Diskette vorgenommen werden. Haftet das Etikett bereits auf der Diskette, so verwendet man am besten einen weichen Filzstift. Die innenliegende Folie ist nämlich druckempfindlich.

Wohin nun mit dem Aufkleber? Bei einer 5,25"-Diskette bietet sich der rechte obere Rand an. Auf keinen Fall darf der Aufkleber die Schreibleseöffnung (1) verdecken. Durch diese Öffnung greift der Schreiblesekopf des Diskettenlaufwerks auf die innenliegende Folie zu.

Auch das Indexloch (2) ist tabu. Über das Indexloch stellt der Controller des Diskettenlaufwerks fest, in welcher Position sich die Diskette befindet. Die Diskette dreht sich mit einer gleichbleibenden Geschwindigkeit von 300 Umdrehungen pro Minute. Pro Sekunde wird die Diskette fünfmal gedreht. Anders ausgedrückt: Eine Umdrehung der Diskette dauert 0,2 Sekunden. Um den jeweils nächsten Sektor erreichen zu können, werden bei einer Diskette mit 9 Sektoren etwa 0,022 Sekunden benötigt. Soll zum Beispiel der 5. Sektor angesteuert werden, bedarf es ab dem Indexloch etwa 0,11 Sekunden. Als Computeranwender brauchen Sie sich um die Technik des Ansteuerns eines Sektors nicht zu kümmern. Das macht der Controller des Computersystems. Sie dürfen ihm nur nicht die Arbeitsmöglichkeiten verbauen.

Die Führungskerben (3) dürfen ebenfalls nicht überklebt werden. Sie sorgen dafür, daß die Diskette korrekt im Laufwerk sitzt.

Wenn Sie die Aussparung (4) mit dem Aufkleber überdecken, hat das keine unmittelbar negativen Auswirkungen. Die Diskette wird dadurch nicht zerstört. Vielmehr schützen Sie die Diskette vor dem Überschreiben. Ist die Schreibschutzkerbe überklebt, so kann das System die Diskette nicht beschreiben. Es kann nur noch lesend auf die Diskette zugreifen. Für das Zukleben der Schreibschutzkerbe liegen der Diskettenpackung schwarze oder silberfarbene Aufkleber bei.

Das in der Mitte des Schutzkuverts befindliche große Loch wird für den Antrieb der Diskette benötigt. Ein rotierender Antriebszapfen fährt in diese Öffnung und dreht die Diskette mit der erforderlichen Geschwindigkeit. Ist das Antriebsloch ausgeleiert, kann die Diskette nicht mehr richtig verarbeitet werden. Verarbeitungsprobleme treten auch dann auf, wenn die Ränder des Antriebslochs verschmiert und fettig sind. Dem Antriebsmotor ist es nämlich dann nicht möglich, die Diskette auf die erforderliche Umdrehungsgeschwindigkeit zu bringen. Wird die geforderte Sollgeschwindigkeit nicht erreicht, kann die Diskette nicht korrekt gelesen oder beschrieben werden.

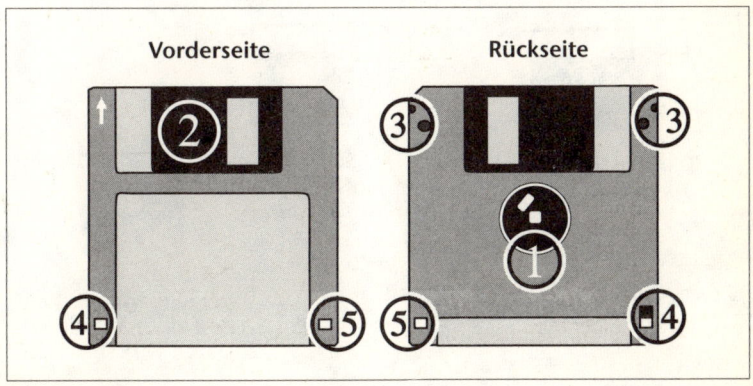

Verfügen Sie über eine 3,5"-Diskette, so ist der Bereich, in dem Sie den Aufkleber aufbringen können, durch eine Vertiefung in der Plastikhülle gekennzeichnet. Auf keinen Fall darf die Scheibe (1), über die die Diskette angetrieben wird, zugeklebt werden. Auch darf der Aufkleber nicht an der Schutzklappe (2) angebracht werden. Diese Schutzklappe wird beim Einschieben der Diskette in das Laufwerk beiseite geschoben und gibt somit dem Schreiblesekopf im Diskettenlaufwerk den Zugriff auf die innenliegende Folie frei. Ein Überkleben der seitlichen Kerben (3) verhindert den korrekten Sitz der Diskette im Laufwerk. Wenn Sie den Schieber (4) überkleben, heben Sie möglicherweise den vorher eingestellten Schreibschutz auf. Befindet sich der Schieber in der unteren Stellung, so wird dem System durch die darüberliegende Öffnung mitgeteilt, daß die Diskette schreibgeschützt ist. Soll ein schreibender Zugriff auf die Diskette zugelassen sein, so muß der Schieber hochgeschoben sein.

Handelt es sich bei Ihrer Diskette um eine HD-Diskette, so wird das durch eine weitere Öffnung an der rechten Seite der Diskette angezeigt (5). Durch ein Überkleben dieser Öffnung wird die Speicherkapazität um die Hälfte reduziert, weil das System sie nicht als Diskette mit hoher Speicherkapazität erkennen kann.

Die Speicherung der Programme und Daten erfolgt in magnetischer Form. Ein Bit wird in der magnetischen Schicht mit 0,0015 mm Tiefe und 0,004 mm Länge aufgezeichnet. Deshalb dürfen Sie den Disketten wie überhaupt allen magnetischen Datenträgern nicht mit einem Magneten zu nahe kommen. Die magnetischen Aufzeichnungen werden dadurch zerstört.

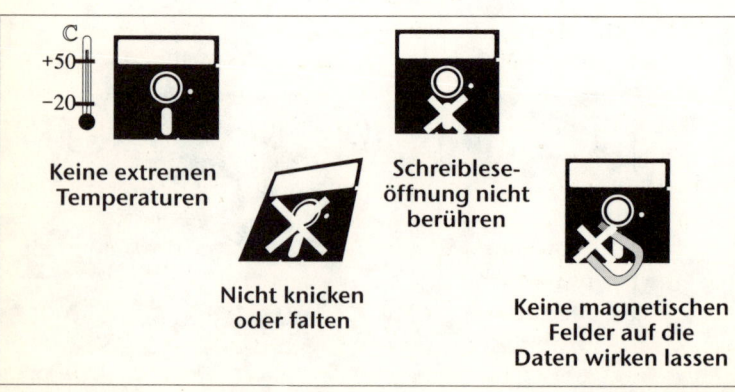

Keine extremen Temperaturen

Nicht knicken oder falten

Schreiblese-öffnung nicht berühren

Keine magnetischen Felder auf die Daten wirken lassen

Schließlich wird der Schreiblesekopf Schwierigkeiten bei seiner Arbeit bekommen, wenn die Diskettenoberfläche durch eine zuckerhaltige oder klebrige Flüssigkeit (Cola, Bier u.ä.) verunreinigt wurde. Bereits ein Fingerabdruck hinterläßt auf der Diskettenfolie eine etwa 0,004 mm dicke Schicht. Dadurch wird eine Reihe von Bits «verdeckt».

Die Verarbeitungsfähigkeit einer Diskette wird erheblich gestört, wenn die Diskettenoberfläche infolge hoher Wärmeeinwirkung wellig geworden ist. Die Folienscheibe läuft dann nicht mehr richtig rund. Deshalb dürfen Sie eine Diskette nicht längere Zeit der direkten Sonneneinstrahlung aussetzen oder auf heißen Heizkörpern ablegen.

9.1.4 Notwendigkeit von Datensicherung

Die Diskette ist, wenn sie ordnungsgemäß behandelt wird, ein relativ sicherer Datenträger. Das darf Sie als Benutzer jedoch nicht davon abhalten, wichtige Dateien und Programme auf einer weiteren Diskette zu sichern.

Die Diskette wird zuweilen mit einer Schallplatte verglichen. Wenn auf der Schallplatte eine kleine «Macke» entstanden ist, gibt es beim Abspielen an der beschädigten Stelle einen unschönen Ton. Dann aber kann der Musikgenuß ungestört weitergehen. Eine Diskette ist ungleich empfindlicher. Bereits eine kleine Beschädigung macht sie in der Regel unbrauchbar. Die auf der Diskette gespeicherten Dateien und Programme sind möglicherweise verloren, sofern sie nicht mit speziellen Hilfsprogrammen noch gerettet werden können (siehe Kapitel 11).

Die Empfindlichkeit der Diskette erklärt sich folgendermaßen:
Das Betriebssystem führt genau Buch über den Inhalt der Diskette. Auf einer Indexspur, der Spur 0 der Diskette, sind im sogenannten Hauptverzeichnis die Dateinamen und in der FAT (engl. File Allocation Table = Dateiverwaltungstabelle) die Adreßverweise gespeichert. Ist die Indexspur defekt, so kann das System nicht mehr feststellen, wo eine anzusprechende Datei (File) auf dem Datenträger zu suchen ist.

Innerhalb der Diskette wird jeder Sektor durch Identifikationsfelder und durch ein Sektorendezeichen (Trennlücke) gekennzeichnet. In den Identifikationsfeldern stehen die Sektor-, Spur- und Seitennummer. Ist ein Identifikationsfeld beschädigt, kann die Diskette nicht mehr korrekt gelesen werden. Vom Betriebssystem werden dann noch einige Versuche unternommen, den Datensatz zu lesen. Schließlich bricht das System den Programmlauf ab mit der Fehlermeldung:

```
Nicht bereit beim Lesen von Laufwerk A
(A)bbrechen, (W)iederholen, (U)ebergehen?
```

```
Not ready error reading drive A
(A)bort, (R)etry, (I)gnore?
```

Als Benutzer, der eine sinnvolle Diskettenorganisation vorgenommen hat, müssen Sie nun

(1) die Datensicherungsdiskette hervorholen,

(2) davon eine weitere Kopie anfertigen und anschließend

(3) den Programmlauf, bei dem der Diskettenfehler aufgetreten ist, unter Einsatz der Sicherungskopie wiederholen.

Eine weitere Fehlerquelle, die zum Programmabbruch führt, kann durch elektrostatische Aufladung oder elektromagnetische Impulse ausgelöst werden. Beim Lesen eines Datensatzes überprüft das System, ob der Lesevorgang korrekt verlaufen ist. Hat das System ein Datum nicht richtig lesen können, weil beispielsweise infolge einer elektrostatischen Aufladung oder eines elektromagnetischen Impulses ein Bit «umgefallen» ist, so bricht das System nach mehreren weiteren Leseversuchen den Programmlauf ab. Auch in einer solchen Situation kann man sich glücklich schätzen, wenn man auf eine Datensicherungsdiskette zurückgreifen kann.

9.1.5 Wichtige Diskettenkommandos

▮ Formatieren

Bevor Sie eine Diskette zur Speicherung von Daten einsetzen, müssen Sie die Diskette mit dem Formatprogramm formatieren. Die Disketten werden nämlich in der Regel unformatiert, d. h. ohne Einteilung in Spuren und Sektoren, ausgeliefert. Sie sollen ja für eine Vielzahl von Rechnersystemen bzw. Betriebssystemen verwendbar sein. Eine Diskette, die in einem Rechner mit dem Betriebssystem DOS eingesetzt wird, ist anders zu formatieren als beispielsweise eine Diskette für ein UNIX-System. Während unter DOS die Disketten entweder 40 oder 80 Spuren haben, werden bei UNIX-Systemen Disketten mit 96 Spuren eingesetzt.

Achtung: Wenn Sie eine Programm- oder Datendiskette erneut formatieren, geht ihr bisheriger Inhalt verloren.

Beim Formatieren werden auf der Diskette die Seiten, Spuren und Sektoren eingerichtet. Dabei stellt das System auch fest, ob bestimmte Bereiche der Diskette schadhaft sind, die dann nicht für die Speicherung zu nutzen sind. Nach Abschluß der Formatierung meldet das System, wieviel Speicherkapazität auf der Diskette verfügbar ist. Weist eine Diskette defekte Stellen auf, erfolgt auf dem Bildschirm eine entsprechende Meldung.

```
C:\>format a:/f:720
Neue Diskette in Laufwerk A: einlegen
und anschließend die EINGABETASTE drücken...

Prüfe bestehendes Datenträger-Format.
Formatiere 720 KB
Formatieren beendet

Datenträgerbezeichnung (11 Zeichen, EINGABETASTE für keine)? TEST

    730112 Byte Speicherplatz auf dem Datenträger insgesamt
    109568 Byte in fehlerhaften Sektoren
    620544 Byte auf dem Datenträger verfügbar

      1024 Byte in jeder Zuordnungseinheit.
       606 Zuordnungseinheiten auf dem Datenträger verfügbar.

Datenträgernummer: 1664-14CF

Eine weitere Diskette formatieren (J/N)?
```

Eine beschädigte Diskette ist trotzdem nutzbar. Das System kennzeichnet die defekten Sektoren und speichert dort keine Daten. Angesichts der niedrigen Diskettenpreise empfiehlt es sich jedoch nicht, defekte Disketten weiter zu nutzen.

Ferner werden beim Formatieren die Bereiche eingerichtet, die DOS zur Verwaltung der Diskette benötigt. Zum einen wird eine Tabelle angelegt, in der Adreßverweise auf die Cluster bzw. Blöcke, in denen die Dateien stehen, enthalten sind. Unter einem **Cluster** oder **Block** versteht man die Zusammenfassung von Sektoren zu einer Zuordnungseinheit. Bei DOS 4.x werden beispielsweise 2 Sektoren zu je 512 Bytes zu einem Cluster zusammengefaßt. Aus der FAT kann das System auch entnehmen, welche Cluster mit Dateien belegt sind. Zum anderen wird das Hauptverzeichnis (engl. root) geschaffen. In ihm werden bei der späteren Arbeit unter anderem vermerkt:

▪ der Name einer Datei,

▪ ihr Erstellungs- bzw. letztes Änderungsdatum,

▪ ihre Dateiattribute sowie

▪ der Adreßverweis auf den Cluster, in dem die Speicherung der Datei beginnt.

Schließlich wird in einem sogenannten Boot-Sektor unter anderem vermerkt, wie viele Sektoren zu einem Cluster gehören und aus wie vielen Bytes ein Sektor besteht. Beim Formatieren werden also wichtige Steuerinformationen auf der Diskette gespeichert.

Zur Formatierung einer Diskette wird das Betriebssystemkommando FORMAT verwendet. In Abhängigkeit von der Betriebssystemversion und Aufzeichnungsdichte der Diskette ist das FORMAT-Kommando um weitere Angaben (Parameter) zu ergänzen. Das sei an einigen Beispielen aufgezeigt. Es wird angenommen, daß ein AT-Rechner eingesetzt wird und die Formatierung im Laufwerk A: erfolgt.

Ab Betriebssystemversion 4		
Diskettenart	**Speicherkapazität**	**Kommando**
5,25"	DS DD 360 KB	FORMAT A: /F:360
5,25"	DS HD 1,2 MB	FORMAT A: /F:1200
3,5"	DS DD 720 KB	FORMAT A: /F:720
3,5"	DS DD 1,44 MB	FORMAT A: /F:1440

Ab Betriebssystemversion 5		
Diskettenart	**Speicherkapazität**	**Kommando**
3,5"	zusätzlich DS ED 2,88 MB	FORMAT A: /F:2880

Ab Betriebssystemversion 3.3		
Diskettenart	**Speicherkapazität**	**Kommando**
5,25"	DS DD 360 KB	FORMAT A: /4
5,25"	DS HD 1,2 MB	FORMAT A:
3,5"	DS DD 720 KB	FORMAT A: /N:9 /T:80
3,5"	DS HD 1,44 MB	FORMAT A: /N:18 /T:80
N = Anzahl der Sektoren pro Spur		T = Anzahl der Spuren

▨ Diskettenverzeichnis anzeigen

Mit Hilfe des DIR-Kommandos wird das Inhaltsverzeichnis einer Diskette/Magnetplatte angezeigt. Das Kommando **DIR A:** beispielsweise bewirkt die Anzeige des Inhaltsverzeichnisses der Diskette, die sich im Laufwerk A: befindet. Durch Zusätze kann man die Ausgabeform festlegen:

dir /p   seitenweises Anzeigen
dir /w   spaltenweises Anzeigen

Möchten Sie eine Diskette im Laufwerk A: daraufhin überprüfen, ob auf ihr Programme mit dem Namenszusatz .COM gespeichert sind, so kann dies mit dem Kommando

dir a: *.COM

erfolgen. Dieses Kommando zeigt Ihnen sämtliche Dateinamen an, die den Zusatz COM haben. Der Stern * dient in DOS als Platzhalter (Joker).

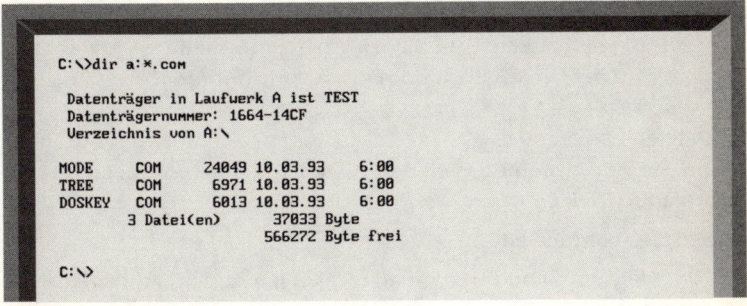

```
C:\>dir a:*.com

Datenträger in Laufwerk A ist TEST
Datenträgernummer: 1664-14CF
Verzeichnis von A:\

MODE     COM    24049 10.03.93   6:00
TREE     COM     6971 10.03.93   6:00
DOSKEY   COM     6013 10.03.93   6:00
         3 Datei(en)     37033 Byte
                        566272 Byte frei

C:\>
```

▨ Dateiinhalte auf dem Bildschirm anzeigen

Die Notwendigkeit, sich bei der Vergabe des Dateinamens auf acht Zeichen zuzüglich drei Zeichen für den Namenszusatz zu beschränken, führt sehr häufig dazu, daß man vom Dateinamen nicht mehr auf den Inhalt schließen kann. Um sich den Dateiinhalt rasch am Bildschirm anschauen zu können, bedient man sich des Kommandos TYPE.

Beispiel:

Mit dem Kommando

> type a:readme.txt

wird der Inhalt der Datei README.TXT am Bildschirm angezeigt. Mit

> type a:readme.txt ¦ more

wird der Text seitenweise ausgegeben. Das Pipe-Symbol ¦ erzeugen Sie, indem Sie bei gedrückter A̅l̅t̅-Taste die Ziffern 1̅ 2̅ 4̅ eintippen. Das TYPE-Kommando ist nur auf Textdateien sinnvoll anwendbar, nicht aber auf Programmdateien.

▨ Disketten kopieren

Soll von einer Diskette mit wichtigen Dateien ein Duplikat angefertigt werden, können Sie das Kommando DISKCOPY verwenden. DISKCOPY setzt voraus, daß die Aufzeichnungsdichte und das Diskettenformat der Quelldiskette und der Zieldiskette übereinstimmen. So ist es mit DISKCOPY nicht möglich, die Dateien einer 1,2-MB-Diskette auf eine 360-KB-Diskette zu übertragen. Dies gilt auch, wenn die Dateien weniger als 360 KB umfassen. DISKCOPY erstellt exakt ein Duplikat der Quelldiskette.

Die Zieldiskette brauchen Sie nicht vorher zu formatieren. Die Formatierung wird bei DISKCOPY automatisch vorgenommen.

▨ Dateien kopieren

Wenn Sie nur einzelne Dateien kopieren wollen, verwenden Sie das Kommando COPY.

> *Beispiel:* copy a:∗.txt b:

Mit diesem Kommando werden alle Dateien, die sich auf der Diskette im Laufwerk A: befinden und den Namenszusatz TXT tragen, auf die Diskette im Laufwerk B: kopiert. Dabei werden auf der Diskette im Laufwerk B: namensgleiche Dateien überschrieben. Ansonsten werden Dateien auf der Diskette in B: von diesem Kopiervorgang nicht berührt.

Auch wenn Ihr Personal Computer nur über ein Diskettenlaufwerk verfügt, können Sie dieses Kommando anwenden. Das Betriebssystem DOS kann auf einer logischen Ebene die beiden Laufwerke A: und B: verwalten. Die physikalische Übertragung der Daten wird jedoch über das eine Laufwerk abgewickelt. Dies erfolgt in der Weise, daß beim Einlesen der Daten von der Quelldiskette in den Arbeitsspeicher das Laufwerk mit A: bezeichnet wird. Beim Übertragen der Daten auf die Zieldiskette erhält das Laufwerk den Namen B:.

■ Dateien löschen

Zum Löschen von Dateien steht das Kommando DEL zur Verfügung. DEL ist die Abkürzung von DELETE, das mit «Löschen» zu übersetzen ist. Mit DEL können Sie eine einzelne Datei, aber auch Gruppen von Dateien wie auch den gesamten Inhalt einer Diskette löschen.

Beispiele:

Das aktuelle Laufwerk sei A:

del test.txt	Löschen der Datei TEST.TXT
del *.txt	Alle Dateien mit dem Namenszusatz TXT werden gelöscht
del *.*	Sämtliche Dateien auf der Diskette werden gelöscht

Das DEL-Kommando bewirkt, daß das 1. Zeichen des Dateinamens im Hauptverzeichnis durch ein Löschkennzeichen ersetzt wird. Dadurch wird die Datei vom Betriebssystem als gelöscht angesehen. Der Dateiinhalt ist aber weiterhin vorhanden. So ist es ab der DOS-Version 5 möglich, mittels des Kommandos UNDELETE «gelöschte» Dateien wiederherzustellen. Erst bei späteren Schreiboperationen werden die Speicherbereiche der gelöschten Datei durch andere Daten überschrieben. Ein wirkliches Löschen sämtlicher Dateien ist erst ab der DOS-Version 5 mit Hilfe des Befehls FORMAT /U möglich. Das hat für den Nutzer eine wichtige Konsequenz. Grundsätzlich sollten Daten nur auf frisch formatierten Disketten weitergegeben werden, damit der Empfänger gelöschte Dateien nicht rekonstruieren kann.

9.1.6 Zusammenfassung

■ Auf einer Diskette werden die Daten durch binäre Magnetisierungs-
muster dargestellt.

■ Die Diskette ist in Seiten, Spuren und Sektoren eingeteilt. Die Einteilung wird durch das FORMAT-Kommando bewirkt.

■ Beim Schreiben und Lesen berührt der Schreiblesekopf die Oberfläche der Diskette.

■ Bei Rechnern vom Typ PC oder XT werden keine Disketten mit hoher Schreibdichte verwendet.

■ Bei AT-Rechnern werden HD-Disketten eingesetzt, um die maximale
Speicherkapazität zu erreichen.

■ Staub verunreinigt eine Diskette und führt zu einer vorzeitigen Ab-
nutzung der Diskette.

■ Disketten mit wichtigen Dateien sind unbedingt zu duplizieren. Die
Sicherungsdiskette kann von einfacher Qualität sein, da sie keiner
starken Nutzung unterliegt.

■ Diskettenaufkleber sind hilfreich, um die Übersicht zu behalten. Sie
dürfen jedoch nicht an Stellen angebracht werden, die für den ord-
nungsgemäßen Diskettenbetrieb von Bedeutung sind.

■ Eine 3,5"-Diskette ist besser gegen Fehlbehandlung geschützt als
eine 5,25"-Diskette.

■ Beim Formatieren werden die für die Verwaltung der Diskette wichtigen Bereiche

Boot Sektor,
Root Directory (Hauptverzeichnis) und
File Allocation Table

angelegt.

■ Die Speicherung erfolgt stets clusterweise. Bei einer Diskette umfaßt
ein Cluster 2 Sektoren zu je 512 Byte. Beispielsweise belegt die Speicherung eines 1026 Byte langen Textes zwei Cluster (= 2048 Bytes).

■ Wichtige Kommandos zur Verwaltung der Diskette:

FORMAT	Einrichten einer Diskette
DIR	Anzeigen des Disketteninhalts
DEL	Löschen von Dateien
COPY	Kopieren von Dateien
DISKCOPY	Erstellen einer Diskettenkopie im Verhältnis 1:1
TYPE	Anzeigen des Inhalts einer Datei

9.1.7 Aufgaben

1. Auf der Fahrt zum Steuerberater warf der Unternehmer die Diskette auf die Hutablage. Es herrschte strahlender Sonnenschein. Unterwegs hatte er noch einige Besorgungen zu erledigen. Als man im Steuerberatungsbüro die Diskette verarbeiten wollte, stellten sich Lesefehler ein. Worin mag die Ursache gelegen haben?

_____

_____

2. Überprüfen Sie die nachstehenden Aussagen! Kennzeichnen Sie die richtigen Aussagen mit R, die falschen mit F.

   a) Die Daten werden auf der Diskette durch 0 und I dargestellt. ____

   b) Die Daten werden durch unterschiedliche Magnetisierungszustände dargestellt, denen die Binärwerte 0 bzw. I zugeordnet werden. ____

   c) Je größer eine Diskette ist, desto mehr Daten können auf ihr gespeichert werden. ____

   d) Die Speicherkapazität einer Diskette hängt unter anderem von der Dichte ab, mit der das Laufwerk die Daten aufzeichnen kann. ____

3. Ergänzen Sie: Eine Diskette wird unterteilt in _____ und

   _____ .

4. Kennzeichnen Sie die richtigen Aussagen mit R, die falschen mit F.

   a) Auf einem Rechner der XT-Klasse können alle Diskettentypen verwendet werden. ____

   b) Jeweils übereinanderliegende Spuren einer Diskette werden zu Zylindern zusammengefaßt. ____

   c) DD-Disketten können doppelt soviel speichern wie HD-Disketten. ____

   d) Eine 3,5"-Diskette, die 1,44 MB speichern kann, ist durch eine zweite viereckige Öffnung gekennzeichnet. ____

   e) Wird eine Diskette als Arbeitsdiskette eingesetzt, so sollte man Disketten hoher Qualität verwenden. ____

   f) Das innenliegende Vlies sorgt automatisch für die Reinigung verschmutzter Disketten. ____

5. Welche Wirkung hat es, wenn die Kerbe an der rechten Seite einer 5,25"-Diskette überklebt wird?

_____

_____

6. Kennzeichnen Sie die richtigen Aussagen mit einem R, die falschen mit einem F.

a) Die 3,5"-Disketten sind gegen unbeabsichtigte Berührung der Speicherfolie gesichert.   ___

b) Die Betriebssystem-Version 3.2 unterstützt das HD-Format auf 3,5"-Disketten.   ___

c) Disketten sind von Geräten, die magnetische Strahlungen aufweisen, fernzuhalten.   ___

d) In der Spur 0 der Diskette werden wichtige Organisations-tabellen aufgebaut.   ___

e) Das Betriebssystem erkennt aus der FAT, ob ein Cluster belegt ist.   ___

7. Ergänzen Sie: Die Zusammenfassung von mehreren Sektoren zu einer Zuordnungseinheit nennt man _____ oder _____.

8. Wie viele Speicherstellen werden von einer 4500 Byte langen Datei auf der Diskette belegt?

_____

_____

_____

9. Der Inhalt einer 5,25"-HD-Diskette im Laufwerk A: soll auf eine 3,5"-DD-Diskette im Laufwerk B: dupliziert werden. Welcher Kopierbefehl ist anwendbar?

_____

9.1.8 Lösungen

1. Auf der Fahrt zum Steuerberater warf der Unternehmer die Diskette auf die Hutablage. Es herrschte strahlender Sonnenschein. Unterwegs hatte er noch einige Besorgungen zu erledigen. Als man im Steuerberatungsbüro die Diskette verarbeiten wollte, stellten sich Lesefehler ein. Worin mag die Ursache gelegen haben?

   Durch die Wärmeeinstrahlung hat sich die Folie verzogen. Das System kann deshalb die Spuren- und Sektoreneinteilung nicht mehr korrekt erkennen.

2. Überprüfen Sie die nachstehenden Aussagen! Kennzeichnen Sie die richtigen Aussagen mit R, die falschen mit F.

   a) Die Daten werden auf der Diskette durch 0 und I dargestellt.   F

   b) Die Daten werden durch unterschiedliche Magnetisierungszustände dargestellt, denen die Binärwerte 0 bzw. I zugeordnet werden.   R

   c) Je größer eine Diskette ist, desto mehr Daten können auf ihr gespeichert werden.   F

   d) Die Speicherkapazität einer Diskette hängt unter anderem von der Dichte ab, mit der das Laufwerk die Daten aufzeichnen kann.   R

3. Ergänzen Sie: Eine Diskette wird unterteilt in *Spuren* und *Sektoren.*

4. Kennzeichnen Sie die richtigen Aussagen mit R, die falschen mit F.

   a) Auf einem Rechner der XT-Klasse können alle Diskettentypen verwendet werden.   F

   b) Jeweils übereinanderliegende Spuren einer Diskette werden zu Zylindern zusammengefaßt.   R

   c) DD-Disketten können doppelt soviel speichern wie HD-Disketten.   F

   d) Eine 3,5"-Diskette, die 1,44 MB speichern kann, ist durch eine zweite viereckige Öffnung gekennzeichnet.   R

   e) Wird eine Diskette als Arbeitsdiskette eingesetzt, so sollte man Disketten hoher Qualität verwenden.   R

   f) Das innenliegende Vlies sorgt automatisch für die Reinigung verschmutzter Disketten.   F

5. Welche Wirkung hat es, wenn die Kerbe an der rechten Seite einer 5,25"-Diskette überklebt wird?

   Eine 5,25"-Diskette, deren Kerbe überklebt ist, ist schreibgeschützt.

6. Kennzeichnen Sie die richtigen Aussagen mit einem R, die falschen mit einem F.

   a) Die 3,5"-Disketten sind gegen unbeabsichtigte Berührung der Speicherfolie gesichert.   R

   b) Die Betriebssystem-Version 3.2 unterstützt das HD-Format auf 3,5"-Disketten.   F

   c) Disketten sind von Geräten, die magnetische Strahlungen aufweisen, fernzuhalten.   R

   d) In der Spur 0 der Diskette werden wichtige Organisations-tabellen aufgebaut.   R

   e) Das Betriebssystem erkennt aus der FAT, ob ein Cluster belegt ist.   R

7. Ergänzen Sie: Die Zusammenfassung von mehreren Sektoren zu einer Zuordnungseinheit nennt man *Cluster* oder *Block*.

8. Wie viele Speicherstellen werden von einer 4500 Byte langen Datei auf der Diskette belegt?

   Ab DOS 4.x: 5 Cluster = 5120 Byte. 620 Byte im letzten Cluster werden nicht genutzt. Sie können nicht zur Speicherung anderer Daten verwendet werden.

9. Der Inhalt einer 5,25"-HD-Diskette im Laufwerk A: soll auf eine 3,5"-DD-Diskette im Laufwerk B: dupliziert werden. Welcher Kopierbefehl ist anwendbar?

   copy a:.* b:*

9.2 Festplatte

Die Festplatte erfüllt grundsätzlich dieselbe Funktion wie die Diskette. Sie ist ebenso ein externer Speicher, auf dem das Betriebssystem, Programme und Daten gespeichert werden.

9.2.1 Verarbeitungscharakteristik

Festplattenlaufwerke sind in der Regel fest im Rechner eingebaut. Sie können sie deshalb nicht unmittelbar betrachten.

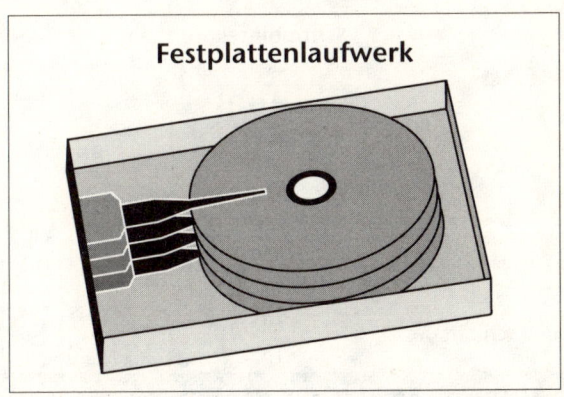

Festplattenlaufwerk

■ **Aufbau**

Das Festplattenlaufwerk wird auch Hard Disk oder Fixed Disk genannt. Alle zum Plattenbetrieb benötigten mechanischen Bauteile und ein Großteil der elektronischen Bauelemente sind in einem Gehäuse eingekapselt, das bei normaler Bauhöhe 7,6 cm, bei halber Bauhöhe 3,8 cm hoch ist. Das Laufwerk ist somit kaum größer als ein dickes Taschenbuch. Die für den Betrieb erforderliche Kühlluft wird über einen Filter angesogen. Die Magnetplatten sind auf Grund der Kapselung nicht auswechselbar. Für den Fall eines schwerwiegenden Defekts ist das komplette Festplattenlaufwerk zu ersetzen.

Als Datenträger dienen 5,25" oder 3,5" große runde Aluminiumplatten, die übereinander angeordnet sind. In Anlehnung an die Groß-DV spricht man auch von Plattenstapel. Die Aufzeichnung der Daten erfolgt in einer hochempfindlichen magnetisierbaren Schicht, mit der die Plattenoberflächen überzogen sind. Wie die Diskette ist auch die Platte in Spuren und Sektoren eingeteilt.

▪ Schreiben und Lesen

Das Beschreiben und Lesen besorgen die Schreibleseköpfe. Ein Schreiblesekopf besteht dem Prinzip nach aus einem ringförmigen Elektromagneten mit einem Kopfspalt. Die am Spalt austretenden magnetischen Impulse führen zu einer Ausrichtung der magnetisierbaren Teilchen der Plattenoberfläche.

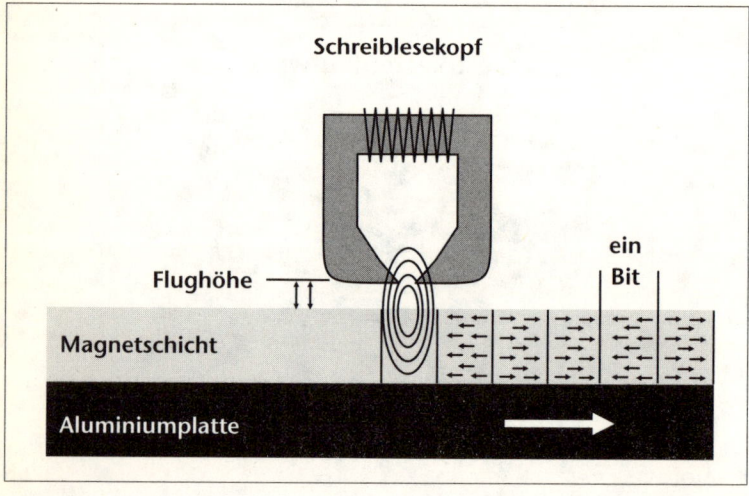

Die Schreibleseköpfe werden mittels einer kammartigen Mechanik zwischen die einzelnen Platten gefahren. Jeweils ein Schreiblesekopf ist für eine Plattenseite zuständig. Die Köpfe werden synchron geführt. Es ist deshalb nicht möglich, daß der für die Plattenseite 1 zuständige Kopf über der Spur 0, der auf der Plattenseite 2 arbeitende Kopf über der Spur 6 steht. Sie befinden sich also stets über denselben Spuren der verschiedenen Plattenseiten. Die jeweils übereinanderliegenden Spuren werden deshalb zu einer logischen Einheit zusammengefaßt, die als **Zylinder** bezeichnet wird. Diese Verarbeitung nach dem Zylinderkonzept hat den Vorteil, daß ohne eine zeitraubende Bewegung der Schreibleseköpfe auf eine Vielzahl von Daten zugegriffen werden kann.

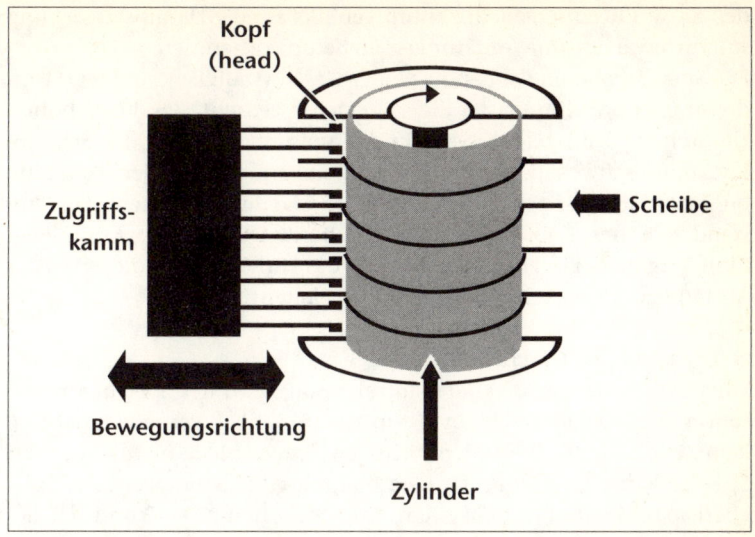

Wie viele Zylinder, Spuren und Schreibleseköpfe die Festplatte Ihres Rechners aufweist, können Sie aus dem Setup entnehmen. Es beinhaltet eine Vielzahl von Einstellungen. Sie rufen es beim Starten des Computers durch eine bestimmte Taste auf. Welche Taste Sie drücken müssen, wird am Bildschirm angezeigt.

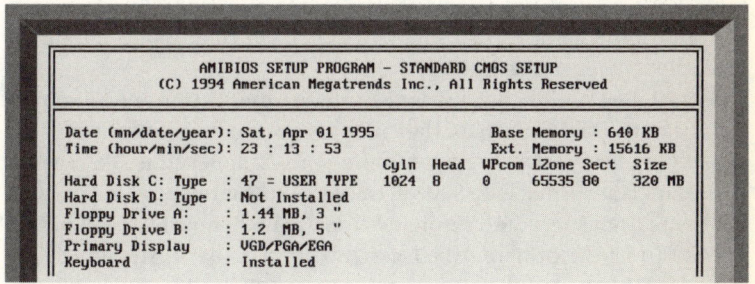

Gelegentlich kann es vorkommen, daß der Rechner aufgrund eines Batterieausfalls die Setup-Daten verliert. Damit er die Festplatte richtig ansprechen kann, müssen Sie die Festplattendaten in das Setup eintragen. Deshalb ist es sinnvoll, diese Daten auf einem Aufkleber zu notieren, den Sie am Rechnergehäuse anbringen. Bis auf die Datumseinstellung sollten Sie aber keine Änderungen im Setup vornehmen.

Die Speicherplatten werden mit einer Geschwindigkeit von 3600 Umdrehungen pro Minute um die Mittelachse gedreht. Bei dieser hohen Umdrehungszahl bildet sich ein Luftpolster, auf dem die Schreibleseköpfe schweben. Beim Beschreiben und Lesen der Festplatte berühren also die Schreibleseköpfe die Magnetplatte nicht. Der Abstand zwischen Kopf und Plattenseite beträgt etwa 0,005 Millimeter. Zum Vergleich: Ein Fingernagel ist um das Hundertfache dicker als der Abstand zwischen Schreiblesekopf und Plattenfläche.

■ Kapazität und Geschwindigkeit

Hinsichtlich der Art der Datenaufzeichnung und der Speicherorganisation unterscheidet sich eine Festplatte prinzipiell kaum von der Diskette. Die für den Anwender wichtigen Unterschiede bestehen in der Speicherkapazität und in der Verarbeitungsgeschwindigkeit. Die Speicherkapazität eines Plattensystems kann zwischen 120 MB und 1 GB liegen.

Im Vergleich zur Diskette ist die Verarbeitungsgeschwindigkeit einer Festplatte wesentlich höher. Das liegt zum einen darin begründet, daß die Umdrehungszahl einer Festplatte um das Zwölffache höher ist als die einer Diskette. Zum anderen ist die Festplatte im Gegensatz zur Diskette dauernd arbeitsbereit. Während der Diskettenmotor abgeschaltet wird, wenn nicht binnen 3 Sekunden ein Zugriff auf die Diskette erfolgt, befindet sich die Festplatte dauernd in Rotation. Eine Festplatte benötigt somit keine Anlaufzeiten, in denen der Datenträger auf die erforderliche Drehzahl gebracht wird.

Ferner ist die Datendichte auf der Festplatte wesentlich höher als auf einer Diskette. Das läßt sich an Hand der TPI-Angaben belegen. TPI ist die Abkürzung für Tracks Per Inch = Spuren pro Zoll. Bei einer 3,5"-Diskette wird im HD-Format eine Spurdichte von 135 Spuren pro Zoll erreicht. Bei Festplatten kann die Spurdichte zwischen 600 und 1400 TPI liegen. Weiterhin ist die höhere Arbeitsgeschwindigkeit der Festplatte gegenüber der Diskette auf die kürzere **mittlere Zugriffszeit** zurückzuführen. Hierunter versteht man die Zeit, die durchschnittlich benötigt wird, um eine beliebige Speicherstelle auf der Platte zu finden und zu lesen bzw. zu beschreiben. Dabei wird berücksichtigt, daß der Schreiblesekopf zunächst auf die gewünschte Spur positioniert wird und anschließend warten muß, bis der richtige Sektor innerhalb der Spur den Schreiblesekopf passiert. Der Zeitbedarf für das Positionieren (Positionierzeit) und die Wartezeit (Latenzzeit) lassen sich nicht exakt angeben, weil sie abhängig sind von der aktuellen Position des Schreiblesekopfes. Deshalb wird von den Herstellern eine mittlere Zugriffszeit angegeben, die in einem Testverfahren ermittelt wird. Bei Festplatten liegt die mittlere Zugriffszeit je nach Plattentyp zwischen 10 ms und 40 ms (Millisekunden). Bei Disketten werden 100 und mehr Millisekunden benötigt.

▓ Controller

Schließlich hängt die Geschwindigkeit, mit der der Datenverkehr zwischen Arbeitsspeicher und externem Speicher abgewickelt werden kann, von der Übertragungsrate ab, die der Platten- bzw. Diskettencontroller leisten kann. Die Übertragungsrate gibt an, wie viele Zeichen in einer Zeiteinheit von der Zentraleinheit zum peripheren Speicher und umgekehrt übertragen werden können. Der Controller ist eine Funktionseinheit, die die angeschlossene Magnetplatte oder Diskette steuert und überwacht. Bei HD-Disketten beträgt die Übertragungsrate etwa 0,5 MBit/sec. Bei Festplatten liegt die Übertragungsgeschwindigkeit zwischen 5 MBit/sec und 10 MBit/sec. 1 MBit entspricht 131072 Byte. Diese Werte sind theoretische Maximalwerte. Die wirklich erreichbare Übertragungsrate ist niedriger.

Die großen Unterschiede in der Speicherkapazität und in der Übertragungsgeschwindigkeit bei verschiedenen Festplatten liegt zum überwiegenden Teil in der Leistungsfähigkeit der Controller begründet. Es werden mehrere Typen von Plattencontrollern angeboten. Am weitesten verbreitet ist der Standard-AT-Kombi-Controller, auch IDE-Controller genannt. Eine Weiterentwicklung stellt der Enhanced-IDE-Controller dar. Der IDE-Controller überträgt maximal 4 MB Daten pro Sekunde. In Verbindung mit dem ISA-Bus, der mit 8 MHz getaktet ist und maximal einen Datendurchsatz von 8 MB pro Sekunde leistet, reicht die Übertragungsrate aus. Beim Enhanced-IDE-Controller liegt die Transferleistung bei 13 MB/sec. In Kombination mit einem 32-Bit-Bussystem wie VESA-Local-Bus oder PCI-Bus beschleunigt sich der Datentransfer etwa um das Dreifache. Während ein IDE-Controller Platten nur bis 528 MB verwalten kann, liegt die Grenze bei einem Enhanced-IDE-Controller bei 8,4 GB. Mit einem eigenständigen Buskonzept ist der SCSI-Controller ausgestattet. SCSI (sprich: Skasi) ist die Abkürzung von Small Computer System Interface. Seine Übertragungsleistung wird mit 10 MB/sec angegeben.

■ Cache-Speicher

Die Verarbeitungsgeschwindigkeit eines Plattensystems wird durch den Cache-Speicher erhöht. Der Cache wird eingesetzt mit dem Ziel, die Anzahl der Plattenzugriffe möglichst gering zu halten, da jeder Plattenzugriff für den Rechner mit Wartezeiten verbunden ist. Beim Caching wird nicht nur jeweils der Datensatz, den das Programm anfordert, von der Platte in den Arbeitsspeicher gelesen. Vielmehr liest das System automatisch bereits den Inhalt der nächsten Sektoren oder Spuren in den Cache-Speicher ein. Soll nun der nächste Datensatz in den Arbeitsspeicher eingelesen werden, prüft das Cache-Programm, ob der gewünschte Satz bereits im Cache-Speicher steht. Falls ja, wird der Datensatz unmittelbar aus dem Zwischenspeicher in den Arbeitsspeicher geschrieben. Das mag auch folgende Skizze verdeutlichen:

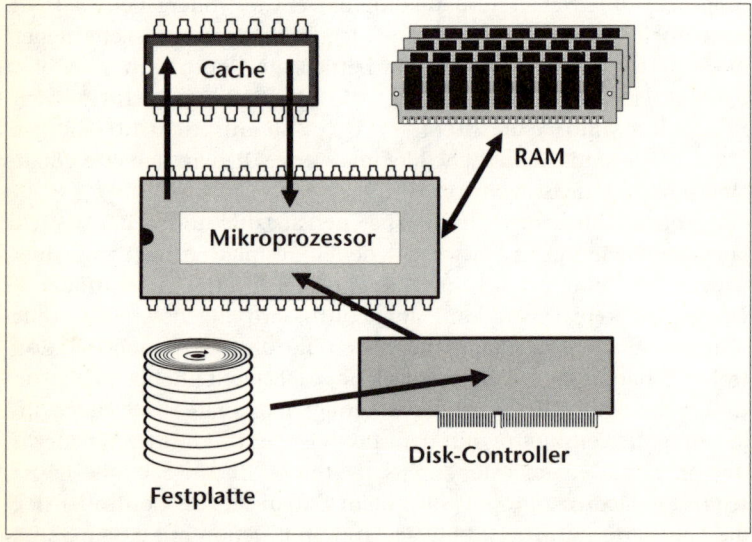

Ab der Version 4.x unterstützt auch das Betriebssystem MS-DOS das Software-Caching. Mit Hilfe des Gerätesteuerprogramms SMART-DRV.SYS wird der Expansionsspeicher oder Erweiterungsspeicher als Cache-Speicher eingerichtet. Viele Hersteller von Festplatten bzw. Controllern installieren SRAM-Bausteine, die automatisch als Hardware-Cache genutzt werden.

▨ Notwendigkeit des Festplatteneinsatzes

In Anbetracht der Entwicklung, daß die Programme auf Grund eines größeren Bedienkomforts und wachsenden Funktionsumfangs umfangreicher werden, ist eine Ausrüstung des Rechners mit einer leistungsfähigen Magnetplatte unabdingbar.

▨ Benötigte Kapazität

Welche Speicherkapazität im Einzelfall benötigt wird, läßt sich nicht generell sagen. Unter Berücksichtigung des Betriebssystems MS-DOS lohnen sich große Plattenkapazitäten aber erst, wenn Sie mit einer Betriebssystemversion 3.2 oder höher arbeiten. Denn erst bei diesen Versionen ist es möglich, Magnetplatten mit mehr als 32 MB sinnvoll zu nutzen. Zwar besteht auch bei den DOS-Versionen 3.2 und 3.3 die Adressierungsgrenze von 32 MB. Man kann aber die Platte mit dem FDISK-Kommando logisch unterteilen bzw. partitionieren. Erst ab Version 4.x ist MS-DOS in der Lage, eine Magnetplatte mit mehr als 32 MB Speicherkapazität als eine Einheit zu verwalten.

Bei der Planung der Plattenkapazität müssen Sie auch die zukünftigen Anforderungen berücksichtigen, sie sind jedoch schwer einzuschätzen. Einen groben Anhaltspunkt bietet die Formel x + 50 %. x beschreibt dabei den zur Zeit eingeschätzten Plattenspeicherbedarf. Ihn sollte man noch einmal um 50 % erhöhen. Die Erfahrung zeigt nämlich, daß die Anforderungen an die Kapazität des Plattenspeichers rasch wachsen. Glaubte man beispielsweise Mitte der achtziger Jahre, daß man mit einer 10-MB-Festplatte auf Jahre hin bestens ausgerüstet sei, so werden Mitte der neunziger Jahre 420-MB-Platten für notwendig erachtet. Die Ausrichtung auf die grafisch orientierten Betriebssysteme, wie zum Beispiel Windows und OS/2, und die darauf aufbauenden Anwendungsprogramme hat die Anforderungen an die Plattenkapazität enorm vergrößert. Es sind nicht nur die Programmsysteme umfangreicher geworden. Auch die Dateien, die von den grafisch orientierten Anwendungsprogrammen erzeugt werden, sind bei gleichem Dateninhalt wesentlich größer als die von zeichenorientierten Programmen. So belegt eine DIN-A4-Seite Text, in Word für DOS erstellt, etwa 6 KB. Die gleiche Textmenge, geschrieben in Word für Windows, benötigt mehr als 12 KB Speicherplatz.

Der Trend zu Multimedia läßt die Ansprüche an die Speicherkapazität von Festplatten weiterhin steigen. Ein Speichermedium, das heutigen Anforderungen genügt, ist morgen möglicherweise schon zu klein.

Dem Problem des Kapazitätsschnitts kann man in gewissen Grenzen durch Einsatz eines Komprimierungsprogramms entgegenwirken. Es handelt sich hierbei um ein Programm, das den Code verdichtet, in dem die Daten dargestellt werden. Dadurch können dann mehr Daten auf die Festplatte geschrieben werden.

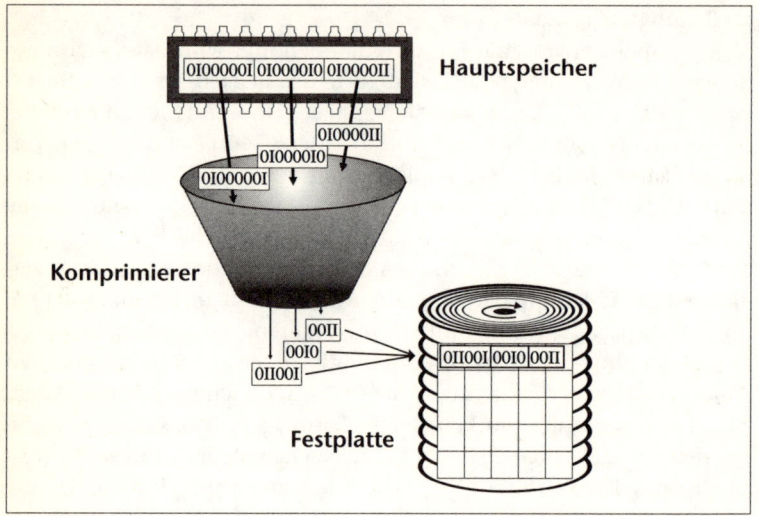

Entgehen kann man dem Kapazitätsproblem, indem man Wechselplattenlaufwerke oder ein SCSI-Plattensystem in den Rechner einbauen läßt. Während an einen IDE-Controller höchstens zwei Festplatten, an einen Enhanced-IDE-Controller bis zu vier Festplatten anschließbar sind, vermag ein SCSI-Controller bis zu sieben Platten zu verwalten.

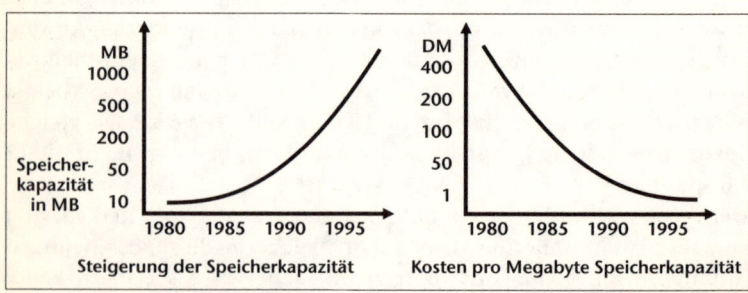

Das SCSI-System ermöglicht es dem Anwender, auf relativ leichte Weise die Plattenkapazität entsprechend dem Bedarf auszubauen. Es ist zwar ein wenig teurer als die anderen Festplattensysteme; nach Ansicht von Fachleuten ist es aber zukunftsweisend.

◼ Einrichten einer Festplatte

Eine Diskette wird in einem Formatierungslauf für den Einsatz im Rechner vorbereitet. Bei einer neuen Festplatte ist die Einrichtung mit mehr Aufwand verbunden.

Im Anschluß an die Grundformatierung kann die Festplatte in mehrere logisch getrennte Bereiche aufgeteilt werden. Dieser Vorgang wird Partitionierung genannt. Erst im dritten Schritt nun kann die für das DOS-Betriebssystem notwendige Formatierung durch das FORMAT-Kommando erfolgen. Dabei werden wie bei der Formatierung der Diskette die File Allocation Table (FAT) und das Hauptverzeichnis angelegt sowie die Platte startfähig gemacht, so daß das Computersystem von der Festplatte gestartet werden kann.

Dieses Einrichten einer neuen Festplatte erfordert technische Detailkenntnisse. Deshalb sollte man die Einrichtung einer Festplatte einem Fachmann überlassen. Üblicherweise übernimmt der Händler diese Arbeit als Kundendienstleistung.

9.2.2 Organisation der Festplatte

Die hohe Verarbeitungsgeschwindigkeit und die große Speicherkapazität der Magnetplatte haben das Arbeiten am Personal Computer vereinfacht. Das häufige Wechseln von Disketten entfällt, die langen Wartezeiten beim Laden oder Speichern von großen Dateien schrumpfen auf Bruchteile von Sekunden zusammen. Weil beim Plattenbetrieb alles sehr rasch und ohne große Umstände abläuft, neigt man leicht dazu, Dateien und Programme ohne Systematik auf der Platte zu speichern. Bei der großen Anzahl von Dateien, die im Laufe der Nutzungszeit auf einer Magnetplatte gespeichert werden kann, besteht dann die Gefahr, daß man den Überblick verliert.

◼ Gliederung

Zur Gestaltung der Speicherorganisation bietet das DOS-Betriebssystem ein relativ einfaches Gliederungssystem an, das Sie fast immer vorfinden, wenn eine Vielzahl von Dateien zu speichern ist. Das Prinzip soll am Beispiel einer Buchhandlung erläutert werden. In einer Buchhandlung, in der ja auch eine Vielzahl von Dateien in Form von Büchern angeboten wird, gestaltet man das Angebot dadurch übersichtlich, daß man es nach bestimmten Gesichtspunkten ordnet.

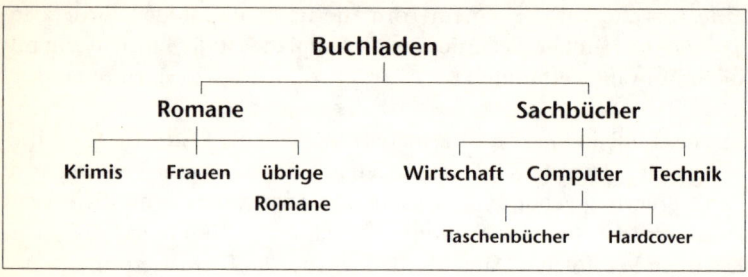

Wenn Sie ein Computerbuch kaufen wollen, so brauchen Sie nicht den ganzen Buchladen zu durchsuchen. In der Sachbuchabteilung finden Sie in der Gruppe «Computer» rasch das gewünschte Buch, oder Sie stellen fest, daß das Buch nicht vorrätig ist. Die Ordnung wird hier durch Gliederung nach Sachgebieten erreicht. Je nach Erfordernis kann ein Verzeichnis weiter untergliedert werden.

Ein solches Gliederungsprinzip wird auch zur Organisation der Festplatte, seltener zur Organisation der Diskette angewendet. Das DOS-Betriebssystem bietet die Möglichkeit, die Platte logisch in Verzeichnisse und Unterverzeichnisse zu unterteilen. Für den Schreibdienst eines Unternehmens könnte auf der Festplatte folgende Verzeichnisstruktur eingerichtet sein.

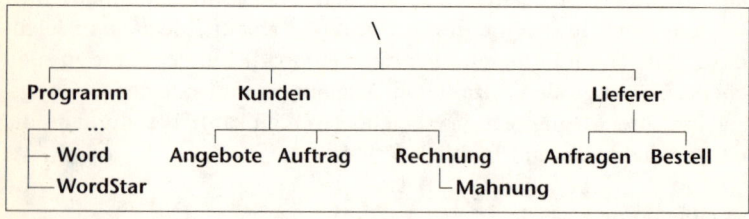

■ **Verzeichnisaufbau**

Wie Sie aus der obigen Abbildung entnehmen können, wird unter DOS ein hierarchisches Gliederungsprinzip angewendet. Das Unterverzeichnis Mahnung liegt im Verzeichnis Rechnung, das wiederum im Unterverzeichnis Kunden steht.

Man nennt dies eine Baumstruktur. Aus dem Stamm eines Baumes wachsen Äste, aus denen wiederum Äste wachsen. Am Fuße des Stammes befindet sich die Wurzel (engl. root). Bezogen auf die vorstehende Abbildung müßte, um im Bilde zu bleiben, der Baum gedreht werden. Unter DOS ist *root* die oberste Verzeichnisebene. Sie wird auch Hauptverzeichnis genannt. Es wird mit dem Zeichen \ (engl. backslash) angesprochen. Dieses Zeichen kann erzeugt werden mittels

| Alt | 9 | 2 | | Alt -Taste drücken und festhalten und die Zifferntasten 9 und 2 anschlagen, Alt -Taste loslassen

oder

| Alt Gr | \ | | Alt Gr -Taste drücken und festhalten, \ -Taste anschlagen, alle Tasten loslassen

■ **Unterverzeichnis anlegen**

Während das Hauptverzeichnis automatisch beim Formatieren der Magnetplatte eingerichtet wird, werden die weiteren Verzeichnisse vom Benutzer angelegt. Dazu wird das Betriebssystemkommando MD (engl. **M**ake **D**irectory = Verzeichnis anlegen) verwendet. Wollen Sie beispielsweise das Verzeichnis Kunden einrichten, so geben Sie ein:

    md Kunden

Der Name eines Verzeichnisses darf wie ein Dateiname aus acht Buchstaben und Ziffern sowie einigen Sonderzeichen bestehen. Ferner stehen auch drei Stellen für den Namenszusatz zur Verfügung. Diese werden üblicherweise nicht genutzt, um Namen von Dateien und Verzeichnissen besser unterscheiden zu können.

■ **Verzeichnis wechseln**

Möchten Sie nun unterhalb des Verzeichnisses Kunden weitere Unterverzeichnisse anlegen, so wechseln Sie aus dem Hauptverzeichnis in das Verzeichnis Kunden. Das bewirken Sie durch:

    cd Kunden

CD ist die Abkürzung von **C**hange **D**irectory = Verzeichnis wechseln.

Um ein Verzeichnis zu verlassen, wird ebenfalls das Kommando CD angewendet.

Beispiel:

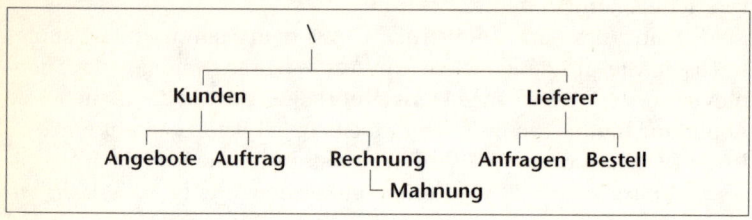

Aus dem Verzeichnis Mahnung möchten Sie in das Verzeichnis Bestell
wechseln. Das können Sie mit verschiedenen Kommandofolgen bewirken.

1. Möglichkeit:
Mittels **cd ..** wechseln Sie aus dem Verzeichnis Mahnung in das übergeordnete Verzeichnis Rechnung. Ein erneutes **cd ..** bringt Sie in das Verzeichnis Kunden. Durch ein nochmaliges **cd ..** erreichen Sie das Hauptverzeichnis. Von dort können Sie schrittweise durch

    cd Lieferer

und

    cd Bestell

das gewünschte Verzeichnis erreichen.
Durch **cd ..** wird auf das jeweils darüberliegende Verzeichnis umgeschaltet.

2. Möglichkeit:
Es geht aber auch einfacher. Durch **cd ** stellen Sie unmittelbar um auf
das Hauptverzeichnis.
Um vom Hauptverzeichnis in das Unterverzeichnis Bestell zu gelangen,
können Sie durch

    cd Lieferer\Bestell

unmittelbar auf das gewünschte Verzeichnis umstellen. Das Zeichen \
dient in diesem Fall als Trennzeichen zwischen den Verzeichnisnamen.

3. Möglichkeit:
Schließlich können Sie durch

   cd \Lieferer\Bestell

unmittelbar in das Hauptverzeichnis wechseln und von dort auf das Verzeichnis Bestell weiterschalten.

Es ist also jeweils genau anzugeben, über welchen Weg der Zugriff auf ein Verzeichnis erfolgt. Wenn Sie beispielsweise aus dem Verzeichnis Mahnung heraus durch **cd Bestell** unmittelbar auf das neue Verzeichnis umschalten wollten, so würde der Rechner dieses Kommando nicht annehmen, weil er innerhalb des Verzeichnisses Mahnung kein Unterverzeichnis mit dem Namen Bestell führt. Ein Quereinstieg ist nicht möglich. Man muß vielmehr, vom Hauptverzeichnis ausgehend, den genauen Pfad angeben.

Die Beschreibung des Zugriffsweges zu einem bestimmten Verzeichnis wird auf die Dauer lästig. Deshalb gibt es die Möglichkeit, in der Datei AUTOEXEC.BAT durch das PATH-Kommando generell den Zugriffsweg für die einzelnen Verzeichnisse zu beschreiben. Dazu finden Sie in dem Band «Standardbetriebssystem MS-DOS» (rororo computer Nr. 8145) nähere Erläuterungen.

9.2.3 Head-Crash – Notwendigkeit der Datensicherung

▨ Gefahren aus mechanischer Abnutzung

Eine Festplatte ist mit einer sehr präzisen Mechanik ausgestattet, die vor Eingriffen und Einflüssen von außen weitgehend geschützt ist. Die dauernde Nutzung der Festplatte kann in der Mechanik zu Abnutzungen führen. Dabei können Partikel freigesetzt werden. Infolge der hohen Umdrehungsgeschwindigkeit von nahezu 180 km/h besteht aber nicht unmittelbar die Gefahr, daß sich ein Partikel auf der Festplatte niederläßt. In der Regel wird es heruntergeschleudert. Falls es sich doch auf der Platte festsetzt, kann das zu einem Head-Crash führen: der Schreiblesekopf berührt die Platte. Je nach Heftigkeit des Zusammenstoßes kann das das Ende der Funktionstüchtigkeit des Plattensystems bedeuten.

▨ Gefahren aus Erschütterungen

Empfindlich ist die Festplatte auch gegen Stöße. Wird das Laufwerk infolge eines Stoßes oder Schlages zu stark erschüttert, kann es zu einem

Head-Crash kommen. Die Laufwerke sind zwar durch eine entsprechende Konstruktion gegen leichte Erschütterungen geschützt, aber man sollte die Hardware möglichst so im Arbeitsraum unterbringen, daß keine Gefahr für sie besteht. Im Ruhezustand darf eine Festplatte mit einem Schockwert von 50–70 g belastet werden (1 g = Erdbeschleunigung = 9,81 m/sec). Fällt sie bei einer Fallhöhe von 2,5 cm auf die Tischplatte, beträgt der Schockwert etwa 300 g.

Häufig wird der Rechner auf den Schreibtisch gestellt. Wenn man ihn nicht mehr gebraucht, wird er schon mal zur Seite geschoben oder in eine Ecke gestellt. Dieses Umstellen ist in der Regel mit mehr oder weniger großen Erschütterungen verbunden. Damit die Festplatte dabei keinen Schaden nimmt, empfiehlt es sich, den Rechner vorher abzuschalten. Dabei wird die Festplatte «geparkt». Parken bedeutet, daß die Schreibleseköpfe in einen nichtkritischen Bereich der Platte gefahren werden. Als nichtkritisch werden die Bereiche angesehen, in denen keine Daten gespeichert werden. Wenn das Gerät nun heftig erschüttert wird, können zwar die Schreibleseköpfe auf die Platte schlagen, aber keine mit Daten versehene Oberfläche zerstören.

Die Plattensysteme sind in der Regel mit einem automatischen Sicherungsmechanismus ausgestattet. Bei einigen wird die Technik des **Autoparking** verwendet. Beim Abschalten des Gerätes wird die Energie der noch rotierenden Platten dazu ausgenutzt, die Schreibleseköpfe in den nichtkritischen Bereich zu fahren. Andere Plattensysteme sind mit einem automatischen Headlifting ausgestattet. Dabei werden die Schreibleseköpfe in einer Weise angehoben bzw. abgesenkt, daß sie auch bei Erschütterung nicht mit einer Plattenseite in Berührung kommen können.

▧ Unvorhersehbare Störungen

Ein Festplattenschaden tritt meistens plötzlich und unerwartet auf. Auch wenn der Hersteller der Platte eine MTBF (engl. **M**ean **T**ime **B**etween **F**ailure) von 200 000 Stunden angegeben hat, schützt Sie das nicht vor einem Schaden nach beispielsweise 100 Betriebsstunden. Ein MTBF von 200 000 besagt, daß bei dem betreffenden Laufwerk durchschnittlich 200 000 Betriebsstunden vergehen, bis das Gerät versagt. Diese Angabe ist ein statistischer Durchschnittswert. Deshalb ist es nicht außergewöhnlich, wenn in Ihrem Gerät bereits nach 100 oder 500 oder 1000 Stunden eine Störung auftritt. Wenn Sie Ihre Dateien nicht regelmäßig gesichert haben, kann das für Sie bitter sein, da der

Inhalt der Platte ganz oder teilweise verloren sein kann. Deshalb ist es unbedingt nötig, den Platteninhalt regelmäßig auf Diskette oder Magnetband (Streamerband) zu sichern. Dazu gibt es eine Reihe nützlicher Hilfsprogramme.

▪ Backup

Unter einem **Backup** versteht man das Sichern der Magnetplatte auf Disketten oder einen anderen Datenträger. Dabei wird auch die komplette Speicherorganisation auf die Sicherungsdatenträger kopiert. Mittels des RESTORE-Kommandos können die Daten und die Verzeichnisstruktur von dem Sicherungsdatenträger auf die Magnetplatte zurückkopiert werden. Da bis zur Version 5 von MS-DOS die Backup-Routine zum Erstellen von Sicherungskopien nicht gerade komfortabel ist, sind Plattensicherungsprogramme entwickelt worden, die in den sogenannten Tools (Werkzeuge) wie Norton-Utilities oder PC-Tools enthalten sind. Einige Tools beinhalten auch die Möglichkeit, die Speicherung auf den Disketten in komprimierter Form vorzunehmen. Dadurch sparen Sie beim Sichern Zeit und Disketten.

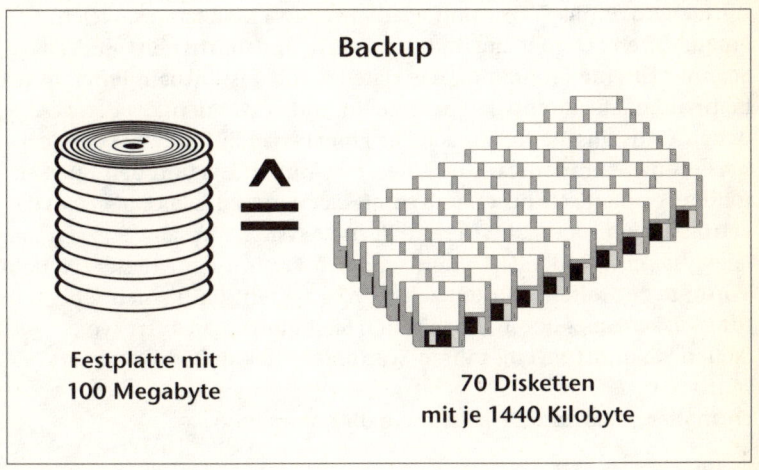

Backup

**Festplatte mit
100 Megabyte**

**70 Disketten
mit je 1440 Kilobyte**

Nun braucht man nicht jeden Tag einen kompletten Backup-Lauf zu fahren. Das nimmt doch einige Zeit in Anspruch. Eine gut durchdachte Plattenorganisation vermindert den erforderlichen Aufwand für die

Datensicherung. Statt stets die gesamte Platte zu sichern, dupliziert man jeweils die Unterverzeichnisse, in denen man gearbeitet hat, auf einen anderen Datenträger. Die Auswahl der zu kopierenden Dateien kann unter Verwendung des Kommandos XCOPY sogar so weit verfeinert werden, daß nur jene Dateien auf einen anderen Datenträger dupliziert werden, die aktuell bearbeitet worden sind. Das Plattenbetriebssystem setzt nämlich in einem sogenannten Dateiattribut, das die Eigenschaften der Datei beschreibt, das Archiv-Merkmal, wenn eine Datei angelegt oder überschrieben wird. Unter Ausnutzung dieses Archiv-Merkmals können genau die Dateien kopiert werden, die noch nicht gesichert worden sind.

9.2.4 Computerviren — Gefahr für die Festplatte

Computerviren sind Programme. Sie zerstören nicht die Festplatte, sondern beschädigen andere Programme, die auf der Festplatte gespeichert sind. Ein Virus wird meistens bei der Installation von Programmen eingeschleppt. Sie sind in den zu installierenden Programmen enthalten und werden aktiv, wenn ein mit dem Virus infiziertes Programm gestartet wird. Einige Viren sind relativ harmlos. Man kann sie leicht mit einem Viren-Scanner ausfindig machen und entfernen. Ein Viren-Scanner ist eine Programm, das Dateien, die ausführbare Programme beinhalten, auf Virenbefall untersucht und gegebenenfalls den gefundenen Virus unschädlich macht. Es gibt aber auch Viren, die das Rechnersystem gefährden. So sind Viren bekannt, die sich in den Bootsektor der Festplatte einnisten und somit das Starten des Rechners von der Festplatte verhindern. Da sich ein Rechnersystem nur schwer gegen solche systemgefährdenden Viren schützen kann, ist für diesen Notfall Vorsorge zu treffen. Der einfachste Weg besteht darin, sich eine Rettungsdiskette anzulegen. Dazu gehen Sie in folgender Weise vor.
Stellen Sie mit Hilfe eines Viren-Scanners sicher, daß Ihre Festplatte virenfrei ist.
Formatieren Sie eine Diskette mit dem Kommando

    format a: /s

Durch den Zusatz /s werden die für das Starten eines Rechners erforderlichen Dateien auf die Diskette kopiert. Mit dieser Diskette können Sie somit künftig Ihren Rechner ohne Zugriff auf die Festplatte starten. Kopieren Sie folgende Programme auf die Diskette:

- CONFIG.SYS
- AUTOEXEC.BAT
- FORMAT.COM
- UNFORMAT.COM
- UNDELETE.COM
- SCANDISK.COM
- CHKDSK.COM
- ATTRIB.COM

Ferner speichern Sie auf der Rettungsdiskette ein Antivirenprogramm. Zum Abschluß versehen Sie die Diskette mit dem Schreibschutz. Wenn nun an Ihrem Rechner der Notfall eintritt, starten Sie das System von Diskette. Sie können dann die erforderlichen Rettungsmaßnahmen einleiten, wie sie beispielsweise in dem Band «Computerviren», rororo computer 9215, beschrieben sind.

9.3 Wechselplatten

Wechselplatten sind Festplatten, die nicht fest im Rechner eingebaut werden, sondern in einer Art Schublade eingeschraubt sind. Die Schublade wird in einen Rahmen geschoben, der mit der Steuerelektronik des Computers verbunden ist. Somit unterliegen die Wechselplatten derselben Verarbeitungslogik wie die anderen Festplatten. Der Unterschied besteht lediglich darin, daß die Wechselplatten mit einem Handgriff aus dem Rechner herausgenommen werden können.

Der Einsatz von Wechselplatten ist vor allem sinnvoll unter dem Gesichtspunkt des Datenschutzes. Das mag folgendes Beispiel zeigen: In einem Unternehmen teilen sich der Lohnbuchhalter und der Anlagenbuchhalter einen Personal Computer. In der Lohnbuchhaltung werden höchst sensible persönliche Daten verarbeitet. Deshalb ist sicherzustellen, daß nur der Lohnbuchhalter Zugriff auf diese Daten hat. Werden Wechselplatten verwendet, so entnimmt der Lohnbuchhalter nach Abschluß seiner Arbeitssitzung am Rechner die Wechselplatte und schließt sie sicher weg. Im Rechner verbleiben somit keine sensiblen Daten, wie das bei Verwendung von Festplatten der Fall wäre.

9.4 Magnetband

**Data Cartridge
(Magnetband)**

Magnetbänder sind in ihrem Aufbau mit Musikkassetten vergleichbar.
Sie werden nur zur Datensicherung eingesetzt, weil sie keinen direkten
Zugriff auf bestimmte Datensätze zulassen. Bei einem Magnetband erfolgt der Zugriff seriell, das heißt, die Daten werden in der Reihenfolge
ihrer Aufzeichnung gelesen. Auch ist der Begriff **Streamer** (engl. stream
= Strom) gebräuchlich. Darin kommt zum Ausdruck, daß das Lesen
bzw. das Beschreiben des Bandes in einem kontinuierlichen Vorgang
erfolgt.

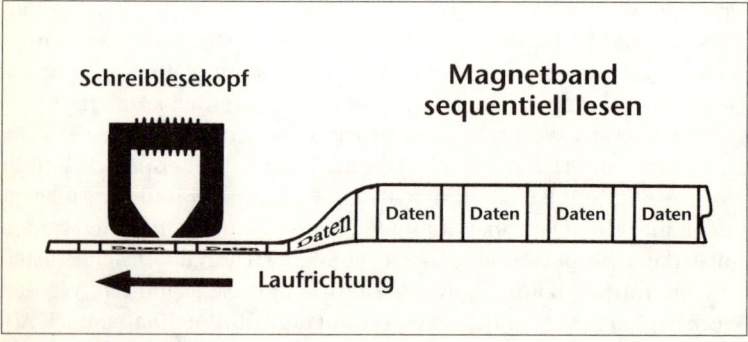

Magnetbänder können vor allem dort sinnvoll eingesetzt werden, wo
stets große Datenmengen zur Sicherung auf einen anderen Datenträger
dupliziert werden müssen. Während eine Sicherung über Disketten
mehr als 30 Minuten in Anspruch nehmen kann, reduziert sich der
Zeitaufwand bei Einsatz eines Magnetbandes auf wenige Minuten.

9.5 CD-ROM

Der CD-ROM ist ein zunehmend wichtiger Datenträger. Sie ist eine Compact-Disc, die von einem Computersystem gelesen werden kann. Dazu muß der Rechner mit einem CD-Laufwerk ausgerüstet sein. Der Namenszusatz ROM besagt, daß hier ein **R**ead **O**nly **M**emory vorliegt, ein Speicher also, der von einem Personal Computer nur gelesen werden kann.

Die Daten werden nicht in magnetisierter Form aufgezeichnet. Die binäre Schreibweise wird durch das Prinzip von Vertiefung bzw. keine Vertiefung umgesetzt. Vertiefte Stellen bezeichnet man als Pits, Stellen ohne Vertiefung nennt man Land. Eine CD-ROM wird optisch gelesen. Das Licht, das ein Laserstrahl mit einem Durchmesser von nur 900 Nanometern auf die Oberfläche wirft, wird reflektiert. An der unterschiedlichen Lichtintensität des reflektierten Lichtes erkennt die Elektronik Pits und Land.

Die CD-ROM hat gegenüber anderen Datenträgern besondere Vorteile. Sie ist sehr preisgünstig herzustellen, ist unempfindlich und kann sehr viele Daten speichern. Ihre Speicherkapazität beträgt 600 MB. Auf einer solchen CD läßt sich ein komplettes mehrbändiges Lexikon speichern. Software-Hersteller liefern ihre Programme auf CD aus. Für den Nutzer hat das den Vorteil, daß die Installation umfangreicher Programme stark vereinfacht wird, da das ständige Wechseln von Installationsdisketten entfällt. Kommerzielle Daten- und Informationsanbieter verwenden die CD-ROM häufig als Datenträger.

Vor allem aber bietet sich die CD-ROM als Datenträger für Multimedia-Anwendungen an. Unter Multimedia versteht man Programmsysteme, die Texte, Grafiken, Sprache und Musik sowie Film- und Videosequenzen integrieren. Hier werden also nicht nur Zeichen, sondern auch Bilder und Töne in Binärcodes verschlüsselt gespeichert und entschlüsselt wieder ausgegeben. Die Digitalisierung von Bildern und Tönen ist sehr speicherplatzintensiv. Eine Minute Musik, aufgezeichnet bei 44,1 kHz im 16-Bit-Muster, belegt unkomprimiert etwa 11 MB Speicher. Das verdeutlicht, daß für Multimedia-Anwendungen ein Datenträger benötigt wird, der sehr große Mengen an Daten aufnehmen kann.

Zur Zeit besteht noch der Nachteil, daß die CD-ROM-Laufwerke mit etwa 300 Millisekunden eine wesentlich höhere mittlere Zugriffsgeschwindigkeit aufweisen als die Festplatten. Die langen Zugriffszeiten erklären sich daraus, daß wegen der sehr hohen Dichte der Datenspeicherung das Steuerungsverfahren sehr präzise arbeiten muß. Je nach Positionierung des Lesekopfes muß sich die Geschwindigkeit, mit der die CD gedreht wird, verändern. Werden Daten auf den äußeren Spuren gelesen, beträgt die Rotationsgeschwindigkeit 200 Umdrehungen pro Minute. Befindet sich der Lesekopf auf den inneren Spuren, muß die CD auf 500 Umdrehungen beschleunigt werden. Ein weiterer Nachteil besteht darin, daß die Datenübertragungsrate mit 300 KB pro Sekunde relativ niedrig ist. Laufwerke mit einem höheren Datendurchsatz sind aber bereits angekündigt.

Damit Sie in den vollen multimedialen Genuß kommen können, muß das CD-ROM-Laufwerk über den XA-Standard verfügen und Photo-CD-multisessionfähig sein. Der XA-Standard ermöglicht, daß miteinander verschachtelte Töne, Bilder oder andere Daten parallel ohne weitere Zwischenspeicherung gelesen werden können. Auf einer Photo CD werden bis zu 100 Bilder in digitaler Form gespeichert.

9.6 WORM-Platten

WORM ist ein Kunstwort. Es ist die Abkürzung von **W**rite **O**nce **R**ead **M**ultiple und bedeutet, daß dieser Datenträger einmal beschrieben und dann beliebig oft gelesen werden kann. Während CD-ROMs von Spezialunternehmen in einem mehrstufigen Arbeitsgang gepreßt werden, können Sie eine WORM-Platte mit einem entsprechenden Laufwerk selber produzieren. Der Schreibvorgang erfolgt thermisch-magnetisch. Auf einer WORM-Platte können etwa 125 MB Daten gespeichert werden. Diese Platten eignen sich sehr gut für Archivierungen.

9.7 Magnetooptische Platten

Magnetooptische Platten können im Gegensatz zu WORM-Platten gelöscht und erneut zur Speicherung von Daten verwendet werden. Sie verfügen über eine große Speicherkapazität. Ein entsprechendes magnetooptisches Laufwerk vorausgesetzt, kann eine 5,25"-Platte bis zu 1,3 GB, eine 3,5"-Platte bis zu 230 MB Daten speichern. Während der Datenträger relativ preiswert ist, sind die Laufwerke noch verhältnismäßig teuer. Der hohe Preis resultiert aus der Schreib- und Lesetechnik, die bei magnetooptischen Systemen angewendet wird. Die Breite einer

Spur auf dem Datenträger beträgt etwa 1 Mikrometer. Beim Beschreiben der Platte wird ein kleines Stück der Spur, auf der die Speicherung erfolgen soll, durch einen Laserstrahl auf etwa 180 °C erhitzt. Bei dieser Temperatur kann die magnetisierbare Aufzeichnungsschicht gelöscht oder mit Daten beschrieben werden. Zum Lesen wird ebenfalls ein Laser eingesetzt. Er strahlt auf eine Reflexionsschicht, die das Lichtbündel durch die magnetisierte Aufzeichnungsschicht zu einer Optikeinheit zurückwirft. Unter dem Einfluß des Magnetfeldes, durch das der Lichtstrahl geht, verändert sich der reflektierte Lichtstrahl. Daraus kann das System die Daten erkennen. Die Daten werden also magnetisch aufgezeichnet, aber optisch gelesen.

Der magnetooptischen Platte wird eine große Zukunft vorausgesagt, weil sie ein sehr sicherer Datenträger ist.

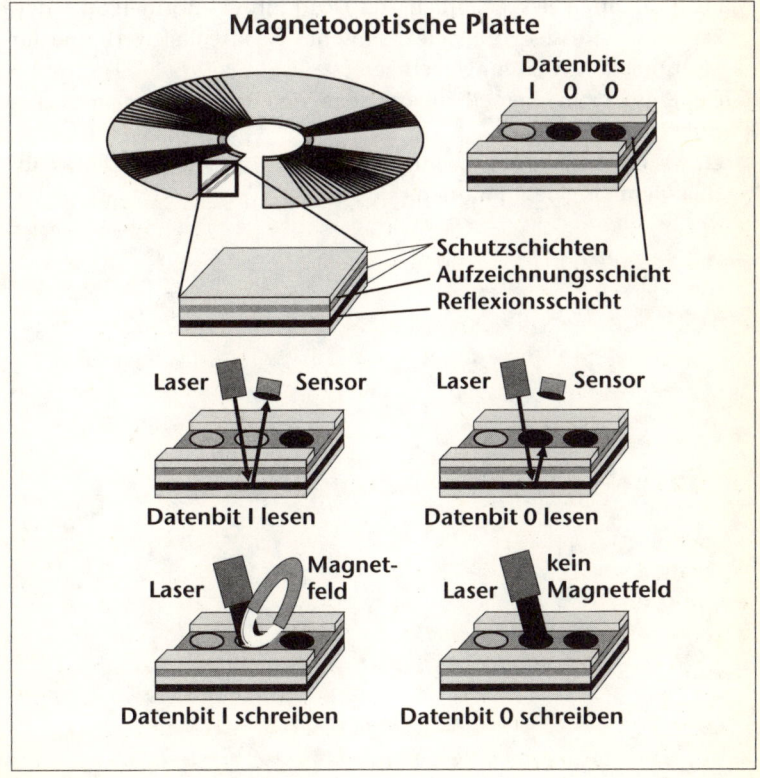

9.8 Zusammenfassung

- Magnetplatten erleichtern auf Grund ihrer hohen Speicherkapazität und Arbeitsgeschwindigkeit die Arbeit am Personal Computer.
- Ohne eine Verzeichnisstruktur besteht die Gefahr, daß auf der Magnetplatte ein Dateienchaos entsteht.
- Das Hauptverzeichnis wird root genannt und mit \ angesprochen. Es wird automatisch beim Formatieren der Platte angelegt.
- Trotz der relativ hohen Betriebssicherheit von Festplatten müssen unbedingt Sicherungskopien erstellt werden.
- Magnetplatten sind vor Erschütterungen zu schützen.
- Wechselplatten bieten gute Voraussetzungen für einen effektiven Datenschutz.
- Eine CD-ROM kann nur einmal beschrieben, aber nahezu unbegrenzt häufig gelesen werden. Auf Grund ihrer enormen Speicherkapazität wird sie oft als elektronisches Nachschlagewerk und für Multimedia-Anwendungen eingesetzt.
- Der Einsatz von Magnetbändern ist auf den Bereich der Datensicherung beschränkt.
- Eine WORM-Platte kann, einmal erstellt, nicht mehr geändert, wohl aber vielmals gelesen werden.

9.9 Aufgaben

1. Mit welcher Umdrehungsgeschwindigkeit arbeiten Festplatten?
   Setzen Sie den entsprechenden Buchstaben ein.

   a) 300 Umdrehungen pro Minute (Upm)
   b) 1000 Upm
   c) 3600 Upm

   ____

2. Was versteht man unter dem Zylinder 20?
   Setzen Sie den entsprechenden Buchstaben ein.

   a) Zylinder 20 ist ein anderer Ausdruck für Spur 20.
   b) Zylinder 20 gibt an, auf welcher Platte sich die Daten befinden.
   c) Zylinder 20 umfaßt die Spur 20 auf allen Plattenseiten.

   ____

3. Überprüfen Sie die nachstehenden Aussagen. Tragen Sie ein R ein,
   wenn die Aussage richtig, ein F, wenn sie falsch ist.

   a) Die Speicherung der Daten erfolgt wegen der kammartigen
      Mechanik der Schreibleseköpfe nach dem Zylinderkonzept.   ____
   b) Die Speicherung der Daten erfolgt in der Weise, daß erst
      die Spuren der Platte 1, dann die Spuren der Platte 2 usw.
      beschrieben werden.   ____
   c) Die Verarbeitungsgeschwindigkeit der Magnetplatte ist nur
      geringfügig höher als die einer Diskette.   ____
   d) Die Festplatte rotiert dauernd während des Rechnerbe-
      triebs. Der Diskettenmotor wird abgeschaltet, wenn nicht
      binnen 3 Sekunden ein Zugriff erfolgt.   ____
   e) Unter mittlerer Zugriffsgeschwindigkeit versteht man die
      Zeit, die durchschnittlich benötigt wird, um eine genau be-
      stimmte Speicherstelle zu finden und zu lesen bzw. zu be-
      schreiben.   ____
   f) Wie schnell Daten auf der Festplatte gelesen und zum Ar-
      beitsspeicher transportiert werden können, hängt in erster
      Linie von der Drehgeschwindigkeit der Festplatte ab.   ____

4. Worauf ist es zurückzuführen, daß die Schreibleseköpfe und die Plattenseiten sich während der Betriebsphase nicht berühren?

_____

_____

5. Ergänzen Sie: Die Übertragungsrate gibt an, _____ in einer Zeiteinheit vom Arbeitsspeicher zum externen Speicher und umgekehrt übertragen werden können. Sie ist bei Festplatten mindestens um den Faktor _____ höher als bei Disketten.

6. Ein Cache-Speicher ist ein Zwischenspeicher, der den Datenaustausch zwischen _____ und _____ beschleunigt.

7. Man schafft übersichtliche Ordnung auf der Platte durch logische Einteilung in _____ .

8. Wie lautet das Kommando, um ein Unterverzeichnis anzulegen?

_____

9. Eine Festplatte weist folgende Verzeichnisstruktur auf:

a) Was bewirkt das Kommando **cd ..** , wenn Plakat das aktuelle Unterverzeichnis ist?

_____

_____

b) Mit welchem Kommando erfolgt ein Rücksprung in das Hauptverzeichnis?

_____

c) Wie lautet das Kommando, um vom Unterverzeichnis Anzeigen in das Unterverzeichnis Beirat überzuwechseln?

_____

10. Welche der folgenden Aussagen sind richtig, welche falsch? Setzen Sie ein R oder F ein.

a) Bei der Sicherung von Platten muß stets eine Gesamtsicherung vorgenommen werden. ——

b) Bei einer Teilsicherung werden nur die Dateien gesichert, die seit der letzten Sicherung verändert worden sind. ——

c) Bei Plattensystemen, die mit Autoparking ausgestattet sind, werden die Schreibleseköpfe beim Ausschalten in einen nichtkritischen Bereich gefahren. ——

d) Ein Festplattensystem ist ein absolut sicheres Speichersystem. ——

e) Beim Betrieb der Platte verhindert ein Luftpolster, daß sich Plattenseite und Schreiblesekopf berühren. ——

f) Ein MTBF von 40 000 besagt, daß innerhalb eines Zeitraumes von 40 000 Betriebsstunden wahrscheinlich kein Fehler auftreten wird. ——

11. Ein Unternehmer möchte seine Privatbuchführung auf dem Personal Computer vornehmen, auf dem auch seine Sekretärin arbeitet. Mit welcher Art von Magnetplatte sollte er den Rechner ausrüsten lassen, wenn er seine Buchführung vor neugierigen Blicken schützen möchte?

_____

_____

12. Ergänzen Sie: Der Zugriff auf Magnetplatten und Disketten erfolgt _____ . Auf das Magnetband kann nur _____ zugegriffen werden.

9.10 Lösungen

1. Mit welcher Umdrehungsgeschwindigkeit arbeiten Festplatten?

   c)

2. Was versteht man unter dem Zylinder 20?

   c)

3. Überprüfen Sie die nachstehenden Aussagen. Tragen Sie ein R ein, wenn die Aussage richtig, ein F, wenn sie falsch ist.

   a) Die Speicherung der Daten erfolgt wegen der kammartigen Mechanik der Schreibleseköpfe nach dem Zylinderkonzept.   R

   b) Die Speicherung der Daten erfolgt in der Weise, daß erst die Spuren der Platte 1, dann die Spuren der Platte 2 usw. beschrieben werden.   F

   c) Die Verarbeitungsgeschwindigkeit der Magnetplatte ist nur geringfügig höher als die einer Diskette.   F

   d) Die Festplatte rotiert dauernd während des Rechnerbetriebs. Der Diskettenmotor wird abgeschaltet, wenn nicht binnen 3 Sekunden ein Zugriff erfolgt.   R

   e) Unter mittlerer Zugriffsgeschwindigkeit versteht man die Zeit, die durchschnittlich benötigt wird, um eine genau bestimmte Speicherstelle zu finden und zu lesen bzw. zu beschreiben.   R

   f) Wie schnell Daten auf der Festplatte gelesen und zum Arbeitsspeicher transportiert werden können, hängt in erster Linie von der Drehgeschwindigkeit der Festplatte ab.   F

4. Worauf ist es zurückzuführen, daß die Schreibleseköpfe und die Plattenseiten sich während der Betriebsphase nicht berühren?

   Auf Grund der hohen Umdrehungsgeschwindigkeit bildet sich ein Luftpolster, das eine Berührung verhindert.

5. Ergänzen Sie: Die Übertragungsrate gibt an, *wie viele Zeichen* in einer Zeiteinheit vom Arbeitsspeicher zum externen Speicher und umgekehrt übertragen werden können. Sie ist bei Festplatten mindestens um den Faktor *10* höher als bei Disketten.

6. Ein Cache-Speicher ist ein Zwischenspeicher, der den Datenaustausch zwischen *Arbeitsspeicher* und *Magnetplatte* beschleunigt.

7. Man schafft übersichtliche Ordnung auf der Platte durch logische Einteilung in *Verzeichnisse und Unterverzeichnisse.*

8. Wie lautet das Kommando, um ein Unterverzeichnis anzulegen?

   *MD (Abkürzung von **M**ake **D**irectory).*

9. Eine Festplatte weist folgende Verzeichnisstruktur auf:

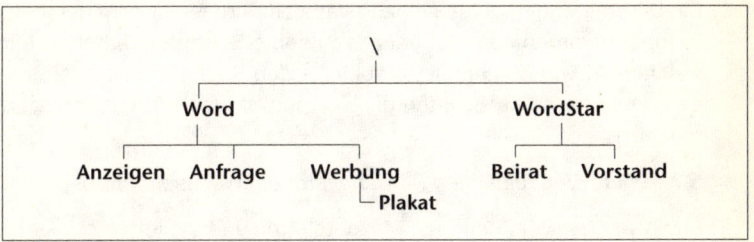

a) Was bewirkt das Kommando **cd ..** , wenn Plakat das aktuelle Unterverzeichnis ist?

   Es erfolgt ein Wechsel in das übergeordnete Verzeichnis Werbung.

b) Mit welchem Kommando erfolgt ein Rücksprung in das Hauptverzeichnis?

   *cd *

c) Wie lautet das Kommando, um vom Unterverzeichnis Anzeigen in das Unterverzeichnis Beirat überzuwechseln?

   cd \WordStar\Beirat

10. Welche der folgenden Aussagen sind richtig, welche falsch? Setzen Sie ein R oder F ein.

a) Bei der Sicherung von Platten muß stets eine Gesamtsicherung vorgenommen werden.   F

b) Bei einer Teilsicherung werden nur die Dateien gesichert, die seit der letzten Sicherung verändert worden sind.   R

c) Bei Plattensystemen, die mit Autoparking ausgestattet sind, werden die Schreibleseköpfe beim Ausschalten in einen nichtkritischen Bereich gefahren. R

d) Ein Festplattensystem ist ein absolut sicheres Speichersystem. F

e) Beim Betrieb der Platte verhindert ein Luftpolster, daß sich Plattenseite und Schreiblesekopf berühren. R

f) Ein MTBF von 40 000 besagt, daß innerhalb eines Zeitraumes von 40 000 Betriebsstunden wahrscheinlich kein Fehler auftreten wird. R

11. Ein Unternehmer möchte seine Privatbuchführung auf dem Personal Computer vornehmen, auf dem auch seine Sekretärin arbeitet. Mit welcher Art von Magnetplatte sollte er den Rechner ausrüsten lassen, wenn er seine Buchführung vor neugierigen Blicken schützen möchte?

Sicherheit vor neugierigen Blicken bietet ein Wechselplattensystem.

12. Ergänzen Sie: Der Zugriff auf Magnetplatten und Disketten erfolgt *direkt*. Auf das Magnetband kann nur *seriell* zugegriffen werden.

10 Betriebssystem

10.1 Bedeutung von Betriebssystemen

10.1.1 Grundsätzliche Aufgaben

Der Computer wird erst durch das Betriebssystem zu einem funktionsfähigen System. Nehmen Sie probeweise das Gerät wie folgt in Betrieb.
Legen Sie eine Diskette, auf der sich kein Betriebssystem befindet, in
das Laufwerk A: ein. Starten Sie nun den Rechner. Auf dem Bildschirm
erscheint die Meldung

```
Kein System oder Laufwerksfehler
Wechseln und Taste Drücken
```

Sie werden damit aufgefordert, eine Betriebssystemdiskette in das Laufwerk A: einzulegen. In Ihrem Rechner befindet sich nämlich ein Chip,
der unter anderem die Funktion hat, das Betriebssystem von der Diskette oder von der Festplatte zu laden.
Das Betriebssystem wird bei Personal Computern auf Disketten mitgeliefert. Es ist also kein Bestandteil der Hardware, sondern die grundlegende Software für einen jeden Computer.
Unter einem Betriebssystem versteht man eine Gruppe von Programmen, die für die Steuerung und Verwaltung der

▪ Betriebsmittel (Mikroprozessor, Arbeitsspeicher, Peripherie),
▪ Programmabläufe und
▪ Dateien

erforderlich sind.

Die Leistung eine Betriebssystems kann man auf eine kurze Formel bringen: Es sorgt dafür, daß der Anwender ein Programm von einer Diskette oder Platte in den Arbeitsspeicher laden und ausführen lassen kann. Dabei braucht er nicht zu wissen, in welchen Sektoren das Programm auf der Diskette steht, in welche Segmente des Arbeitsspeichers das Programm geladen wird und in welcher Weise die Prozeßsteuerung erfolgt. Das alles wird vom Betriebssystem geregelt.

10.1.2 Arten von Betriebssystemen

Bei der Arbeit mit einem DV-System stellen die Nutzer die unterschiedlichsten Anforderungen. In der Praxis führt das zu verschiedenen Anwendungssituationen. Ein Betriebssystem allein kann nicht allen Anwendungssituationen gerecht werden. Folgende Anwendungssituationen lassen sich unterscheiden.

■ Single-User – Single-Tasking

Die einfachste Betriebssystemart ist das Einzelplatzsystem, das den Betrieb nur eines Programms zuläßt. In der Fachsprache wird es als Single-User-System charakterisiert, da es nur einen Anwender zuläßt. Mit Single-Tasking (Einzelauftrag) wird die Fähigkeit beschrieben, daß das Betriebssystem nur einen Auftrag bzw. nur ein Programm abwickeln kann. Um ein neues Programm starten zu können, muß das vorherige beendet worden sein.

■ Single-User – Multi-Tasking

Es gibt Arbeitssituationen, in denen ein Single-Tasking-Betriebssystem nicht ausreicht.

Beispiel: Ein Sachbearbeiter in der Verkaufsabteilung schreibt mit Hilfe eines Textverarbeitungsprogramms ein Angebot. Dabei benötigt er Informationen über den Kunden, die er sich mit Hilfe eines Abfrageprogramms aus der Datenbank verschafft. Ferner setzt er ein Kalkulationsprogramm ein, um den Angebotspreis zu ermitteln. Damit er zügig arbeiten kann, müssen ihm die drei genannten Programme unmittelbar am Bildschirm zur Verfügung stehen.

Für eine solche Anwendungssituation wird ein Betriebssystem benötigt, das **gleichzeitig** mehrere Programme steuern und verwalten kann. Man spricht dann von einem Mehrprogrammbetrieb oder Multi-Tasking. Das Betriebssystem steuert die Ausführung der verschiedenen Programme nach einer Zeitscheibe (engl. time-slice). Jedes Programm ist nur für wenige Millisekunden aktiv. Dann wird die Bearbeitung des Programms zugunsten eines anderen unterbrochen. Das Betriebssystem merkt sich den Stand der Programmbearbeitung zum Zeitpunkt der Unterbrechung und setzt dann die Abwicklung des nächsten Programms fort. Der Aufsetzpunkt ist die Stelle, an der es vor wenigen Millisekunden seine Bearbeitung abgesetzt hatte.

Da die Unterbrechungs- und Arbeitszeiten in jedem Programm nur Bruchteile von Sekunden betragen, bemerkt der Nutzer von der Aufteilung der Rechenzeit kaum etwas. Er hat das Gefühl, daß alle Programme parallel arbeiten, da sie gleichzeitig verfügbar sind. Der Anwender kann die verschiedenen Programme mit einer unterschiedlich hohen Priorität versehen. Er kann damit dem Betriebssystem mitteilen, daß den verschiedenen Programmen unterschiedlich viel Rechenzeit zur Verfügung gestellt werden soll.

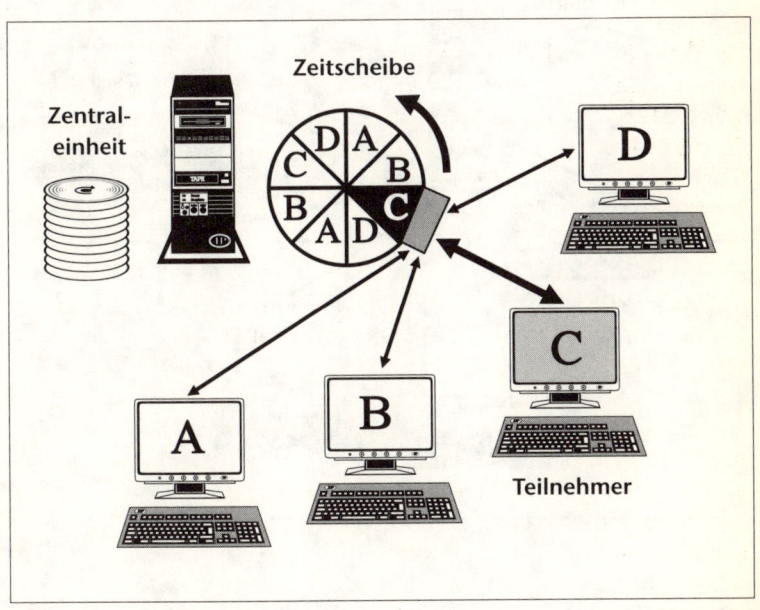

■ Multi-User
Verlangt die Anwendungssituation, daß mehrere Benutzer

■ mit denselben Dateien
■ zur gleichen Zeit
■ mit gleichen oder unterschiedlichen Programmen

arbeiten müssen, so ist ein Mehrplatzrechner einzusetzen. Zum Betrieb des Rechners wird dann ein Mehrbenutzer- bzw. Multi-User-Betriebssystem benötigt. Dabei regelt das Betriebssystem die Rechnerzuteilung an die einzelnen Anwenderprogramme nach dem Prinzip der Zeitscheibe. Die Arbeitsplätze sind mit Terminals ausgestattet, die über serielle Schnittstellen mit dem Zentralrechner verbunden sind. Ein Terminal (Arbeitsplatz) besteht nur aus Bildschirm und Tastatur.

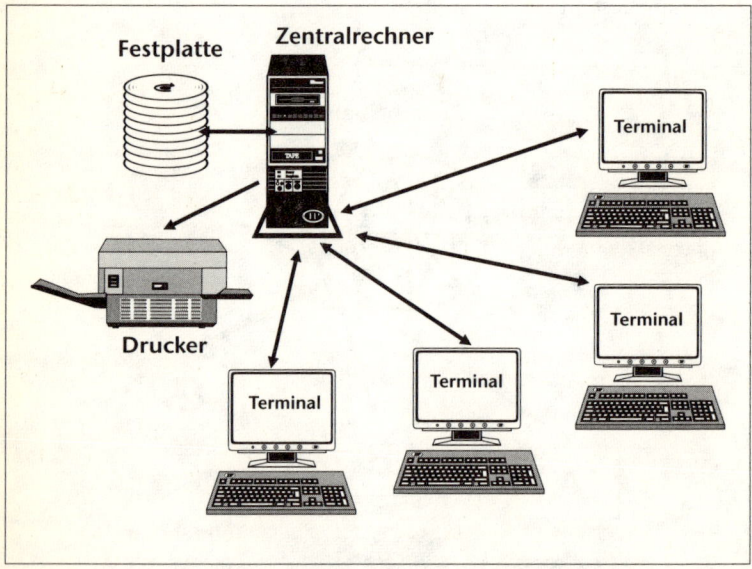

Folgende Tabelle zeigt, mit welchem Betriebssystem die aufgezeigten Betriebsarten verwirklicht werden können.

Betriebs- arten	Single-User Single-Tasking	Single-User Multi-Tasking	Multi-User
Betriebs- systeme	MS-DOS/PC-DOS DR-DOS	OS/2 Windows	UNIX Novell

Es gibt noch weitere Betriebssysteme wie beispielsweise TOS und CP/M-86, die auch auf diesen Prozessoren laufen. Sie werden hier jedoch nicht behandelt.

10.1.3 Zusammenfassung

▓ Ohne ein Betriebssystem ist ein Computer nicht lauffähig.

▓ Zusammen mit den Möglichkeiten des Prozessors bestimmt das Betriebssystem die mögliche Betriebsart.

▓ Mögliche Betriebsarten sind Single-User mit Single-Tasking oder Multi-Tasking und Multi-User.

▓ Auf Rechnern mit dem Prozessor vom Typ 80286 und aufwärts können mehrere Betriebssysteme verwendet werden. Die wichtigsten Betriebssysteme sind
 - MS-DOS/PC-DOS, DR-DOS, einschließlich aller Erweiterungen,
 - OS/2,
 - UNIX.

10.1.4 Aufgaben

1. Ergänzen Sie: Das Betriebssystem macht den Rechner zu einem _____ Computer.

2. Kennzeichnen Sie die richtigen Aussagen mit einem R, die falschen mit einem F!

   a) Das Betriebssystem stellt die grundlegende Software dar. ____

   b) Single-User bedeutet, daß auf dem Rechner nur ein Programm angewendet werden kann. ____

   c) Multi-User bedeutet, daß das Computersystem für eine Vielzahl von Anwendern gleichzeitig zur Verfügung steht. ____

   d) Beim Multi-Tasking-Betrieb kann der Rechner den zeitgleichen Ablauf mehrerer Programme steuern. ____

   e) Time-slice bedeutet, daß jedem Programm so viel Rechenzeit zur Verfügung gestellt wird, daß es ohne zeitliche Verzögerungen durchgeführt werden kann.

f) Beim Zeitscheibenprinzip teilt das Betriebssystem jedem laufenden Programm eine bestimmte Rechenzeit zu, z. B. 0,1 Sekunden. Ist die Zeit verbraucht, unterbricht es die Ausführung des gerade aktiven Programms und aktiviert das nächste.

3. Eine Sekretärin benötigt einen Computer, mit dem sie die anfallende Chefkorrespondenz erledigt. Mit welcher Art von Betriebssystem sollte ihr Rechner ausgerüstet sein?

4. In einem Unternehmen wird von vielen Arbeitsplätzen auf die Lagerdatei zugegriffen. Welches Betriebssystem ist in einer solchen Situation erforderlich?

10.1.5 Lösungen

1. Das Betriebssystem macht den Rechner zu einem *funktionsfähigen* Computer.

2. Kennzeichnen Sie die richtigen Aussagen mit einem R, die falschen mit einem F!

a) Das Betriebssystem stellt die grundlegende Software dar. R

b) Single-User bedeutet, daß auf dem Rechner nur ein Programm angewendet werden kann. F

c) Multi-User bedeutet, daß das Computersystem für eine Vielzahl von Anwendern gleichzeitig zur Verfügung steht. R

d) Beim Multi-Tasking-Betrieb kann der Rechner den zeitgleichen Ablauf mehrerer Programme steuern. R

e) Time-slice bedeutet, daß jedem Programm so viel Rechenzeit zur Verfügung gestellt wird, daß es ohne zeitliche Verzögerungen durchgeführt werden kann. F

f) Beim Zeitscheibenprinzip teilt das Betriebssystem jedem laufenden Programm eine bestimmte Rechenzeit zu, z. B. 0,1 Sekunden. Ist die Zeit verbraucht, unterbricht es die Ausführung des gerade aktiven Programms und aktiviert das nächste. R

3. Eine Sekretärin benötigt einen Computer, mit dem sie die anfallende Chefkorrespondenz erledigt. Mit welcher Art von Betriebssystem sollte ihr Rechner ausgerüstet sein?

Single-User-System, das im Single-Tasking arbeitet.

4. In einem Unternehmen wird von vielen Arbeitsplätzen auf die Lagerdatei zugegriffen. Welches Betriebssystem ist in einer solchen Situation erforderlich?

Multi-User-Betriebssystem.

10.2 MS-DOS/PC-DOS

Die Betriebssysteme MS-DOS bzw. PC-DOS weisen zwar einige Unterschiede auf, sind jedoch hinsichtlich ihrer Funktion prinzipiell identisch. DOS steht als Abkürzung für **D**isk **O**perating **S**ystem und bedeutet Platten- bzw. Disketten-Betriebssystem. Die Vorsilbe MS deutet auf die Herstellerfirma **M**icro**s**oft hin. Microsoft hat das Betriebssystem zusammen mit IBM entwickelt. IBM vertreibt es unter dem Namen PC-DOS.

Das DOS-Betriebssystem nimmt eine wichtige Stellung in der PC-Welt ein. Windows hat es noch nicht überflüssig gemacht. Vielmehr baut Windows auf DOS auf. DOS hat drei Hauptbestandteile:

▪ Eingabe-/Ausgabesystem
▪ Kommandoprozessor
▪ Dienstprogramme

10.2.1 Eingabe-/Ausgabesystem

Das Eingabe-/Ausgabesystem umfaßt die Programmroutinen, die die Eingabe und Ausgabe von Daten behandeln. Es sorgt dafür, daß Zeichen über die Tastatur eingegeben und auf dem Bildschirm angezeigt oder über den Drucker gedruckt werden können. An diese Hardwarebestandteile werden die Daten Zeichen für Zeichen übertragen.

Ferner sind in dem Eingabe-/Ausgabesystem die Programme enthalten, die für das Speichern und Abrufen von Programmen und Daten auf Platten- und Diskettenlaufwerken benötigt werden. Diese Programme übertragen die Daten in Form von Blöcken.

▓ BIOS

Das Eingabe-/Ausgabesystem wird in MS-DOS auf zwei Ebenen reali-
siert. Die untere Ebene umfaßt die Programmroutinen, mit denen die
Peripherie hardwaremäßig gesteuert wird. Sie wird BIOS genannt. BIOS
ist die Abkürzung von **B**asic **I**nput **O**utput **S**ystem. Das Wort «Basic» hat
hier nichts mit der gleichnamigen Programmiersprache zu tun, sondern bedeutet soviel wie «grundlegend». Diese unmittelbar auf die
Hardware ausgerichteten Programmteile des Betriebssystems sind teilweise im Festwertspeicher (ROM-BIOS) gespeichert; ein weiterer Teil
steht in der Systemdatei IO.SYS. Der Name der Systemdatei kann je
nach Computerhersteller variieren, nicht aber ihre Funktion.

Das ROM-BIOS enthält unter anderem die Programmteile, die die Eingabe über die Tastatur, die Ausgabe auf den Bildschirm sowie Drucker
und auch Ein-/Ausgabeoperationen auf Disketten bzw. Platten ermöglichen. Auch das Programm, das nach Betätigung der Taste ⌐Druck⌐ den
Ausdruck des Bildschirms über den Drucker ermöglicht, ist Teil des
ROM-BIOS. Diese Programmteile bezeichnet man als Treiberprogramme. Sie sind genau auf die Besonderheiten der Hardware zugeschnitten.

IO.SYS stellt die Verbindung zwischen den hardwareunabhängigen Teilen des Betriebssystems und der Rechnerhardware her und bietet die
Routinen an, die zur Steuerung der Hardware notwendig sind. So
bringt IO.SYS alle Programmteile ein, die für den Betrieb der blockorientierten Einheiten wie Diskettenlaufwerk und Festplattenlaufwerk erforderlich sind, soweit sie nicht schon vom ROM-BIOS bereitgestellt
wurden. Darüber hinaus integriert IO.SYS die Treiberprogramme, die
der Anwender in der CONFIG.SYS angegeben hat, in das Betriebssystem. Ist beispielsweise eine Maus an den Rechner angeschlossen, so
muß in der CONFIG.SYS das Treiberprogramm MOUSE.SYS eingetragen sein, damit IO.SYS es im Arbeitsspeicher installieren kann. Ohne
dieses Programm bleibt die angeschlossene Maus wirkungslos.

Die Wirkungsweise dieser Treiberprogramme wird am Beispiel einer
Tastatureingabe verdeutlicht. Die Tastatur ist im Grunde nichts anderes
als eine Anordnung von Schaltern. Sie wird von einem Mikroprozessor
überwacht. Jede Taste hat eine bestimmte Kennung, die Scancode genannt wird. Er dient zur Identifizierung der Taste.

Wird nun eine Taste angeschlagen, meldet der Mikroprozessor dem
Rechner, daß sich an der Tastatur etwas ereignet hat. Der Rechner un-
terbricht das laufende Programm für einen Moment und aktiviert die
BIOS-Routine, die für die Behandlung der Tastatur zuständig ist. Der

Tastaturtreiber übernimmt den Scancode von der Tastatur in den Tastaturpuffer und übersetzt den Tastencode an Hand einer intern gespeicherten Tabelle in den ASCII-Code.

Beispiel: Die Taste, auf der bei der MF-Tastatur das Z liegt, hat den Scancode 22. War dem Computer beim Booten durch die Anweisung KEYB GR mitgeteilt worden, daß er die deutsche ASCII-Tabelle verwenden soll, so wird dem Scancode 22 der ASCII-Wert 90 = Z zugewiesen. Soll dagegen die Standard-ASCII-Tabelle mit dem amerikanischen Zeichensatz verwendet werden, so wird der Wert 89 = Y gebildet.

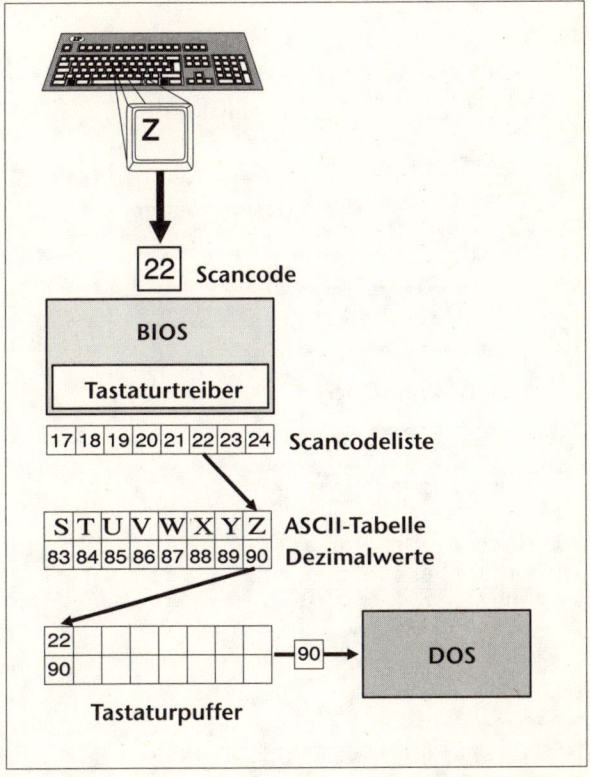

Wird das Zeichen vom laufenden Programm noch nicht abgerufen, verbleibt es im Eingabepuffer. Der Puffer umfaßt 32 Byte und kann somit maximal 16 Zeichen speichern. Wenn er voll ist, reagiert er bei weiteren Tastenanschlägen mit einem Piepsen. Dann kann der Anwender den Programmabbruch auch nicht durch die Tastenkombination Strg + C erzwingen, weil keine Eingaben mehr angenommen werden.

Soll das Zeichen auf dem Bildschirm ausgegeben werden, so ermittelt der Bildschirmtreiber an Hand einer Tabelle (Code Page), welches Zeichen auf dem Bildschirm darzustellen ist. Anschließend sendet es die Anweisungen zur Darstellung des gewünschten Zeichens an den Bildschirm.

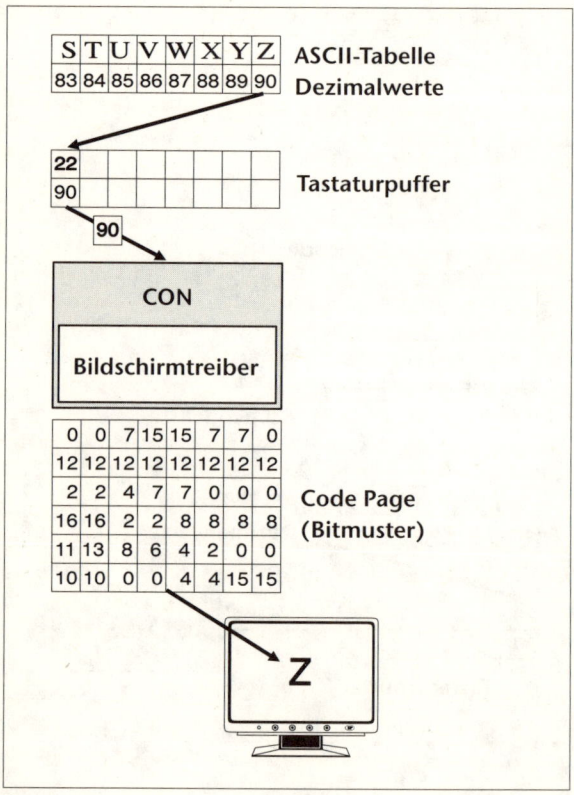

▨ Systemverwaltung

Die zweite Ebene des Eingabe-/Ausgabesystems ist die Management-
oder Verwaltungsebene. Die für diese Aufgaben notwendigen Programmroutinen sind in der Systemdatei MSDOS.SYS zusammengefaßt.
Wie sie funktionieren, sei an drei Beispielen der Systemverwaltung dargestellt.

Bekommt DOS von dem aktuell laufenden Programm den Auftrag, ein
Zeichen auf dem Drucker auszugeben, so prüft DOS, ob das Gerät zur
Entgegennahme des Zeichens bereit ist. Falls ja, so leitet DOS das Zei-
chen weiter, und der Druckertreiber übernimmt die Druckausgabe.
Falls der Drucker nicht betriebsbereit ist, veranlaßt DOS, daß eine Feh-
lermeldung auf dem Bildschirm ausgegeben wird:

```
Schreibstörung beim Schreiben auf Gerät LPT1
(A)bbrechen, (W)iederholen, (I)gnorieren, (U)ebergehen?
```

In ähnlicher Weise nimmt DOS die Verwaltungsaufgaben bei den
blockorientierten Geräten vor. Das Plattenlaufwerk bekommt von DOS
die Anweisung, den Schreiblesekopf auf eine bestimmte Stelle der Platte zu positionieren und dort einen Datenblock zu lesen oder zu schreiben. Dazu führt DOS eine interne Tabelle, in der die Spur, auf der sich
eine Datei befindet, vermerkt ist. Ferner enthält sie Angaben zur Position des Schreiblesezeigers sowie das Datum und die Uhrzeit der letzten
Schreiboperation.

Schließlich wird auch der Arbeitsspeicher durch DOS verwaltet. Die
Speicherverwaltung ist im Vergleich zu anderen Aufgaben im Bereich
des Eingabe-/Ausgabesystems einfach. Zum einen sorgt DOS dafür, daß
dem einzuladenden Programm Speicherplatz zugewiesen wird. Zum
anderen gibt es den Speicherplatz wieder frei, wenn das Programm beendet worden ist.

Die Anweisungen, die in MSDOS.SYS enthalten sind, stellen also den
Kern des Betriebssystems dar. Sie haben keinen direkten Bezug zur
Hardware, sondern bedienen sich der BIOS-Routinen. Sie veranlassen
das BIOS, die hardwaremäßige Umsetzung vorzunehmen.

10.2.2 Kommandoprozessor

▪ Allgemeine Charakterisierung

Der zweite wichtige Bestandteil des Betriebssystems ist der Kommandoprozessor. Er stellt die Verbindung zwischen Computer und Anwender her. Mit Hilfe des Kommandoprozessors wird der Rechner in die Lage versetzt, vom Anwender Kommandos und Anweisungen entgegenzunehmen. In der Folge hat der Kommandoprozessor auch dafür zu sorgen, daß die Kommandos ausgeführt werden. Die für diesen Aufgabenkomplex erforderlichen Programmroutinen sind in der Datei COMMAND.COM enthalten. Bei der Installation von COMMAND.COM im Arbeitsspeicher wird das Programm in einen residenten und einen nichtresidenten Teil aufgeteilt. Der verbleibende, residente Teil ist stets während einer Arbeitssitzung im Arbeitsspeicher gespeichert. Der nichtresidente Teil kann vom Anwendungsprogramm überschrieben werden.

Der residente Teil des Kommandoprozessors enthält unter anderem die Programmteile, die für die Kommunikation mit dem Nutzer sowie für das Starten von Programmen benötigt werden. So ist es möglich, während der Arbeit mit einem Programm ein anderes Programm aufzurufen und ausführen zu lassen. Voraussetzung ist, daß das Anwendungsprogramm dem Nutzer gestattet, auf das Betriebssystem zuzugreifen.

Beispiel: Im Textverarbeitungsprogramm Word kann der Nutzer auf die Betriebssystemebene umschalten, den Namen eines Programms oder ein Betriebssystemkommando eingeben, das dann vom Rechner ausgeführt wird. Anschließend kann der Nutzer mit dem Textverarbeitungsprogramm an der Stelle fortfahren, an der er es verlassen hat.

Bildet man den Computer in einem Schichtenmodell ab, so stellt der Kommandoprozessor COMMAND.COM die oberste Schicht des Computersystems dar.

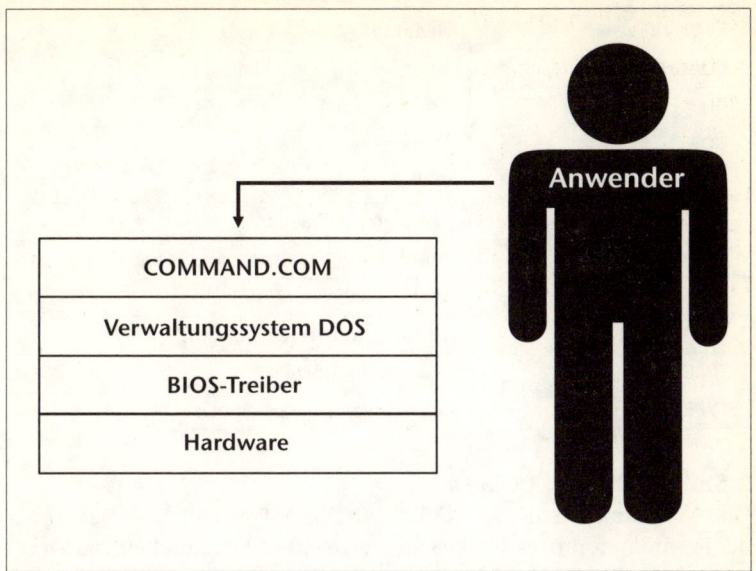

Diese Schicht ist zuständig für die Kommunikation mit dem Benutzer. Man bezeichnet sie deshalb auch als Bedienoberfläche. Im Amerikanischen ist die Bezeichnung «Shell» üblich. Da in MS-DOS die Kommandos über die Tastatur eingetippt werden müssen, spricht man auch von einer kommandoorientierten Oberfläche oder Shell.

■ **Arbeitsweise**
Durch C:> bzw. A:> zeigt COMMAND.COM an, daß es in Bereitschaft steht. Diese Bildschirmanzeige bezeichnet man auch als Promptzeichen. Der Buchstabe C gibt hier an, daß das Laufwerk C: das aktuelle Laufwerk ist. Gibt der Benutzer ein Kommando oder einen Programmaufruf ein, so bemüht sich COMMAND.COM in mehreren Stufen um die Ausführung des Kommandos:

1. Stufe: internes Kommando
Zunächst vergleicht es, ob es sich um ein internes Kommando wie COPY oder ERASE handelt, das im COMMAND.COM selber enthalten ist. Findet es das Kommando, wird das dazugehörige Programm ausgeführt. Folgende Tabelle gibt eine Übersicht über die wichtigsten internen Kommandos:

Kommando	Bedeutung
CD (CHDIR)	Wechsel des Verzeichnisses
CLS	Löschen des Bildschirms
COPY	Kopieren von Dateien
DATE	Datumsanzeige
DEL (ERASE)	Löschen von Dateien
DIR	Anzeige des Inhaltsverzeichnisses
REN (RENAME)	Umbenennen von Dateinamen
RD (RMDIR)	Löschen von Verzeichnissen
TIME	Anzeige der Uhrzeit
TYPE	Anzeige von Dateiinhalten

2. Stufe: .EXE- oder .COM-Datei

Ist das Kommando nicht im COMMAND.COM enthalten, so beauftragt der Kommandoprozessor DOS, im Verzeichnis des aktuellen Laufwerks nach einer .COM- oder .EXE-Datei mit gleichem Namen zu suchen. Die Suche wird auch in weiteren Verzeichnissen durchgeführt, wenn der Nutzer diese in einer Pfadanweisung angegeben hat. Eine .COM- oder .EXE-Datei enthält ein unmittelbar ausführbares Programm. Hat DOS das gewünschte Programm gefunden, wird das Programm in den Arbeitsspeicher geladen und vom COMMAND.COM gestartet. Nach dem Programmstart hat COMMAND.COM Pause. Die Steuerung und Verwaltung des Rechnersystems ist auf das Anwendungsprogramm übergegangen. Erst nach Beendigung des Programms wird die Steuerung wieder an das COMMAND.COM zurückgegeben, das daraufhin DOS veranlaßt, den Speicherplatz wieder freizugeben. Ferner prüft der Kommandoprozessor, ob der nichtresidente Teil von COMMAND.COM durch das Anwendungsprogramm überschrieben wurde. Falls ja, werden die fehlenden Programmteile wieder von der Platte geladen.

Diesen Sachverhalt können Sie selber nachvollziehen. Starten Sie Ihren Rechner mit einer Betriebssystemdiskette im Laufwerk A:. Anschließend nehmen Sie die Systemdiskette heraus. Wenn Sie nun von der Festplatte das Programm Word aufrufen, mit dem Programm arbeiten und dann die Arbeit mit dem Textprogramm beenden, fordert das System Sie auf, die Diskette mit der Datei COMMAND.COM in das Laufwerk A: einzulegen, damit der fehlende Teil des Programms nach-

geladen werden kann. Word überschreibt nämlich den Teil des Arbeitsspeichers, in dem der nichtresidente Teil von COMMAND.COM liegt.
Falls das Anwendungsprogramm auf Grund eines Programmierfehlers nicht zum Abschluß kommt, also eine Art Endlosläufer vorliegt, hat COMMAND.COM keine Möglichkeit, die Steuerung wieder an sich zu ziehen und das Programm zu beenden. In anderen Betriebssystemen besteht dagegen die Möglichkeit, daß die Prozeßverwaltung einen Programmlauf abbricht. Um den Anwender in die Lage zu versetzen, ein Endlosläufer-Programm ohne den brutalen Zug am Stromkabel zu stoppen, ist die Tastenkombination $\boxed{\text{Ctrl}}$+$\boxed{\text{C}}$ bzw. $\boxed{\text{Strg}}$+$\boxed{\text{C}}$ als Abbruchsignal eingebaut worden.

3. Stufe: Batch-Datei

Hat COMMAND.COM das vom Anwender eingegebene Kommando weder als internes Kommando erkannt noch als .COM- oder .EXE-Datei gefunden, gibt COMMAND.COM an DOS den Auftrag, im aktuellen Verzeichnis nach einer Batch-Datei (Stapeldatei) dieses Namens zu suchen. Existiert die Datei, veranlaßt COMMAND.COM, daß DOS die Batch-Datei in den Arbeitsspeicher lädt, und arbeitet die darin enthaltenen Anweisungen der Reihe nach ab. Eine Batch-Datei ist durch den Zusatz .BAT gekennzeichnet. Sie ist eine Textdatei, die DOS-Kommandos, Programmaufrufe und auch Kommentare enthalten kann. Batch-Dateien bezeichnet man auch als Stapeldateien, da in ihnen die Anweisungen aufeinandergestapelt stehen, die von oben nach unten schrittweise abgearbeitet werden.
Beispiel: Mit folgender Stapeldatei soll das Textprogramm Word gestartet werden und die Textdateien, die der Nutzer an diesem Tag bearbeitet hat, automatisch auf der Diskette im Laufwerk B: gesichert werden.

Dateiname: W.BAT

```
(1) @echo off
(2) cd entwurf
(3) c:\w5\word
(4) echo Sicherungsdiskette in das Laufwerk b: einlegen!
(5) pause
(6) xcopy c:\entwurf /d:%1 b:
(7) echo ENDE
```

Zum Aufruf der obigen Batch-Datei gibt der Anwender ein:

w xx.xx.xx (xx.xx.xx steht für das aktuelle Datum)

Beim Aufruf der Batch-Datei wird das eingegebene Datum in der Variablen %1 gespeichert. Die Batch-Datei, die sich auf dem Laufwerk C: befindet, wird in den Arbeitsspeicher geladen. COMMAND.COM beginnt die Bearbeitung, indem es die Wiedergabe der gerade auszuführenden Anweisung auf dem Bildschirm abschaltet (1). In der Anweisung (2) weist COMMAND.COM DOS an, in das Unterverzeichnis W5 zu verzweigen und dort die Programmdatei Word einzulesen (3). COMMAND.COM startet das Programm WORD.EXE und übergibt damit die Rechnersteuerung und -verwaltung an das Anwendungsprogramm. Bei Beendigung der Arbeit mit Word wird die Rechnersteuerung und -verwaltung wieder an den Kommandoprozessor übertragen. Nachdem COMMAND.COM sich wieder komplettiert hat, veranlaßt es (4) die Meldung

```
Sicherungsdiskette in das Laufwerk b: einlegen!
```

und wartet auf Grund der Anweisung (5), daß eine Taste bedient wird. Anschließend sorgt es für die Ausführung der Anweisung (6). Dabei werden Dateien, die sich im Verzeichnis Entwurf befinden, auf die Diskette im Laufwerk B: kopiert. Es werden aber nur die Dateien übertragen, deren Erstellungsdatum mit dem Datum übereinstimmt, das beim Aufruf der Batch-Datei als Parameter eingegeben wurde. Dateien, die noch später angelegt wurden, werden ebenfalls kopiert. Nach Abschluß des Kopiervorgangs gibt COMMAND.COM den Text ENDE (7) auf dem Bildschirm aus und meldet sich mit einem C:> auf dem Bildschirm als bereit zurück.

4. Stufe: Fehlermeldung

Hat der Nutzer einen Programmaufruf oder ein Kommando eingegeben, zu dem DOS keine entsprechende .COM-, .EXE- oder .BAT-Datei finden kann, bricht COMMAND.COM den Versuch, das eingegebene Kommando auszuführen, mit der Fehlermeldung

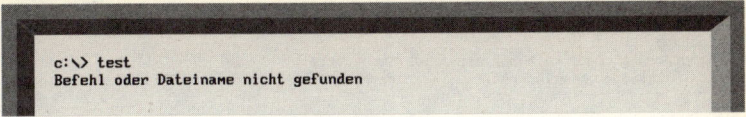

```
c:\> test
Befehl oder Dateiname nicht gefunden
```

ab und meldet sich anschließend mit dem Promptzeichen. Diese Fehlermeldung ist typisch bei fehlerhafter Eingabe eines Kommandos. Sie kann aber auch bei richtiger Schreibweise auftauchen, wenn das Programm nicht im aktuellen Laufwerk bzw. Unterverzeichnis enthalten ist.

Die folgende Übersicht zeigt den prinzipiellen Ablauf einer Arbeitssitzung:

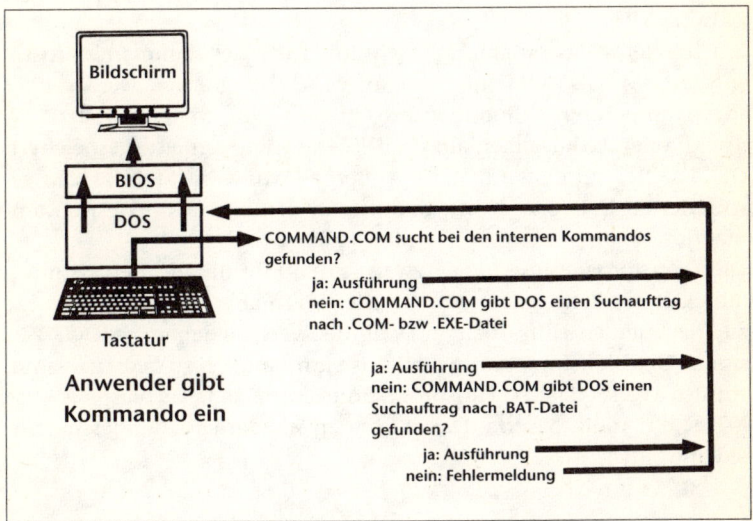

Fehlermelder

In seiner Funktion als Verbindungsstelle zwischen Rechner und Anwender hat COMMAND.COM auch die Aufgabe, dem Anwender Fehler zu melden. Soll beispielsweise eine Datei über den Drucker ausgegeben werden, der nicht angeschaltet ist, so bringt der Kommandoprozessor auf Grund der Rückmeldungen von DOS und BIOS die Meldung:

```
Schreibstörung beim Schreiben auf Gerät LPT1
(A)bbrechen, (W)iederholen, (I)gnorieren, (U)ebergehen?
```

10.2.3 Dienstprogramme

Beim Rechnerbetrieb fallen viele Aufgaben an, die sich in derselben Weise häufig wiederholen. Dazu zählen beispielsweise das Formatieren und Kopieren von Disketten, die Ausgabe von Dateien auf dem Drucker oder Bildschirm. Für diese Standardaufgaben stellt MS-DOS Dienstprogramme zur Verfügung, wie beispielsweise FORMAT, DISKCOPY, PRINT, TYPE.

Ein Teil der Dienstprogramme steht innerhalb des Kommandoprozessors COMMAND.COM zur Verfügung. Diese Programme werden über sogenannte interne Kommandos aktiviert. Ein weiterer Teil ist in .COM- oder .EXE-Dateien auf der Diskette oder Festplatte gespeichert. Die Befehle, mit denen man die außerhalb von COMMAND.COM gespeicherten Dateien aufruft, nennt man deshalb auch externe Kommandos.

Die Dienstprogramme haben zwar keinen Einfluß auf die Leistungsfähigkeit des Betriebssystems. Sie erleichtern aber dem Anwender die zu erledigenden Hilfsarbeiten. Da in den verschiedenen MS-DOS-Versionen die Dienstprogramme teilweise umständlich zu bedienen sind, wurden Werkzeug- und Hilfsprogramme entwickelt, wie beispielsweise X-Tree, PC-Tools, Norton. Damit können Standardarbeiten leichter erledigt werden.

10.2.4 Start des Betriebssystems

Das Starten des Betriebssystems haben die Entwickler von MS-DOS mit Bootstrapping bezeichnet. Sie wollten damit zum Ausdruck bringen, daß dadurch der Rechner zum Laufen gebracht wird, wobei die verschiedenen Funktionsebenen nacheinander in den Arbeitsspeicher geladen werden. In der deutschen Fachsprache hat sich der englische Ausdruck Booten eingebürgert.

Beim Einschalten des Rechners wird eine Initialisierungsroutine, die im ROM-BIOS gespeichert ist, ausgeführt. Zunächst erfolgt ein Selbsttest. Dabei wird beispielsweise festgestellt, wieviel Speicherplatz der Rechner hat und welche peripheren Anschlüsse vorhanden sind. Das können Sie beim Starten des Rechners am Bildschirm verfolgen. Anschließend wird mit Hilfe des ROM-Urladeprogramms das Bootstrap-Programm vom Bootsektor der Diskette oder Festplatte geladen und gestartet.

Stellt der Urlader fest, daß die Diskette oder Platte nicht bootfähig ist, gibt er die Bildschirmmeldung:

```
Kein System oder Laufwerksfehler
Wechseln und Taste Drücken
```

Nach dem Start des Bootstrap-Programms lädt es seinerseits nun die Dateien IO.SYS und MSDOS.SYS und überträgt die Steuerung an IO.SYS. Dabei übergibt es auch die Information, von welchem Laufwerk gebootet wurde. IO.SYS führt die Initialisierung weiter. Es ordnet MSDOS.SYS und Teile von IO.SYS auf die richtigen Stellen im Arbeitsspeicher und initialisiert die Standard-Gerätetreiber. Wenn Sie den angeschlossenen Drucker eingeschaltet haben, können Sie die Aktivierung auch akustisch wahrnehmen. Den Abschluß der Systeminitialisierung bildet die Bildschirmmeldung über das MS-DOS-Copyright. Anschließend lädt IO.SYS die Datei CONFIG.SYS, aus der es die weiteren Konfigurationsdaten des Rechners entnimmt und auswertet. Dabei werden Standardeinstellungen und -routinen durch spezielle Kommandos oder Treiber, wie beispielsweise KEYB GR, überschrieben.

Die letzte Aktion von IO.SYS besteht darin, unter Verwendung der DOS-Routinen den Kommandoprozessor COMMAND.COM zu laden und ihn zu starten. Der Kommandoprozessor läßt nun über das Dateisystem DOS die automatische Startdatei AUTOEXEC.BAT aufrufen und führt die darin enthaltenen Anweisungen aus. Anschließend meldet sich COMMAND.COM mit dem Bereitschaftszeichen am Bildschirm. Der Rechner ist nun betriebsbereit.

Wird der laufende Rechner durch die Tastenkombination $\boxed{\text{Ctrl}}$+ $\boxed{\text{Alt}}$+$\boxed{\text{Del}}$ bzw. $\boxed{\text{Strg}}$+$\boxed{\text{Alt}}$+$\boxed{\text{Entf}}$ neu gestartet, spricht man von **Warmstart.**

10.2.5 Leistungsmerkmale

MS-DOS ist ein Einplatzbetriebssystem, das stets nur den Ablauf eines Programms steuern und verwalten kann. Es ist also Single-Tasking-System, obwohl mehrere Programme gleichzeitig im Arbeitsspeicher stehen können. Es ist aber stets nur eines aktiv. Auch kann ein Programm ein anderes Programm von der Platte aufrufen und starten. Damit übergibt es aber die Systemkontrolle. Wird das zweite Programm beendet, kehrt die Steuerung an das erste Programm zurück, das an der unterbrochenen Stelle die Bearbeitung fortsetzt.

Diese Möglichkeit von MS-DOS können Sie sich auch zunutze machen, wenn Sie mit einem Programm arbeiten, das einen Ausgang zu DOS hat. Das sei an einem Beispiel dargelegt. Sie arbeiten mit einem Textprogramm wie Word oder WordStar und möchten sich das Inhaltsverzeichnis des aktuellen Verzeichnisses oder der Diskette anschauen. Dazu brauchen Sie nicht erst das Textprogramm zu verlassen. Sie wählen den DOS-Ausgang an und rufen dann mittels DIR die Anzeigefunktion im Programm COMMAND.COM auf. Nach Durchführung dieser Operation kehrt das System wieder in das Textprogramm zurück, und Sie fahren mit der Textverarbeitung an der Stelle fort, an der Sie das Textprogramm verlassen hatten.

Die Fähigkeit von DOS, mehrere Programme im Arbeitsspeicher vorzuhalten, nutzen auch die sogenannten Hilfs- und Werkzeugprogramme wie SideKick. Das sind Programme, die nach Beendigung ihrer Bearbeitung nicht aus dem Speicher gelöscht werden, sondern dort verbleiben. Man bezeichnet sie als residente Programme. Sie können mittels einer Funktionstastenkombination während der Bearbeitung eines anderen Programms aufgerufen werden.

Beispiel: Ein Sekretär führt für seine Chefin den Terminkalender. Während er gerade einen Text schreibt, bekommt er die Anweisung, einen neuen Termin einzutragen. Über eine Tastenfunktion unterbricht er das Textprogramm und ruft damit das residente Terminprogramm auf. Er trägt den Termin ein und beendet das Terminprogramm mit einer bestimmten Taste. Anschließend fährt er in der Textverarbeitung fort.

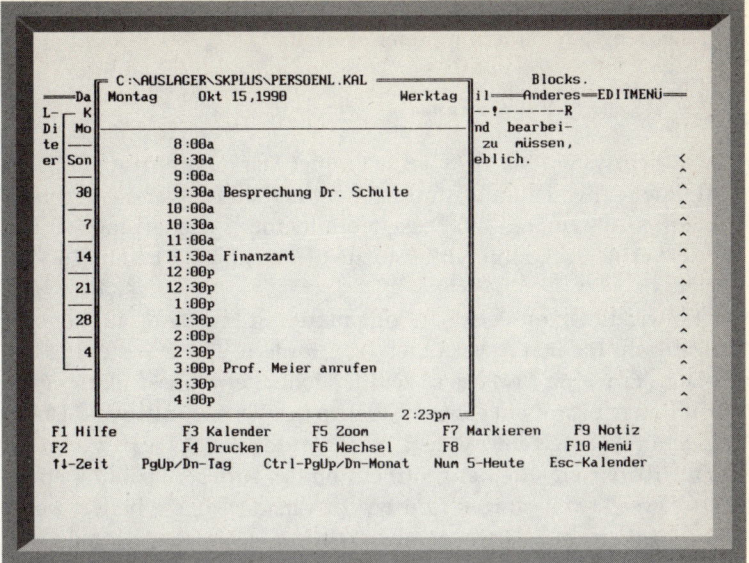

Die Nutzung solcher speicherresidenten Programme ist nicht ganz unproblematisch. Zum einen nehmen sie Speicherplatz in Anspruch, der möglicherweise für ein Anwendungsprogramm benötigt wird. Zum anderen kann der Fall auftreten, daß sich das speicherresidente Programm und das Anwenderprogramm nicht miteinander vertragen.

Trotz des eindeutigen Single-Tasking-Konzepts ist in MS-DOS ein Ansatz zum Multi-Tasking zu erkennen. Bei Anwendung des Kommandos PRINT ist es möglich, eine Datei ausdrucken zu lassen und beispielsweise zur selben Zeit am Bildschirm einen Text zu bearbeiten. Der Prozessor wird dabei kaum belastet. Die Datei wird nicht als Ganzes in den Arbeitsspeicher geladen, sondern nur stückweise. Diese kleinen Abschnitte werden sofort an den Druckpuffer weitergeleitet, aus dem heraus der Druckertreiber den Ausdruck vornimmt. Diese Arbeitsform beim Drucken wird Spooling genannt. Spooling ist die Abkürzung von **S**imultaneous **P**eripheral **O**perations **O**n **L**ine und bedeutet zeitgleiche Peripherieoperationen.

Das Betriebssystem MS-DOS hat seit einigen Jahren Konkurrenz durch das DOS-Betriebssystem von Novell bekommen. In der Version 7 zeichnet sich Novell-DOS unter anderem dadurch aus, daß es Multi-Tasking-fähig ist. Aufgrund eines Abkommens mit Microsoft wird Novell das DOS-Betriebssystem nicht weiterentwickeln.

10.2.6 MS-DOS-Versionen

Das Betriebssystem MS-DOS hat seit seiner Markteinführung im Jahre 1981 einen erheblichen Leistungszuwachs erfahren. War die Version 1 ein Betriebssystem, das nur Disketten mit einer Speicherkapazität von 160 KB verwalten konnte, unterstützte die Version 1.1 bereits 360-KB-Disketten.

Die Entwicklung von Personal Computern mit Festplatte, auf der eine Vielzahl von Dateien zu verwalten ist, erforderte eine Erweiterung von MS-DOS. Es wurde das Prinzip der hierarchischen Dateistruktur eingeführt. Danach kann ein externer Speicher in Verzeichnisse und Unterverzeichnisse aufgeteilt werden. Ferner wurde das Betriebssystem für installierbare Gerätetreiber geöffnet und das Drucker-Spooling eingeführt. Diese Erweiterungen führten zur Version 2.0, die bereits wenig später zur Version 2.11 weiterentwickelt wurde. Da die Personal Computer inzwischen weltweit vermarktet wurden, mußten in MS-DOS länderspezifische Eigenheiten, wie beispielsweise Datumsformate, eingebracht werden können. Version 2.11 war lange Jahre der Standard.

Die Weiterentwicklung in der Hardware zum AT fand ihre Entsprechung in der MS-DOS Version 3.0. Diese zeichnet sich dadurch aus, daß sie 1,2-MB-Disketten verwalten kann. Kurze Zeit später wurde MS-DOS in der Version 3.1 netzwerkfähig.

Für die im Jahre 1986 auf dem Markt erscheinenden tragbaren Personal Computer (Laptops) reichten die bisherigen Fähigkeiten des Betriebssystems nicht aus, weil die Laptops mit einem 3,5"-Diskettenlaufwerk ausgerüstet wurden. Deshalb wurde MS-DOS zur Version 3.2 erweitert. In der etwa ein Jahr später veröffentlichten Version 3.3 können nun auch 3,5"-Disketten mit einer Speicherkapazität von 1,44 MB verwaltet werden.

Der Wunsch nach einer einfacheren Handhabung des Rechners führte 1988 dazu, daß Microsoft in der Version 4.0 eine grafische Bedienungsoberfläche einbaute, die per Maus bedient werden kann. Ferner wurde DOS in die Lage versetzt, Festplatten bzw. Festplattenpartitionen mit einer Speicherkapazität von mehr als 32 MB zu verwalten.

Die Version 5.0 zeichnet sich durch eine Weiterentwicklung der Bedienerführung aus. Außerdem wurde die Speicherverwaltung optimiert.

Dadurch wurde der vom Anwender nutzbare Arbeitsspeicher vergrößert. Unter gegebenen Hardware-Voraussetzungen kann DOS 5 auch Disketten mit 2,88 MB Speicherkapazität verwalten.

Ab der Version 6 kann das Rechnersystem beim Starten intern so eingerichtet werden, daß es optimale Voraussetzungen für das jeweilige Anwendungsprogramm schafft. Ferner ist DOS 6 um einige wichtige Dienstprogramme ergänzt worden:

▪ Antivirenprogramm
▪ Backup-Programm
▪ Programm zur Verdoppelung der Plattenkapazität (Komprimierer)

10.2.7 Zusammenfassung

▪ Die Hauptbestandteile von MS-DOS sind
  – Eingabe-/Ausgabesystem
  – Kommandoprozessor
  – Dienstprogramme
▪ Periphere Geräte können nur dann ihre Funktion erfüllen, wenn sie von entsprechenden Treiberprogrammen unterstützt werden.
▪ Bei den Treiberprogrammen sind Standardtreiber- und installierbare Treiberprogramme zu unterscheiden. Die installierbaren Treiberprogramme werden über CONFIG.SYS in das System eingebunden.
▪ Das Eingabe-/Ausgabesystem besteht aus dem ROM-BIOS und dem IO.SYS.
▪ Den Kern des Betriebssystems stellt MSDOS.SYS dar. Es ist für die Verwaltung der CPU und der Peripherie zuständig.
▪ Der Kommandoprozessor COMMAND.COM stellt die Verbindung zwischen Rechner und Anwender her.
▪ Dateien mit der Kennung .COM und .EXE enthalten ausführbare Dateien.
▪ Batch-Dateien bzw. Stapeldateien werden durch den Zusatz .BAT gekennzeichnet. Sie enthalten Kommandos, die vom Kommandoprozessor der Reihe nach bearbeitet werden.
▪ Durch Zusatzprogramme kann man die manchmal als unbequem empfundene tastaturorientierte Bedienung komfortabler gestalten.

10.2.8 Aufgaben

1. Ergänzen Sie: Die für die Eingabe-/Ausgabesteuerung erforderlichen Programmroutinen sind teilweise im ROM-BIOS, teilweise in _____ enthalten.

2. Ein Händler bietet Ihnen eine neuartige Maus zu einem sehr günstigen Preis an. Ein Treiberprogramm kann er Ihnen jedoch dazu nicht liefern. Wie reagieren Sie auf das Angebot?

   _____

   _____

3. Kennzeichnen Sie die richtige Aussage mit R, die falsche mit F.

   a) Der Scancode ist ein neuer Code zur internen Darstellung von Zeichen. ____

   b) Das Signal, das beim Anschlag einer Taste erzeugt wird, nennt man Scancode. ____

   c) Die Zeichenausgabe auf dem Bildschirm wird vom Scancode gesteuert. ____

   d) Ist der Eingabepuffer voll, so piept der Lautsprecher, wenn man eine Taste drückt. ____

   e) Die Tastenkombination ⌈Strg⌉+⌈C⌉ bewirkt den Abbruch des laufenden Programms. ____

4. Ergänzen Sie: DOS verwaltet _____ .

5. Ergänzen Sie: Der Kommandoprozessor ermöglicht es dem Anwender, mittels Tastatur mit dem Rechner _____

   _____ .

6. Vervollständigen Sie den Satz! COMMAND.COM wird als kommandoorientierte Oberfläche bezeichnet, weil _____

   _____ .

7. Stellen Sie die Stufen, in denen ein eingegebenes Kommando von COMMAND.COM bearbeitet wird, in folgendem Struktogramm dar:

		?		
ja		**nein**		
_____		?		
_____	**ja**		**nein**	
_____	**Ausführen**	_____	?	
		ja	**nein**	
		Ausführen	_____	
			_____	

8. Überprüfen Sie folgende Aussagen. Kennzeichnen Sie die richtige Aussage mit einem R, die falsche mit einem F.

   a) Eine Batch-Datei ist eine Textdatei, die vom Kommandoprozessor zu bearbeitende Anweisungen enthält. ____

   b) Der Urlader wird beim Betätigen von Strg + C aufgerufen. ____

   c) Beim Betätigen von Strg + C besteht die Gefahr, daß das Dateisystem durcheinandergerät. ____

   d) Der Urlader lädt das Boot-Programm von der Platte und startet es. ____

   e) Die Tastenkombination Strg + Alt + Entf führt stets zu einem geordneten Programmabschluß. ____

   f) Strg + Alt + Entf bewirkt einen Warmstart. ____

9. Welche Aussage ist richtig? Das DISKCOPY-Programm, mit dem man Disketten duplizieren kann,

   a) ist Bestandteil des BIOS. ____

   b) gehört zum Kommandoprozessor. ____

   c) ist ein Dienstprogramm. ____

10. Woraus ist abzuleiten, daß die Standard-Gerätetreiber vor den frei installierbaren Treiberprogrammen geladen werden?

   _____

   _____

   _____

11. Kennzeichnen Sie die richtige Aussage mit R, die falsche mit F.

  a) Frei installierbare Gerätetreiber können Standard-Geräte-
     treiber überschreiben bzw. ersetzen. _____

  b) Beim Spooling werden die Daten in eine Datei geschrie-
     ben. _____

  c) Der Bildschirm ist ein blockorientiertes Ausgabegerät. _____

  d) DOS verwaltet nur die Plattenperipherie. _____

  e) COMMAND.COM ist Teil des Eingabe-/Ausgabesystems. _____

  f) Bei MS-DOS können mehrere Programme im Arbeitsspei-
     cher stehen. Trotzdem ist MS-DOS ein Single-Tasking-Be-
     triebssystem. _____

  g) Spooling ermöglicht es, daß die Druckarbeiten über ein
     Hintergrundprogramm erledigt werden. Im Vordergrund
     kann ein Anwenderprogramm aktiv sein. _____

12. Welche der nachstehenden Aussagen beschreiben residente Pro-
    gramme?

  a) Das Programm befindet sich auf der Magnetplatte. _____

  b) Das Programm befindet sich im Arbeitsspeicher und wird
     nach Beendigung nicht gelöscht. _____

  c) Es wird durch eine Tastenkombination aufgerufen. _____

  d) Es ist eine Art Hintergrundprogramm. _____

  e) Es gehört zu COMMAND.COM. _____

13. Ab welcher Version von MS-DOS ist es möglich, 1,44-MB-Disketten
    zu verarbeiten? _____

14. Welche Verbesserung brachte die Version 4.x gegenüber den 3.x-
    Versionen von MS-DOS?

    _____

    _____

10.2.9 Lösungen

1. Ergänzen Sie: Die für die Eingabe-/Ausgabesteuerung erforderlichen Programmroutinen sind teilweise im ROM-BIOS, teilweise in *IO.SYS* enthalten.

2. Ein Händler bietet Ihnen eine neuartige Maus zu einem sehr günstigen Preis an. Ein Treiberprogramm kann er Ihnen jedoch dazu nicht liefern. Wie reagieren Sie auf das Angebot?

   Ein Kauf lohnt sich nicht, da der Rechner ohne ein entsprechendes Treiberprogramm die Maus nicht ansprechen kann.

3. Kennzeichnen Sie die richtige Aussage mit R, die falsche mit F.

   a) Der Scancode ist ein neuer Code zur internen Darstellung von Zeichen.   F

   b) Das Signal, das beim Anschlag einer Taste erzeugt wird, nennt man Scancode.   R

   c) Die Zeichenausgabe auf dem Bildschirm wird vom Scancode gesteuert.   F

   d) Ist der Eingabepuffer voll, so piept der Lautsprecher, wenn man eine Taste drückt.   R

   e) Die Tastenkombination ⟦Strg⟧+⟦C⟧ bewirkt den Abbruch des laufenden Programms.   R

4. DOS verwaltet *Peripherie und Arbeitsspeicher*.

5. Ergänzen Sie: Der Kommandoprozessor ermöglicht es dem Anwender, mittels Tastatur mit dem Rechner *in Verbindung zu treten*.

6. Vervollständigen Sie den Satz! COMMAND.COM wird als kommandoorientierte Oberfläche bezeichnet, weil *die Kommandos über die Tastatur eingegeben werden müssen*.

7. Stellen Sie die Stufen, in denen ein eingegebenes Kommando von COMMAND.COM bearbeitet wird, in folgendem Struktogramm dar:

Internes Kommando?			
ja	nein		
Kommando ausführen	.COM- oder .EXE-Datei?		
	ja	nein	
	Ausführen	Batch-Datei?	
		ja	nein
		Ausführen	Fehler-meldung

8. Überprüfen Sie folgende Aussagen. Kennzeichnen Sie die richtige Aussage mit einem R, die falsche mit einem F.

   a) Eine Batch-Datei ist eine Textdatei, die vom Kommando-prozessor zu bearbeitende Anweisungen enthält.   R

   b) Der Urlader wird beim Betätigen von ⌴Strg⌴+⌴C⌴ aufgerufen.   F

   c) Beim Betätigen von ⌴Strg⌴+⌴C⌴ besteht die Gefahr, daß das Dateiensystem durcheinandergerät.   F

   d) Der Urlader lädt das Boot-Programm von der Platte und startet es.   R

   e) Die Tastenkombination ⌴Strg⌴+⌴Alt⌴+⌴Entf⌴ führt stets zu einem geordneten Programmabschluß.   F

   f) ⌴Strg⌴+⌴Alt⌴+⌴Entf⌴ bewirkt einen Warmstart.   R

9. Welche Aussage ist richtig? Das DISKCOPY-Programm, mit dem man Disketten duplizieren kann,

   a) ist Bestandteil des BIOS.   ____

   b) gehört zum Kommandoprozessor.   ____

   c) ist ein Dienstprogramm.   X

10. Woraus ist abzuleiten, daß die Standard-Gerätetreiber vor den frei installierbaren Treiberprogrammen geladen werden?

   Das ist daraus erkennbar, daß die vom Anwender installierten Gerätetreiber die Standard-Treiber überschreiben bzw. modifizieren können.

11. Kennzeichnen Sie die richtige Aussage mit R, die falsche mit F.

a) Frei installierbare Gerätetreiber können Standard-Gerätetreiber überschreiben bzw. ersetzen. ___R___

b) Beim Spooling werden die Daten in eine Datei geschrieben. ___F___

c) Der Bildschirm ist ein blockorientiertes Ausgabegerät. ___F___

d) DOS verwaltet nur die Plattenperipherie. ___F___

e) COMMAND.COM ist Teil des Eingabe-/Ausgabesystems. ___F___

f) Bei MS-DOS können mehrere Programme im Arbeitsspeicher stehen. Trotzdem ist MS-DOS ein Single-Tasking-Betriebssystem. ___R___

g) Spooling ermöglicht es, daß die Druckarbeiten über ein Hintergrundprogramm erledigt werden. Im Vordergrund kann ein Anwenderprogramm aktiv sein. ___R___

12. Welche der nachstehenden Aussagen beschreiben residente Programme?

a) Das Programm befindet sich auf der Magnetplatte. _____

b) Das Programm befindet sich im Arbeitsspeicher und wird nach Beendigung nicht gelöscht. ___X___

c) Es wird durch eine Tastenkombination aufgerufen. ___X___

d) Es ist eine Art Hintergrundprogramm. ___X___

e) Es gehört zu COMMAND.COM. _____

13. Ab welcher Version von MS-DOS ist es möglich, 1,44-MB-Disketten zu verarbeiten? *Ab der Version 3.3*

14. Welche Verbesserung brachte die Version 4.x gegenüber den 3.x-Versionen von MS-DOS?

MS-DOS ist ab Version 4.x bei der Festplattenverwaltung nicht mehr auf eine Größe von 32 MB beschränkt. Außerdem erhielt DOS eine einfache grafische Bedienoberfläche.

10.3 Weitere Betriebssysteme für den Personal Computer

Die technische Weiterentwicklung der Prozessoren für Personal Computer und die gewachsenen Anforderungen an die Software haben dazu geführt, daß weitere Betriebssysteme entwickelt wurden.

10.3.1 Betriebssystemerweiterung Windows

Die gestiegenen Benutzeranforderungen an die Programme haben dazu geführt, daß der Umfang von Programmen stets zunahm und immer größeren Arbeitsspeicher erforderte. Hinzu kommt die Tendenz, daß viele Nutzer lieber mit einer bedienerfreundlichen grafischen Oberfläche als mit der herkömmlichen kommandoorientierten Bedienweise bei MS-DOS arbeiten.

Einen Ausweg aus dieser Speicherbegrenzung stellt der Einsatz von MS-Windows 3 dar. Windows, bereits früher bekannt als grafische Oberfläche, hat sich in der Version 3 zu einer Betriebssystemerweiterung von DOS entwickelt. Neben der verbesserten Speicherverwaltung bietet es eine komfortable grafisch orientierte Bedienungsoberfläche. Kommandos brauchen nicht mehr über die Tastatur eingegeben zu werden. Vielmehr kann man die benötigten Betriebssystemkommandos in sogenannten Fenstern per Maus anklicken. Weiter enthält Windows eine Vielzahl nützlicher Desktop- bzw. Schreibtisch-Programme wie Kalender, Rechner, Uhr, Notizblock, Karteikasten, Kommunikationsprogramm Terminal, Zeichenprogramm Paintbrush und das Textprogramm Write.

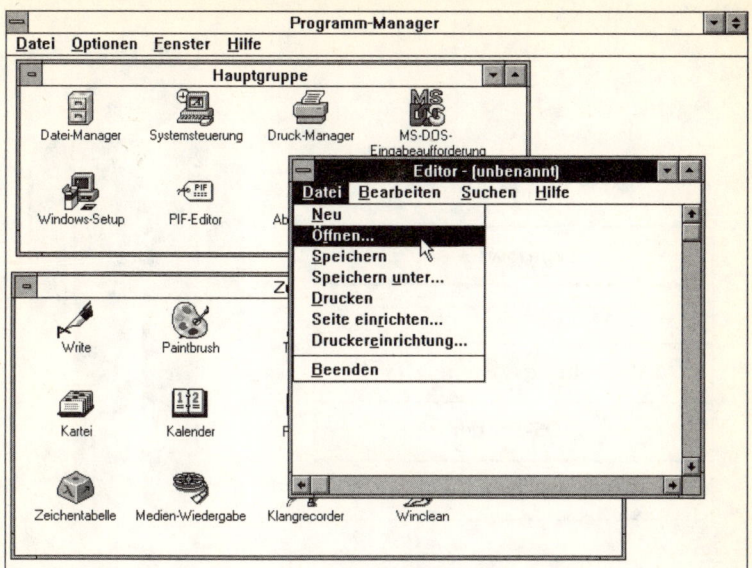

Um die gegebenen Kapazitäten des Prozessors und des Arbeitsspeichers besser ausnutzen zu können, bietet Windows mehrere Betriebsarten. Sie nehmen Rücksicht auf die Ausstattung des Rechners, auf dem Windows eingesetzt wird.

▧ Standard-Modus

Verfügen Sie über einen 80286-Rechner mit mindestens 1 MB Arbeitsspeicher, so kann der Standard-Modus angewendet werden. Diese Betriebsart gestattet die Nutzung des Erweiterungsspeichers. Dadurch wird die bisherige Zugriffsbeschränkung auf maximal 640 KB aufgehoben. Ferner kann Windows den Ablauf mehrerer Programme, die auf Windows 3 aufbauen, steuern und kontrollieren. Dies geschieht jedoch nicht im Multi-Tasking-Betrieb, sondern in der Weise, daß der Anwender per Hand ein anderes Programmbetriebsfenster aktiviert. Dadurch wird das bislang im Prozeß befindliche Programm angehalten. Diese Vorgehensweise ist möglich, weil sich Windows wie ein über dem COMMAND.COM liegender Kommandoprozessor verhält.

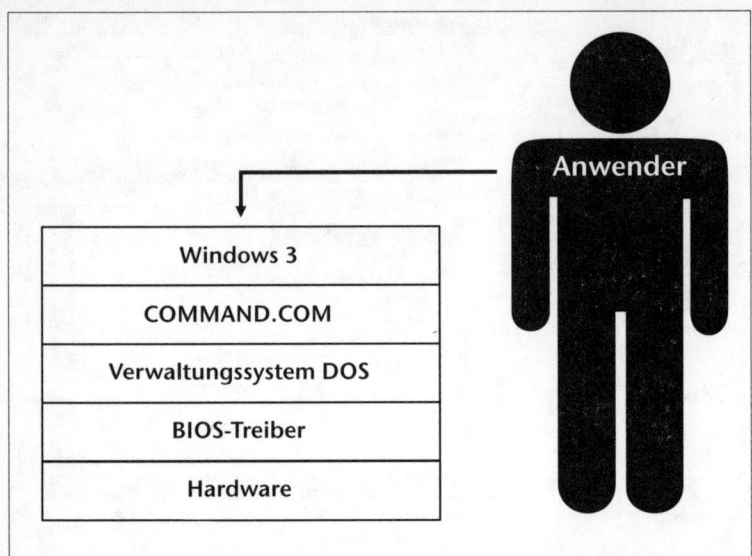

Bei Programmen, die nicht auf dem Windows-System aufbauen, sondern nur COMMAND.COM voraussetzen, sind nur sogenannte Vollbildschirm-Anwendungen möglich. Die grafische Oberfläche steht damit während einer Programmbearbeitung nicht zur Verfügung. Wohl aber ist der Vorteil des erweiterten Speichers nutzbar.

▧ Erweiterter Modus

Auf einem Personal Computer mit einem 80386-Prozessor oder einem Nachfolgetyp mit mindestens 4 MB Arbeitsspeicher kann der erweiterte Modus genutzt werden. Diese Betriebsart erlaubt es, daß mehrere Anwendungsprogramme im sogenannten kooperativen Multi-Tasking nebeneinander bearbeitet werden. Im Gegensatz zum Zeitscheibenverfahren unterbricht das Betriebssystem nicht das gerade laufende Programm, um ein anderes Programm zu aktivieren. Vielmehr wartet es, bis das laufende Programm die Systemkontrolle abgibt. Dann erst startet es das wartende Programm und übergibt ihm die Systemkontrolle.

Virtuelle Maschine

Diese Fähigkeit zum Multi-Tasking wird dadurch erreicht, daß Windows auf dem 80386-Prozessor mehrere 8086-Prozessoren nachbildet (emuliert). Aus der einen 80386-Maschine werden mehrere virtuelle 8086-Maschinen. Virtuell heißt, daß sich dieser Vorgang nicht real, sondern auf einer logischen Ebene vollzieht.

Virtueller Speicher

Bei Multi-Tasking-Betrieb wird auch mehr Speicherplatz benötigt. Im erweiterten Modus von Windows 3.x können bis zu 8 MB adressiert werden. So viel Speicherplatz braucht aber der Personal Computer nicht aufzuweisen, da Windows nach dem virtuellen Speicherkonzept verfährt. Ein virtueller Arbeitsspeicher ist ein Speicher, der größer ist als der wirklich vorhandene Arbeitsspeicher. Er wird durch eine äußerst aufwendige Speicherverwaltung mit Hilfe der Festplatte verwirklicht. Ein Teil der Festplatte wird dabei so genutzt, als ob er zum Arbeitsspeicher gehörte.

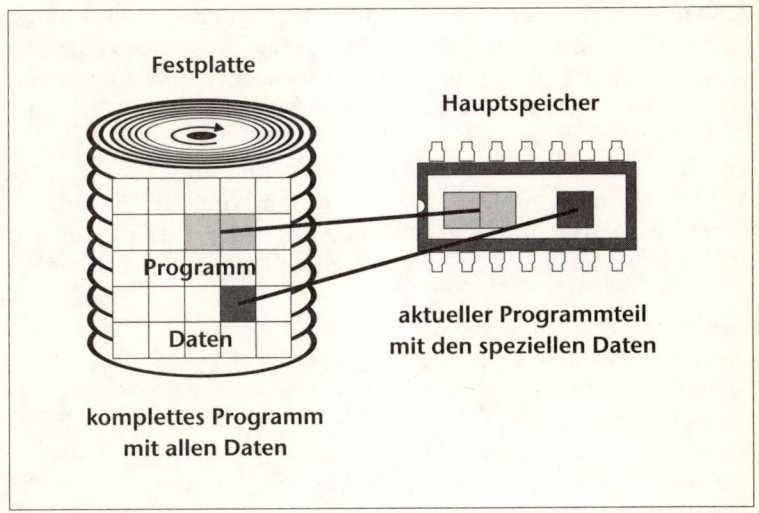

Ein besonderes Kennzeichen der virtuellen Speicherverwaltung ist das Swapping-Verfahren. Beim Swapping werden Programmteile und Daten, die aktuell nicht benötigt werden, auf die Festplatte ausgelagert. In den freien Bereich des Arbeitsspeichers werden nun die Daten oder Programmteile von der Festplatte geholt, die für die jetzt gerade aktuelle

Verarbeitung gebraucht werden. Auf einer logischen Ebene wird somit die Begrenztheit des real vorhandenen Arbeitsspeichers aufgehoben. Damit der Austauschvorgang zwischen Arbeitsspeicher und Festplatte reibungslos erfolgen kann, muß die Festplatte mehrere MB freie Speicherkapazität aufweisen.

Eine spezielle Ausformung von Windows für Netzwerkbenutzer ist unter dem Namen Windows for Workgroups (dt.: Windows für Arbeitsgruppen) im Einsatz. Es basiert ebenfalls auf dem Betriebssystem DOS. Das Betriebssystem Windows-NT wird vor allem im Netzwerkbetrieb eingesetzt.

10.3.2 Windows 95

Windows 95 ist eine Weiterentwicklung der Betriebssystemkombination von Windows 3.x und MS-DOS. Windows 95 ist nicht mehr auf DOS angewiesen, sondern selber bootfähig. Es setzt mindestens einen 386-Prozessor voraus. Als 32-Bit-Betriebssystem nutzt es die Leistungsfähigkeit der Prozessoren bedeutend besser aus als Windows 3.x. Die volle Leistungsfähigkeit kann Windows 95 aber erst entfalten, wenn Programme eingesetzt werden, die auf den 32-Bit-Betrieb ausgerichtet sind.

Viele Computeranwender werden auch weiterhin ihre 8-Bit- und 16-Bit-Software nutzen wollen. Das Konzept von Windows 95 sieht entsprechende Nutzungsformen vor. Es besteht aus mehreren virtuellen Maschinensystemen, wie aus der nachstehenden Grafik zu ersehen ist.

Architektur von Windows 95

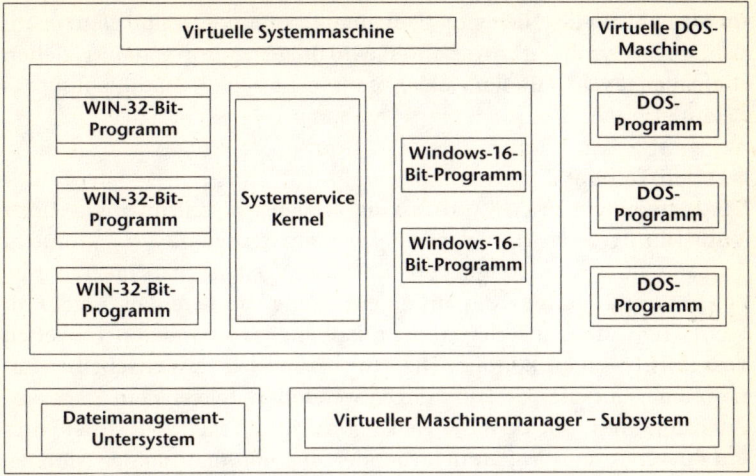

Wie aus der Grafik ersichtlich wird, werden DOS-, 16-Bit-Windows- und 32-Bit-Windows-Programme in voneinander abgegrenzten Bereichen behandelt. Dadurch ist es möglich, Programme unterschiedlichen Typs zeitgleich im Rechner ablaufen zu lassen.

10.3.3 OS/2

OS/2 ist die Abkürzung für Operation System /2. Es wurde für Prozessoren ab der 80286-Klasse entwickelt. Es ist ein objektorientiertes 32-Bit-Betriebssystem mit einer grafischen Oberfläche, das im Multi-Tasking-Verfahren arbeitet. Als 32-Bit-System nutzt OS/2 die Fähigkeiten der Hardware sehr gut aus.

■ Objektorientierung

Bei einem objektorientierten Betriebssystem gibt der Nutzer nicht mehr an, mit welchem Programm er arbeiten möchte, sondern mit welchem Dokument. Auf der grafischen Oberfläche werden keine Programmsymbole, sondern Dokumentenordner angezeigt. Mit einem Doppelklick wählt der Nutzer das gewünschte Dokument aus. Das Betriebssystem startet daraufhin das Programm, mit dem das Dokument bzw. die Datei erstellt worden ist, und stellt es zusammen mit der gewünschten Datei dem Nutzer zur Verfügung. Um ein Dokument auszudrucken, klickt der Nutzer das Dokumentensymbol an und zieht es auf das Druckersymbol. Das Verfahren wird drag and drop genannt, ziehen und fallen lassen. Für den Nutzer vereinfacht sich die Handhabung des Rechners.

▥ Multi-Tasking

OS/2 ermöglicht einen Multi-Tasking-Betrieb. Um eine möglichst hohe Verarbeitungsgeschwindigkeit zu erreichen, werden die Programme in Threads (dt.: Faden) zergliedert. Darunter versteht man die Technik, das Gesamtprogramm, das aus einem Strang von Befehlen besteht, in kleine Teilketten zu zerlegen, die unabhängig von anderen Teilketten ausgeführt werden können. Die Threads werden im Zeitscheibenverfahren abgearbeitet. So kann der Anwender «zeitgleich» ein Statikprogramm fahren, mit dem die Dicke von Betondecken berechnet wird, ein Buchhaltungsprogramm anwenden, das automatisch den Monatsabschluß erstellt, und mit einem Textprogramm Texte editieren.

▥ Virtuelles Speicherkonzept

Der Multi-Tasking-Betrieb erfordert mehr Speicherplatz als unter DOS üblich. OS/2 kann bis zu 1 Gigabyte Speicher adressieren. Bei einem AT kann die Speicherkapazität aber maximal nur auf bis zu 16 MB ausgebaut werden. Deshalb wird das virtuelle Speicherkonzept eingesetzt. Um OS/2 sinnvoll einsetzen zu können, sollte der Rechner mit einem 80386-Prozessor, mindestens 4 MB Arbeitsspeicher und einer sehr schnellen Festplatte ausgerüstet sein.

▥ Anwendungen

Aus der Sicht des Computernutzers ist es von entscheidender Bedeutung, daß die Anwendungssoftware, die er einsetzen möchte, auf dem Betriebssystem läuft. Die Systemsoftware und die Anwendungssoftware müssen also genau zueinander passen. Ob sich ein Betriebssystem im Markt gegenüber den Konkurrenten behaupten kann, hängt unter anderem von seiner Fähigkeit ab, Programme unterschiedlicher Herkunft bearbeiten zu können. Da es eine Vielzahl von DOS- und Windows-Programmen gibt, wurde OS/2 so aufgebaut, daß diese Programme auch unter OS/2 laufen.

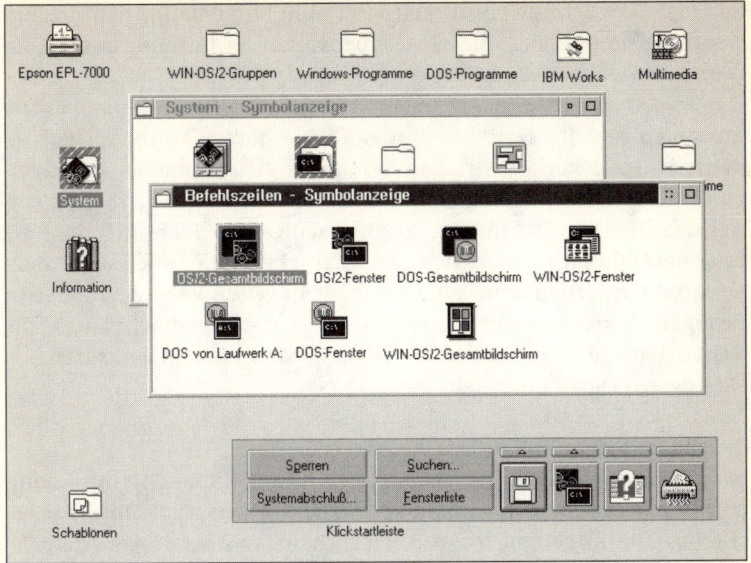

10.3.4 UNIX

UNIX ist ein Betriebssystem, das bereits 1969 entwickelt wurde. Während es im Forschungsbereich schon lange als wichtiges Betriebssystem anerkannt wurde, gewinnt es im kommerziellen Markt erst seit 1983 an Einfluß. In seinem Leistungsspektrum ist es weitaus mächtiger als das DOS-Betriebssystem. Deshalb ist es auch nicht so einfach zu handhaben. Um die Benutzung zu vereinfachen, sind inzwischen grafische Bedienungsoberflächen, wie beispielsweise X-Windows, entwickelt worden.

▪ Universalsystem

UNIX wird auf Personal Computern, aber auch auf Großrechnern eingesetzt. Im Gegensatz zu MS-DOS, das nur auf 80x86- oder 8088-Prozessoren läuft, steht UNIX für eine Vielzahl von Prozessortypen zur Verfügung. UNIX ist in der Lage, ein Mehrplatzsystem zu unterstützen. Es ermöglicht also den Multi-User-Betrieb. Dabei arbeiten mehrere Anwender «gleichzeitig» mit unterschiedlichen Programmen. Ein UNIX-System ist damit auch in der Lage, im Multi-Tasking-Betrieb zu arbeiten. Ein Prozeßverwaltungsprogramm sorgt dafür, daß die Anwendungsprogramme im Zeitscheibenverfahren ordnungsgemäß abgewickelt werden.

Der Vorteil eines Mehrplatzsystems besteht zum einen darin, daß alle Anwender dieselbe Hardware und Software nutzen können. Die Festplatte beispielsweise steht allen Benutzern gleichermaßen zur Verfügung. Zum anderen ermöglicht es eine vernetzte Datenverarbeitung innerhalb eines Unternehmens. So können die Anwender untereinander über den Bildschirm Nachrichten austauschen. Aber auch der Datenaustausch zwischen den verschiedenen Anwendungsprogrammen ist problemlos möglich. Sind beispielsweise in der Lagerbuchhaltung die Warenzugänge gerade gebucht worden, so kann man im Verkauf die aktualisierten Daten unmittelbar nutzen.

▓ Schutzmechanismen

Bei einem solch offen gestalteten System wie UNIX besteht die Gefahr, daß Unbefugte Daten lesen und verändern können. Deshalb ist das Betriebssystem mit einem Zugriffsberechtigungssystem ausgestattet. Dabei muß sich der Anwender beim Rechner als berechtigter Anwender identifizieren. Ohne eine korrekte Anmeldung kann man den Rechner nicht nutzen. Ferner wird für jeden Benutzer festgelegt, auf welche Dateien er lesend, schreibend oder überhaupt nicht zugreifen darf.

10.3.5 Netzwerkbetriebssystem Novell

In vielen Unternehmen besteht die Notwendigkeit, Datenbestände von mehreren Arbeitsplätzen aus zu nutzen. Die Kundendatei wird im Schreibbüro ebenso benötigt wie in der Debitorenbuchhaltung. Deshalb ist es sinnvoll, die Kundendaten in einer zentralen Datei zu speichern, auf die von den übrigen Bildschirmarbeitsplätzen zugegriffen werden kann.

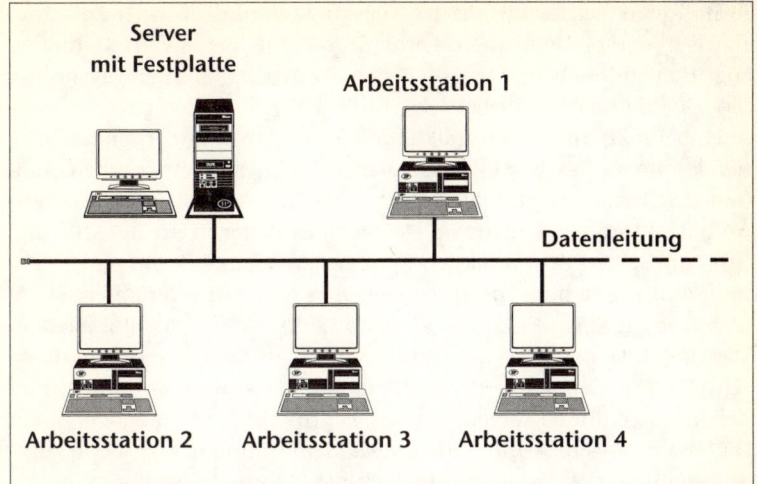

▥ Ausstattung eines Netzwerkes

Als Netzwerkrechner (Server) wird ein leistungsfähiger PC benötigt. Er ist mit einer großen Festplatte ausgestattet, auf der die zentralen Dateien gespeichert werden. An den Arbeitsplätzen werden Personal Computer als Arbeitsstationen eingesetzt. Durch Netzwerkkarten, beispielsweise Ethernet, werden sie netzwerkfähig gemacht. Die Verbindung zwischen Server und Arbeitsstationen wird durch Koaxialkabel hergestellt.

Neben der Hardware ist auch Software erforderlich. Zum einen wird für die Verwaltung des Netzwerkes ein Netzwerkbetriebssystem einschließlich der Treibersoftware für die Netzwerkkarten benötigt. Zum anderen bedarf es auch einer netzwerkgeeigneten Anwendungssoftware, mit der die einzelnen Nutzer arbeiten. Viele Standardprogramme, die auf dem PC laufen, gibt es auch in Netzwerkausführung.

▥ Leistung des Netzwerkbetriebssystems

Das bekannteste Netzwerkbetriebssystem ist Novell Netware. Es ist in der Lage, eine Vielzahl von Arbeitsstationen im Netz zu verwalten. Es sorgt dafür, daß der Datenverkehr zwischen den Arbeitsstationen und dem Server ordnungsgemäß abgewickelt wird. In der Regel macht es keine Probleme, wenn zu einem bestimmten Zeitpunkt immer nur eine Station das Netz in Anspruch nimmt. Greifen jedoch zwei oder mehrere Stationen gleichzeitig auf das Netz zu, kommt es zu einer Kollision. Das Netzwerkbetriebssystem hat dann die Aufgabe, diesen Mehrfachzugriff aufzulösen. Sonst würden sich die Arbeitsstationen gegenseitig blockieren und den Netzbetrieb lahmlegen.

Auch beim Zugriff auf zentrale Dateien kann es zu kritischen Situationen kommen. Das mag folgendes Beispiel zeigen. An einer Arbeitsstation im Schreibbüro wird der Datensatz des Kunden Adam angefordert, weil die Adresse zu ändern ist. Der Sachbearbeiter in der Buchhaltung ruft zum selben Zeitpunkt den Kundensatz Adam auf, um einen Zahlungseingang zu buchen. Ohne ein geregeltes Zugriffsverfahren würde entweder die alte Adresse oder der alte Saldo in dem Datensatz stehen. Das hängt davon ab, welche Arbeitsstation als letzte den Satz zurückschreibt. Das Netzwerkbetriebssystem und das Anwendungsprogramm haben also dafür zu sorgen, daß der Zugriff auf eine Datei oder einen Datensatz verwehrt wird, wenn eine andere Station darauf schon zugegriffen und die Satzbearbeitung noch nicht abgeschlossen hat.

Ferner weist Novell ähnliche Schutzmechanismen auf wie das UNIX-Betriebssystem, um die unbefugte Benutzung von Programmen und Daten zu verhindern. Für die Ausführung der Anwendungsprogramme in den Arbeitsstationen ist das Netzwerkbetriebssystem nicht zuständig. Das ist Aufgabe des jeweiligen Betriebssystems.

10.3.6 Zusammenfassung

- Windows verfügt über eine grafische Bedienungsoberfläche und kann, sofern die hardwaremäßigen Voraussetzungen gegeben sind, einen Multi-Tasking-Betrieb verwalten.
- OS/2 ist ein grafisch orientiertes Single-User-Betriebssystem mit der Fähigkeit, mehrere Prozesse gleichzeitig zu verwalten.
- UNIX ist ein Multi-User-System, das auf einer Vielzahl von Rechnersystemen eingesetzt wird.
- Zum Betrieb eines Netzwerkes wird neben der Hardware auch ein Netzwerkbetriebssystem, wie beispielsweise Novell Netware, benötigt.

10.3.7 Aufgaben

1. Die nachstehenden Aussagen beziehen sich auf die Betriebssystemerweiterung Windows. Kennzeichnen Sie die richtigen Aussagen mit
R, die falschen mit F.

   a) Windows macht den PC und den XT Multi-Tasking-fähig. ____
   b) Die volle Leistungsfähigkeit von Windows 3 wird erst mit
   einem 386er Prozessor und 2 MB Arbeitsspeicher erreicht. ____
   c) Windows schafft eine grafische Bedienungsoberfläche. ____
   d) Windows bildet auf dem 80386-Prozessor mehrere virtuelle 8086-Prozessoren nach. ____
   e) Beim virtuellen Speicherkonzept muß der Arbeitsspeicher
   um weitere Speicherchips erweitert werden. ____
   f) Beim Swapping werden Daten und Programmteile, die im
   Augenblick benötigt werden, gegen solche ausgetauscht,
   die gerade nicht gebraucht werden. ____

2. Gegenüber MS-DOS zeichnet sich OS/2 aus durch
   a) _____
   b) _____
   c) _____

3. Ergänzen Sie folgenden Satz: Gegenüber DOS ist UNIX in der Lage, die
Rechnerleistung _____ Benutzern «gleichzeitig» zur Verfügung zu stellen. UNIX ist ein _____ -System.

4. Die nachstehenden Aussagen beziehen sich auf das Betriebssystem
UNIX. Kennzeichnen Sie die richtigen Aussagen mit R, die falschen
mit F.

   a) UNIX läuft nur auf Personal Computern. ____
   b) UNIX ist nicht so leicht zu handhaben wie MS-DOS. ____
   c) UNIX ist ein Betriebssystem für ein Mehrplatzsystem. ____
   d) UNIX ist ein offenes System. Deshalb gibt es Probleme mit
   dem Datenschutz. ____
   e) An einer UNIX-Anlage kann man nur arbeiten, wenn man
   sich als berechtigter Benutzer angemeldet hat. ____

5. Ergänzen Sie: Auf Grund des _____ ist ein
UNIX-System gegen _____ Benutzung abgesichert.

6. Für welche Situationen müssen im Netzwerkbetriebssystem besondere Vorkehrungen getroffen sein?

   a) _____

   b) _____

10.3.8 Lösungen

1. Die nachstehenden Aussagen beziehen sich auf die Betriebssystemerweiterung Windows. Kennzeichnen Sie die richtigen Aussagen mit
   R, die falschen mit F.

   a) Windows macht den PC und den XT Multi-Tasking-fähig.   F

   b) Die volle Leistungsfähigkeit von Windows 3 wird erst mit
      einem 386er Prozessor und 2 MB Arbeitsspeicher er-
      reicht.   R

   c) Windows schafft eine grafische Bedienungsoberfläche.   R

   d) Windows bildet auf dem 80386-Prozessor mehrere virtuel-
      le 8086-Prozessoren nach.   R

   e) Beim virtuellen Speicherkonzept muß der Arbeitsspeicher
      um weitere Speicherchips erweitert werden.   F

   f) Beim Swapping werden Daten und Programmteile, die im
      Augenblick benötigt werden, gegen solche ausgetauscht,
      die gerade nicht gebraucht werden.   R

2. Gegenüber MS-DOS zeichnet sich OS/2 aus durch

   a) *Multi-Tasking*
   b) *virtuelles Speicherkonzept*
   c) *grafische Bedienungsoberfläche*

3. Ergänzen Sie folgenden Satz: Gegenüber DOS ist UNIX in der Lage, die
   Rechnerleistung *mehreren* Benutzern «gleichzeitig» zur Verfügung zu
   stellen. UNIX ist ein *Multi-User*-System.

4. Die nachstehenden Aussagen beziehen sich auf das Betriebssystem
   UNIX. Kennzeichnen Sie die richtigen Aussagen mit R, die falschen
   mit F.

   a) UNIX läuft nur auf Personal Computern.   F
   b) UNIX ist nicht so leicht zu handhaben wie MS-DOS.   R
   c) UNIX ist ein Betriebssystem für ein Mehrplatzsystem.   R

   d) UNIX ist ein offenes System. Deshalb gibt es Probleme mit
       dem Datenschutz.   F

   e) An einer UNIX-Anlage kann man nur arbeiten, wenn man
       sich als berechtigter Benutzer angemeldet hat.   R

5. Ergänzen Sie: Auf Grund des *Zugriffsberechtigungssystems* ist ein
UNIX-System gegen *unbefugte* Benutzung abgesichert.

6. Für welche Situationen müssen im Netzwerkbetriebssystem besondere Vorkehrungen getroffen sein?

   a) *Zwei oder mehr Teilnehmer nehmen das Netz gleichzeitig in Anspruch.*

   b) *Zwei oder mehr Teilnehmer greifen gleichzeitig auf denselben Datensatz in einer zentralen Datei zu.*

11 Software

Damit Sie bei der Beschaffung und bei der Aufrüstung eines Computersystems Fehler weitgehend vermeiden, haben Sie bisher grundlegende Kenntnisse zur Hardware und zum Betriebssystem eines Computers erworben. Die Lösung eines Problems mit Hilfe eines Computers setzt ein entsprechendes Anwendungsprogramm voraus. Ein Computer ohne Software ist für den Nutzer wertlos. Normalerweise stellt sich auch erst die Frage, welche Probleme mit der automatisierten Datenverarbeitung gelöst werden sollen. **Erst nach Auswahl der Software schafft der gut beratene Nutzer die passende Hardware an.**

Unternehmen, die den Computer für die Verarbeitung der betrieblichen Daten einsetzen, wenden für die Beschaffung von Software erheblich mehr Mittel auf als für die Beschaffung der Hardware. Hinzu kommen noch Kosten für die Einarbeitung der Mitarbeiter. In den Folgejahren müssen aber die beschafften Programme auf einem aktuellen Stand gehalten werden. Die Softwarepflege verursacht erhebliche Folgekosten. Der Hobbyanwender wird mit dem Kauf von Software und bei der Softwarepflege erheblich zurückhaltender sein.

Bei allen Problemen steht der Nutzer vor der Frage, ob eine auf seine spezifischen Probleme zugeschnittene Lösung individuell entwickelt werden soll. In diesem Fall wird er überwiegend eine Problemlösung mit einer Programmiersprache anstreben. Programmiersprachen sind ein bedeutender Teil des Softwareangebots. Großunternehmen unterhalten eigene Programmierabteilungen, die Problemlösungen in einer Programmiersprache entwickeln und pflegen. Hobbynutzern macht es oft ungeheuren Spaß, mit Hilfe von Programmiersprachen Lösungen zu finden, die häufig an große kommerzielle Vorbilder heranreichen.

Die automatisierte Datenverarbeitung kann mittlerweile auf eine beträchtliche Tradition zurückblicken. In Unternehmen wurden Lösungen entwickelt, die in gleicher oder ähnlicher Form in einer Vielzahl von Unternehmen eingesetzt werden können. Das hat dazu geführt, daß in den letzten Jahren eine große Zahl von Softwarehäusern gegründet wurden, die nichts anderes machen, als Problemlösungen für Anwender zu entwickeln. Ein breiter und mittlerweile unübersichtlicher Markt an Anwendersoftware führt für den Nutzer zu dem Problem, daß die Beschaffung der Software ebenso schwierig ist wie die Auswahl der hierfür benötigten Hardware. Zu Ihrer Orientierung möchten wir Ihnen eine Übersicht und Systematisierung der Software geben.

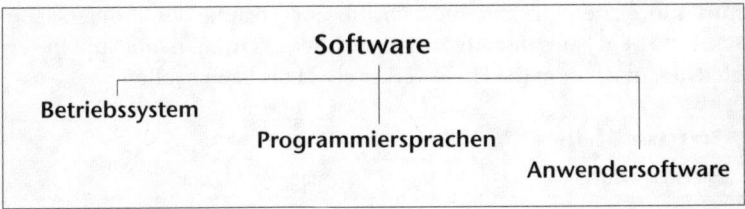

11.1 Programmiersprachen

11.1.1 Vom Problem zum Programm

Der Weg von der Problemerkennung bis zur Lösung mittels Computer ist unter Umständen lang und beschwerlich. Dabei liegen die Hauptprobleme weniger in der Programmierung als vielmehr darin, daß der Anwender das Problem und die erwartete Problemlösung nicht genau genug beschreiben kann. Ungefähre Angaben reichen da nicht. Diese Phase nennt man Problemanalyse. Sie endet mit der Erstellung eines **Pflichtenheftes.** In ihm ist so genau wie nötig beschrieben, was das zu erstellende Programm leisten soll. Das Pflichtenheft ist eine wichtige Grundlage für den Programmierauftrag.

Möchte man selber Programme schreiben, so muß man auch eine exakte Zielbeschreibung vornehmen. Ohne eine feste Zielvorgabe besteht die Gefahr, daß man sich verzettelt und erst nach Umwegen das Arbeitsziel erreicht. Das belastet allenfalls die eigene Zeit. Hat man den Programmierauftrag an ein Programmierbüro vergeben, so ist der Mehraufwand zu bezahlen, der sich aus den Änderungen in den Lösungsvorgaben ergibt.

▓ Algorithmus

Nach Abschluß der Problemanalyse beginnen die eigentlichen Ent-
wicklungsarbeiten. Zunächst wird ein Plan entwickelt, in welchen
Schritten das Problem gelöst werden kann. In der Fachsprache wird der
Lösungsweg als Algorithmus bezeichnet. Er wird noch nicht in einer
Computersprache erstellt. Vielmehr sind verschiedene Techniken wie
beispielsweise Blockdiagramm und Struktogramm üblich, um den Algorithmus grafisch darzustellen. Welche Technik angewendet wird, ist
jedoch nicht so entscheidend. Wichtig ist vor allem, daß der Algorithmus hinreichend genau die Schritte zur Lösung des Problems beschreibt. Man kann den Algorithmus durchaus mit einem Bauplan vergleichen, nach dem die Handwerker ein Haus bauen sollen.

Programm Addition	
Bildschirmausgabe:	'Eingabe der 1. Zahl:'
Tastatureingabe:	zahla
Bildschirmausgabe:	'Eingabe der 2. Zahl:'
Tastatureingabe:	zahlb
Berechnung:	summe = zahla + zahlb
Bildschirmausgabe:	'Summe:' summe

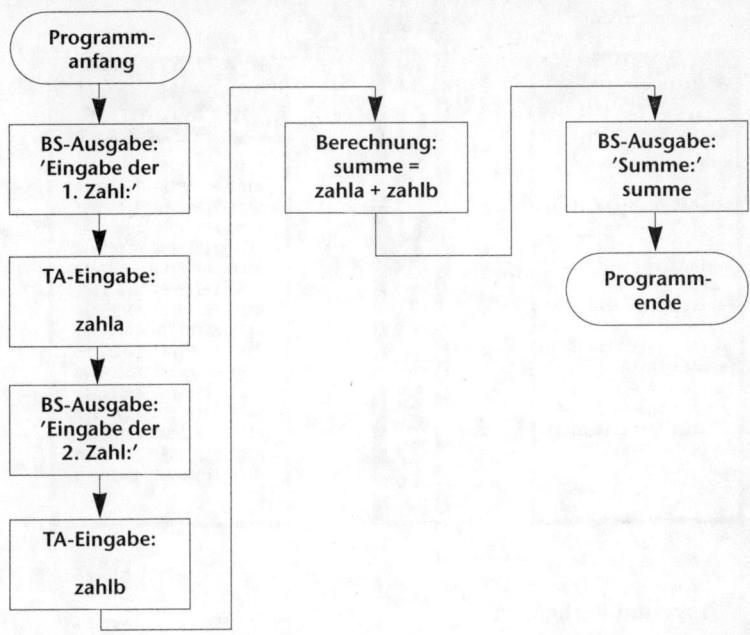

Aus dem Algorithmus wird im nächsten Schritt das Programm entwickelt. Dabei werden die in dem Lösungsweg angegebenen Schritte in Anweisungen und Befehlen formuliert, die der Computer später ausführen soll. Diese Anweisungen werden in der Regel nicht in der Sprache des Computers, der Maschinensprache, sondern in einer höheren Programmiersprache geschrieben. Da der Computer letztlich aber nur Anweisungen ausführen kann, die in seiner Maschinensprache codiert sind, müssen diese Programme noch in den Maschinencode übersetzt werden. Diese Aufgabe übernehmen **Compiler** bzw. **Interpreter.** Bei Verwendung eines Compilers wird das vom Programmierer geschriebene Programm komplett in das Maschinenprogramm umgesetzt. Steht ein Interpreter zur Verfügung, entfällt ein eigenständiger Übersetzungslauf. Die Anweisungen werden während der Ausführung des Anwendungsprogramms vom Interpreter Befehl für Befehl in den Maschinencode umgeformt und ausgeführt.

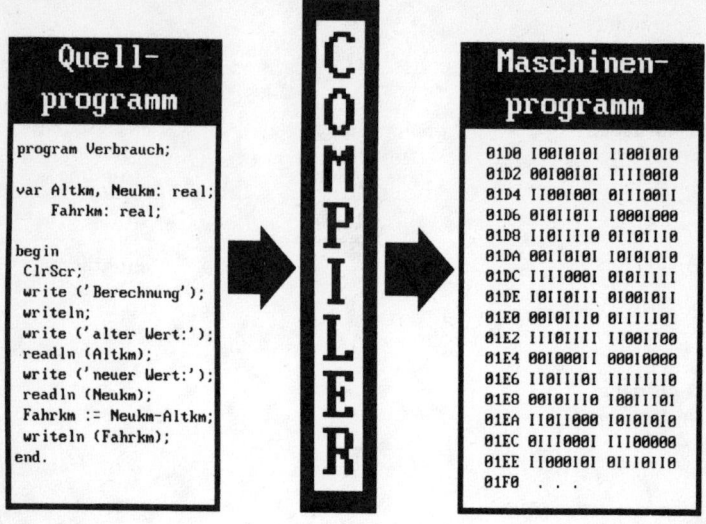

Programmiersprachen

Zu den am meisten benutzten Programmiersprachen zählen
- Basic,
- Pascal,
- Cobol und
- C.

Sie sind für viele Rechnertypen und Betriebssysteme verfügbar. Somit ist es beispielsweise möglich, ein Pascal-Programm, das für einen MS-DOS-Computer entwickelt wurde, auf einem UNIX-Computer anzuwenden. Dazu muß das Pascal-Programm von einem Pascal-Compiler, der auf den UNIX-Rechner und sein Betriebssystem ausgerichtet ist, in den UNIX-Maschinencode übersetzt werden.

Die obengenannten Programmiersprachen bezeichnet man als **prozedurale Sprachen.** Bei ihnen muß der Programmierer die Arbeitsschritte einzeln angeben, um das gewünschte Ziel zu erreichen. Bei den nicht-prozeduralen Sprachen, wie sie bei komplexen Datenbanksystemen anzutreffen sind, beschreibt der Anwender in einer formalisierten Sprache das Arbeitsergebnis, das der Rechner liefern soll. Ein Sprachsystem setzt die Ergebnisbeschreibung in die notwendigen Anweisungen um, die für die maschineninterne Ausführung benötigt werden. Ein solches Sprachsystem bezeichnet man als **4GL-Sprache**. 4GL steht für **4**th Generation Language, also Sprache der 4. Generation.

An einer weiteren Sprachgeneration wird seit über 20 Jahren geforscht und gearbeitet. Der Oberbegriff für diese Sprachen der 5. Generation ist **KI** (Künstliche Intelligenz). Am bekanntesten sind wohl die Sprachsysteme Lisp (engl. **Li**st **P**rocessing), Prolog (engl. **Pro**gramming in **Log**ic) und Smalltalk. Ihre Bedeutung liegt zur Zeit überwiegend im wissenschaftlichen Bereich.

Die Entwicklung der Sprachsysteme steht vor allem unter der Zielsetzung, daß der Mensch mit der ihm eigenen Sprech-, Schreib- und Denkweise dem Computer Datenverarbeitungsprobleme zur Lösung übertragen kann.

Prozedurale Sprachen

1. Generation	Maschinensprache
2. Generation	Assembler
3. Generation	Basic
	Cobol
	Pascal
	C
	Fortran

Nichtprozedurale Sprachen

4. Generation	SQL
	4GL
5. Generation	Prolog
	Lisp
	Smalltalk

Jede Programmiersprache hat ihre Besonderheiten, Stärken und Schwächen. Für den Anwender kommt es deshalb darauf an, die Sprache einzusetzen, die seiner Problemstellung und seinem Vorhaben am ehesten entspricht. Im folgenden werden die im Bereich von Personal Computern wichtigsten Programmiersprachen vorgestellt. Um einen kleinen Einblick in die Programmierung zu ermöglichen, wird zu jeder Programmiersprache ein kleines Programm vorgestellt, mit dem zwei

Zahlen über die Tastatur eingegeben und vom Computer addiert werden. Die Summe wird auf dem Bildschirm angezeigt.

```
Eingabe der 1. Zahl: 34
Eingabe der 2. Zahl: 75
Summe: 2558
```

11.1.2 Basic

Basic ist eine Computersprache, die beim Kauf eines Personal Computers häufig mitgeliefert wird. Basic ist die Abkürzung von **B**eginners **A**ll-purpose **S**ymbolic **I**nstruction **C**ode. Übersetzen könnte man diesen Titel mit: allseits einsetzbarer symbolischer Befehlssatz für Anfänger. Basic wurde 1965 aus der mathematisch-wissenschaftlich orientierten Sprache Fortran entwickelt, um den Studierenden das Programmieren zu vereinfachen.

■ **Programmbeispiel**

```
100 input "Eingabe der 1. Zahl: "; zahla
220 input "Eingabe der 2. Zahl: "; zahlb
300 let summe = zahla + zahlb
400 print "Summe: "; summe
500 end
```

In Basic kann ein Programm unmittelbar mit den Anweisungen beginnen. Die Eingabeanweisung lautet **input**. Die Ausgabe von Daten erfolgt über ein **print**-Kommando. Eine Berechnung wird über das Schlüsselwort **let** veranlaßt. Vor den Anweisungen stehen Zeilennummern. In der Reihenfolge der Zeilennummern werden die Programmzeilen vom Rechner bearbeitet.

Basic beherrscht alle üblichen Rechenfunktionen. Bei der Speicherung von Daten im Arbeitsspeicher oder auf externen Speichern unterstützt Basic nur wenige Datentypen und einfache sequentielle Dateien. Diese Begrenzung von Basic hat dazu geführt, daß Basic-Dialekte entwickelt wurden, die auch komplexe Dateiformen bearbeiten können.

Die Programmiersprache Basic ist leicht erlernbar. Als Einsteigersprache ist sie sehr beliebt, weil man ohne große Vorüberlegungen sehr rasch zu lauffähigen Programmen gelangen kann. Bei Basic wird nämlich ein Interpreter verwendet. Somit werden die eingegebenen Anweisungen mit dem Kommando RUN unmittelbar ausgeführt. Mit Basic gelingt es dem Anfänger recht schnell, erfolgreich kleine Programme zu schreiben. Große und komplexe Anwendungen werden dagegen seltener in Basic erstellt.

11.1.3 Pascal

Wie Basic ist auch Pascal eine Programmiersprache, die zu Ausbildungszwecken von dem Schweizer N. Wirth entwickelt und 1971 veröffentlicht wurde. Ausgangsbasis war die Computersprache Algol. Der Name Pascal wurde zu Ehren des Mathematikers Blaise Pascal gewählt. Binnen weniger Jahre wurde Pascal von großen Softwarehäusern zu einem mächtigen Sprachsystem weiterentwickelt. Am bekanntesten ist Turbo-Pascal.

■ **Programmbeispiel**

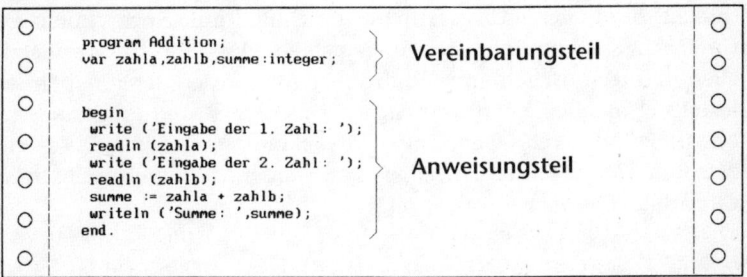

```
program Addition;
var zahla,zahlb,summe:integer;        } Vereinbarungsteil

begin
  write ('Eingabe der 1. Zahl: ');
  readln (zahla);
  write ('Eingabe der 2. Zahl: ');     } Anweisungsteil
  readln (zahlb);
  summe := zahla + zahlb;
  writeln ('Summe: ',summe);
end.
```

Ein Pascal-Programm teilt sich in einen Vereinbarungs- und einen Anweisungsteil auf. Im Vereinbarungsteil werden die Namen der Variablen mit ihrem jeweiligen Datentyp angegeben. Zwischen **begin** und **end** werden die Anweisungen formuliert, die vom Rechner auszuführen sind. Mittels **read**- bzw. **readln**-Anweisungen werden Daten in Variablen eingelesen. **write** bzw. **writeln** sind die Schlüsselwörter für den Ausgabebefehl. Zur Berechnung von Werten wird die Zeichenkombination := verwendet. Der Additionsausdruck

summe := zahla + zahlb;

wird gelesen: Der Inhalt der Variablen summe ergibt sich aus dem Inhalt der Variablen zahla plus des Inhalts der Variablen zahlb.

Pascal unterstützt weitaus mehr Datentypen als Basic. In Pascal hat der Programmierer die Möglichkeit, aus den Standard-Datentypen weitere Datentypen zu bilden. Auf Grund der sogenannten Prozedurtechnik können Pascal-Programme sehr gut modular aufgebaut werden. Modularität bedeutet, daß ein komplexes Programm aus überschaubaren Teilprogrammen (Module/Prozeduren) zusammengesetzt wird. Ein wichtiger Vorteil der Modularität besteht darin, daß umfangreiche Programme relativ leicht arbeitsteilig von mehreren Programmierern erstellt werden können.

Pascal ist ähnlich wie Basic in seinen Grundstrukturen relativ einfach erlernbar. Im Gegensatz zu Basic müssen bei Pascal mehr oder weniger umfangreiche Überlegungen zum Aufbau bzw. zur Struktur von Daten und Programm angestellt werden, bevor ein Programm geschrieben werden kann. Diese Vorüberlegungen schützen aber letztlich davor, unsystematisch zu programmieren.

Die Möglichkeiten bzw. der Zwang zu einer strukturierten Programmierung einerseits sowie die Gestaltungsmöglichkeiten bei Datentypen andererseits veranlassen viele Fachleute dazu, Pascal als Einstiegssprache zu empfehlen. Pascal wird in Schulen und Hochschulen als Unterrichtssprache eingesetzt. Aber auch eine Vielzahl von kommerziellen und technischen Anwendungen werden wegen der guten Strukturierungsmöglichkeiten hinsichtlich Datentypen und Prozedurtechnik in Pascal geschrieben. Gute Entwicklungsumgebungen, wie sie beispielsweise in Turbo-Pascal geboten werden, haben ebenfalls zum verstärkten Einsatz von Pascal geführt.

11.1.4 Cobol

Cobol steht für Common Business-Oriented Language. Man kann es mit «allgemeine kaufmännisch orientierte Sprache» übersetzen. Cobol wurde bereits 1959 entwickelt. Der heutige Cobol-Standard stammt aus dem Jahr 1985.

Programmbeispiel

```
identification division.
program-id. Addition.
environment division.
data division
working-storage section.
77   ZAHLA    pic 999.
77   ZAHLB    pic 999.
77   SUMME    pic 9(4).

procedure division.
Eingabe.
     display "Eingabe der 1. Zahl: "
     accept ZAHLA
     display "Eingabe der 2..Zahl: "
     accept ZAHLB.
Verarbeitung.
     add ZAHLA, ZAHLB giving SUMME.
Ausgabe.
     display "Summe: "; SUMME.
Ende.
     stop run.
```

Cobol weist einen streng formalen Aufbau auf. Jedes Cobol-Programm muß mit einem Erkennungsteil, der IDENTIFICATION DIVISION, beginnen. In der ENVIRONMENT DIVISION ist darzulegen, welche Peripherie genutzt werden soll. In der DATA DIVISION werden die Variablen mit ihren Datentypen vereinbart. Die PROCEDURE DIVISION schließlich beinhaltet die Anweisungen.

Cobol unterscheidet verschiedene Arten von Ein- und Ausgabeoperationen. Dafür stehen entsprechende Schlüsselwörter zur Verfügung. Bei Eingaben über die Tastatur wird ACCEPT, bei Ausgaben über den Bildschirm DISPLAY verwendet. Die Anweisungen zur Berechnung eines Wertes können mittels ADD, SUBTRACT usw. gebildet werden.

Cobol ist eine Sprache, deren besondere Stärke in der Verarbeitung von Dateien liegt. Deshalb verfügen viele Datenbanksysteme über Anschlußmodule für Cobol-Programme. Für technisch-wissenschaftliche Anwendungsprogramme ist Cobol weniger gut geeignet. Cobol ist so angelegt, daß eine modularisierte Programmierung leicht verwirklicht werden kann. Mit der Modularisierung geht die Möglichkeit einher, umfangreiche und komplexe Programme arbeitsteilig zu erstellen.

Bei Cobol ist eine Vielzahl von formalen Vorschriften zu beachten. Sie ist deshalb nicht so leicht erlernbar wie Basic und Pascal. Man darf sie deshalb aber nicht vernachlässigen. Cobol ist nämlich die weltweit am meisten benutzte Programmiersprache. Sie wird sowohl auf Personal Computern als auch auf Großrechnern eingesetzt. Die Verfügbarkeit von Cobol auf nahezu allen wichtigen Rechnersystemen hat für den Anwender den Vorteil, daß seine Cobol-Programme auch auf Rechnern anderer Hersteller mit anderen Betriebssystemen eingesetzt werden können.

11.1.5 Programmiersprache C

Wie Cobol ist auch die Programmiersprache C keine Sprache für Anfänger oder Gelegenheitsprogrammierer. Bei C handelt es sich um eine Programmiersprache, die alle Strukturen von höheren Programmiersprachen enthält. Man kann mit ihr aber auch sehr maschinennah programmieren, wie es sonst nur mit Assemblersprachen möglich ist.

■ Programmbeispiel

```
/* Prg Add.c */
#include <stdio.h>
main ()
{
int zahla, zahlb, summe;
  printf("Eingabe der 1. Zahl: ");
  scanf("%i",&zahla);
  printf("\nEingabe der 2. Zahl: ");
  scanf("%i",&zahlb);
  summe = zahla + zahlb;
  printf("\nSumme: %i",summe);
}
```

Wie in Pascal- und Cobol-Programmen sind zu Beginn eines C-Programms die Variablen zu vereinbaren. Die Eingabe- und Ausgabeanweisungen, eingeleitet durch **scanf** bzw. **printf**, weichen in ihrem Aufbau doch erheblich von den Schreibweisen ab, wie sie in Pascal oder Basic üblich sind. In C können alle Datentypen wie in Pascal und Cobol gebildet werden. C unterstützt in starkem Maße die modularisierte Programmierung. Diese Programmiersprache ist somit für alle Aufgabenbereiche sehr gut einsetzbar.

C ist keine Sprache für den Anfänger. Vertreter dieser Programmiersprache warnen davor, unerfahrene Programmierer mit dieser Sprache arbeiten zu lassen. In den Händen eines Fachmanns ist die Sprache C jedoch ein mächtiges Instrument. Nicht nur im Bereich der UNIX-Systemprogrammierung wird C eingesetzt. Ein Großteil der Standardsoftware, wie beispielsweise Word, ist in C geschrieben. In der Fachwelt gilt C wegen der hohen Effizienz und sehr guten Übertragbarkeit (Portabilität) als die Standardsprache in der professionellen Software-Entwicklung.

Heute gibt es von jeder Programmiersprache eine Vielzahl von Dialekten, die leider untereinander nicht kompatibel sind. So ist beispielsweise ein Programm, das in einem Basic-Dialekt entwickelt worden ist, nicht lauffähig mit einem anderen Basic-Interpreter. Es müssen dann entsprechende Anpassungen im Programmtext vorgenommen werden. In den USA werden jedoch große Anstrengungen unternommen, die leistungsfähigen Programmiersprachen zu standardisieren, damit die Übertragbarkeit von Programmen auf andere Rechner- bzw. Betriebssysteme erleichtert wird. Cobol und ANSI-C sind zur Zeit die einzigen portablen Programmiersprachen.

11.2 Anwendersoftware

Bei der Systematisierung der Anwendersoftware gibt es die verschiedensten Kriterien. Individualsoftware wird in einer eigenen Entwicklungsabteilung oder als Auftrag von einem Softwarehaus geschrieben. Daneben gibt es eine Vielzahl von Programmen, die als Standardlösung vom Nutzer ohne jede Änderung oder spezifische Anpassung übernommen werden. Diese bezeichnet man als Standardsoftware. Zwischen diesen beiden Extremen gibt es eine Vielzahl von Mischformen.

Beispiel: Ein Unternehmen für Bürozubehör kauft eine Branchensoftware und läßt vom Softwarehaus betriebsspezifische Anpassungen vornehmen.

Weiterhin unterscheidet man Software nach dem Problem, das mit ihrer Hilfe gelöst werden soll.

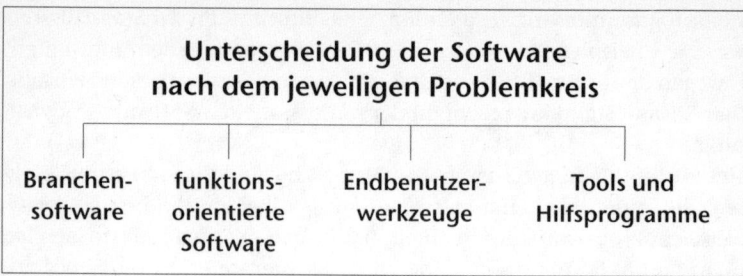

11.2.1 Branchensoftware

Mit der Branchensoftware werden Programme zur Lösung betrieblicher Probleme einzelner Branchen angeboten. Ein solches Angebot ist möglich, weil überwiegend bei Klein- und Mittelbetrieben der gleichen Branche nahezu identische Probleme auftreten, die mit Hilfe der automatisierten Datenverarbeitung gelöst werden können.

Beispiel: In den Kfz-Werkstätten werden bei den Reparaturkosten die Lohnkosten nicht nach der aufgewendeten Arbeitszeit, sondern nach sogenannten Arbeitswerten berechnet. Diese wurden statistisch ermittelt. Für jede Reparatur bzw. Wartung liegen entsprechende Richtwerte des Herstellers vor. Daneben haben alle Ersatzteile eine vorgegebene Schlüsselnummer, die für alle Vertragswerkstätten des gleichen Herstellers verbindlich ist.

Auf Grund der im Beispiel aufgeführten Voraussetzungen bietet es sich an, in einer Branchensoftware die Lohnabrechnung für die Mechaniker auf der Basis der Zeitrichtwerte, die Lagerhaltung, Auftragsannahme und Rechnungsschreibung unter Einbeziehung der festgelegten Schlüsselnummern abzuwickeln. Software für diese Branche wird den Werkstätten in vielen Fällen vom Kfz-Hersteller zur Verfügung gestellt. Da der Datenbestand sowohl bei der Werkstatt als auch beim Lieferanten gleich aufgebaut ist, kann die Nachlieferung von Ersatzteilen und damit die Planung der Ersatzteilproduktion leichter abgewickelt werden.

So hat jede Branche ihre spezifischen Eigenheiten, die dann im jeweiligen Programmpaket angemessen berücksichtigt werden. Gerade für Handwerksbetriebe wie Dachdecker, Maurer, Installateure oder für die freien Berufe wie Arzt, Zahnarzt und Rechtsanwalt gibt es Branchensoftware in großem Umfang.

Mit der Branchensoftware werden aber nicht nur Programme zur Lösung der branchenspezifischen Probleme – wie Lagerhaltung, Lohn- und Gehaltsabrechnung, Kalkulation, Auftragsbearbeitung – bereitgestellt. Gute Lösungen gehen darüber hinaus und bieten dem Nutzer Programmbausteine (Module), mit denen er allgemeine Aufgaben bewältigen kann. Ein typisches Beispiel hierfür ist die Textverarbeitung. Natürlich werden von der Software standardisierte Schreiben für Angebote, Rechnungen, Mahnungen usw. bereitgestellt. Auch die Abfassung individueller Texte ist möglich, wobei auf die Daten des Gesamtpakets zurückgegriffen werden kann. Bei einem Schreiben an einen Kunden muß die Kundenadresse in der Textverarbeitung nicht gesondert eingegeben werden, sondern wird aus der Kundendatei übernommen.

11.2.2 Funktionsorientierte Software

Während die Branchensoftware eine Komplettlösung für die gesamte Verwaltung eines Unternehmens darstellt, werden bei funktionsorientierter Software für einzelne betriebliche Funktionen wie Lagerhaltung, Finanzbuchhaltung, Auftragsabwicklung und Personalverwaltung Lösungen angeboten. Insbesondere Betriebe, die nicht ihre gesamte Verwaltung mit dem Computer abwickeln wollen, greifen auf funktionsorientierte Software zurück.

Beispiel: Ein Großhändler für Bürobedarf mit wenigen Mitarbeitern bewältigt die Lagerbuchhaltung und die Auftragsverwaltung mit dem Computer. Lohnabrechnung und Buchhaltung werden vom Steuerberater durchgeführt.

Funktionsorientierte Software ist oft leistungsfähiger als die jeweiligen Programmodule eines Gesamtpakets. Um optimale Lösungen mit Hilfe des Computers zu erzielen, arbeiten manche Unternehmen mit funktionsorientierter Software. Nach dem Baukastenprinzip werden die Programme für die einzelnen Funktionsbereiche des Betriebs zusammengestellt. Ein Problem dabei ist die Übergabe der Daten von einem Programm zum anderen.

Beispiel: Bei der Erstellung der Rechnungen sind die Rechnungsdaten an das Buchhaltungsprogramm zu übergeben, damit diese dort automatisch auf den entsprechenden Konten gebucht werden.

Lassen die beschafften funktionsorientierten Programme diesen Datenaustausch nicht zu, müssen in unserem Beispiel die Daten der Rechnungen für die Verarbeitung mit dem Buchführungsprogramm noch einmal manuell eingegeben werden.

Bei der Beschaffung verschiedener funktionsorientierter Programme ist daher darauf zu achten, daß die reibungslose Übergabe der Daten zwischen den einzelnen Programmen gewährleistet ist. Der Rationalisierungseffekt der automatisierten Datenverarbeitung kann sonst sehr schnell verlorengehen. Wegen dieser Probleme bieten Softwarehäuser funktionsorientierte Software als Paket an, die allerdings nicht an eine bestimmte Branche gebunden ist.

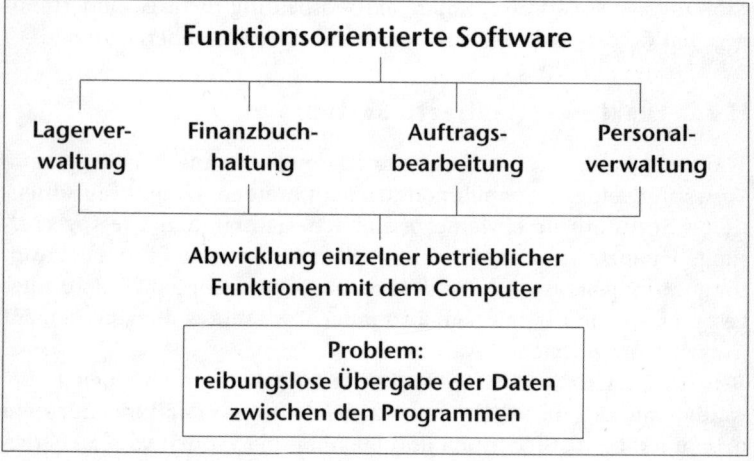

11.2.3 Endbenutzerwerkzeuge

Im Bereich der automatisierten Datenverarbeitung gibt es eine Vielzahl von Problemen, die weder branchenspezifisch noch an eine betriebliche Funktion gebunden sind. Sowohl der Hobbynutzer als auch der kommerzielle Anwender benötigen allgemeine Problemlösungen für

- Textverarbeitung
- Tabellenkalkulation
- Grafik
- Dateiverwaltung
- Datenkommunikation
- integrierte Software

Dafür gibt es Standardprogramme, die man als Endbenutzerwerkzeuge bezeichnet, weil sie vom jeweiligen Nutzer für seine Bedürfnisse eingesetzt werden können, ohne daß spezielle Programmanpassungen notwendig sind. Sie sind außerordentlich flexibel, erleichtern eine Vielzahl von Problemlösungen und lassen sich nach relativ kurzer Einarbeitungs- und Trainingszeit gebrauchen. Da sie von fast jedem PC-Nutzer eingesetzt werden können, werden sie in hoher Stückzahl verkauft und sind daher relativ preiswert. Auf diesem Markt konkurrieren eine Vielzahl von Anbietern miteinander. Das Angebot ist daher sehr unübersichtlich. Allerdings haben sich einige Programme zu den aufgeführten Problembereichen als Marktführer etabliert und setzen mit ihrem Leistungsumfang einen Standard, an dem Konkurrenzprodukte gemessen werden.

▨ Textverarbeitung

Textverarbeitungsprogramme sind die am meisten nachgefragte Software. Hier ist daher auch das Angebot am größten. Die Leistungsspanne reicht dabei vom Einfachstprogramm, mit dem ein kurzer Text erstellt, korrigiert, gedruckt und gespeichert werden kann, bis hin zum Autorensystem, mit dem Bücher oder Zeitschriften einschließlich der Einbindung von Grafiken erstellt werden können. Die Auswahl des passenden Textverarbeitungsprogramms hängt davon ab, welche Aufgaben mit diesem Programm gelöst werden sollen.

Der Nutzer, der nur selten und nur einfach gestaltete Texte erstellen möchte, kann auf ein entsprechend einfaches und preiswertes Textverarbeitungsprogramm zurückgreifen. Textverarbeitungsprogramme dieser Art haben nur einen geringen Funktionsumfang. Längere Texte können damit nicht verarbeitet werden. Auch die Möglichkeiten zur Textformatierung sind meist auf wenige Alternativen wie Fettdruck oder Unterstreichung begrenzt. Die Textformatierungen werden auf dem Bildschirm nicht bei allen Programmen dargestellt. Durch Sonderzeichen werden der Beginn und das Ende einer Formatierung angezeigt. Beim Druck des Textes stimmen unter Umständen Bildschirmdarstellung und Ausdruck nicht überein.

Nutzer mit erheblich höheren Ansprüchen an das Textverarbeitungsprogramm benötigen ein Programm, das neben umfangreichen Möglichkeiten zur Textformatierung die Möglichkeit zur Textbausteinverarbeitung umfaßt, eine Serienbrieffunktion, die Erstellung von Druckformatvorlagen, deutsches Rechtschreibprüfprogramm und eine

Silbentrennautomatik. Einige Produkte dieser Preisklasse bieten bereits die Möglichkeit, Grafiken einzubinden oder Fußnoten automatisch zu verwalten. Bei dieser Kategorie von Textverarbeitungsprogrammen stimmen Bildschirmausgabe und Druckausgabe weitestgehend überein, was mit dem Kunstwort WYSIWYG (engl. **W**hat **Y**ou **S**ee **I**s **W**hat **Y**ou **G**et = Was Sie auf dem Bildschirm sehen, wird auch so ausgedruckt) charakterisiert wird.

Höherpreisige Textverarbeitungsprogramme beinhalten das komplette Leistungsspektrum. Sie bieten auch das automatische Erstellen von Inhaltsverzeichnissen und Sachregistern, erleichtern mit Makros die tagtägliche Arbeit mit immer gleichen Abläufen, stellen alle Rechenfunktionen zur Verfügung und ermöglichen die Einbindung von Grafiken und Tabellen aus unterschiedlichen Programmen. Selbst bei intensiver und kommerzieller Nutzung werden nicht immer alle Möglichkeiten, die ein solches Textverarbeitungsprogramm bietet, auch ausgenutzt.

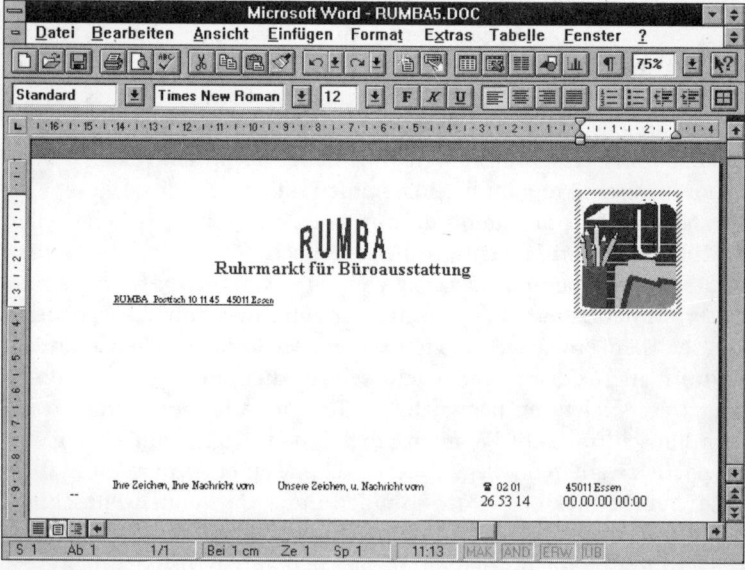

Die Umsetzung von Texten in druckfähige Publikationen ermöglichen sogenannte DTP-Programme. Diese Programme bleiben Spezialisten vorbehalten, da sie von der Bedienung und vom Lernaufwand sehr aufwendig sind. Außerdem setzen sie Kenntnisse in der Gestaltung von Schriftstücken (Layout) voraus.

Bei allen Textverarbeitungsprogrammen ist darauf zu achten, ob die Dokumentation dem Nutzer eine leichte Einarbeitung ermöglicht. Die Bedienerführung sollte so gestaltet sein, daß ohne ständiges Nachlesen im Handbuch im Dialog mit dem Computer gearbeitet werden kann. Treten trotzdem einmal Bedienungsprobleme auf, sollte in das Programm eine kontextsensitive Hilfefunktion integriert sein: Der Nutzer kann zu der Funktion, mit der er im Augenblick arbeitet, eine gezielte Hilfeinformation abrufen. Oft erleichtern Lernprogramme den Einstieg in die Arbeit mit dem Programm.

Eine korrekte Druckausgabe setzt voraus, daß das Textverarbeitungsprogramm mit dem angeschlossenen Drucker zusammenarbeiten kann. Dazu ist ein Treiberprogramm notwendig, das der Softwarehersteller in der Regel mitliefert. Bei guten Textverarbeitungsprogrammen werden zu allen marktgängigen Druckern die entsprechenden Treiberprogramme mitgeliefert.

▧ Tabellenkalkulation

Die Markteinführung des Personal Computers ist wesentlich durch die Entwicklung von Tabellenkalkulationsprogrammen gefördert worden. Diese Programme sind ursprünglich für den Einsatz auf Personal Computern entwickelt worden. Mit diesen Programmen können komplexe Berechnungen auf leichte Art und Weise durchgeführt werden.

Der Bildschirm wird wie ein Blatt Papier in Zeilen und Spalten unterteilt (engl. spreadsheet = elektronisches Arbeitsblatt). In die einzelnen Felder können Hinweistexte, Zahlen und Rechenformeln eingetragen werden. Bei allen Berechnungen werden Felder mit entsprechenden numerischen Werten über Rechenformeln verknüpft.

	Spalte 1	Spalte 2	
Zeile 1	Nettopreis	100,00	← Wert 100
Zeile 2	+ Umsatzsteuer	15,00	← Formel: Wert aus Zeile 1/Spalte 2*0,15
Zeile 3	Bruttopreis	115,00	← Formel: Wert aus Zeile 1/Spalte 2 + Zeile 2/Spalte 2

Der Einsatz von Tabellenkalkulationsprogrammen lohnt sich nur bei umfangreichen, immer wiederkehrenden Berechnungen, die nach dem gleichen Schema, jedoch mit unterschiedlichen Ausgangswerten erfolgen. Insbesondere bieten diese Programme ideale Entscheidungshilfen, wenn mit alternativen Werten kalkuliert werden soll («Was wäre, wenn ...»). Bei umfangreichen Berechnungen ist immer nur ein Teil des Arbeitsblatts auf dem Bildschirm sichtbar. Arbeitsblätter können viele hundert Spalten und Zeilen umfassen. Bei großen Arbeitsblättern kann sehr leicht die Übersicht verlorengehen. Der Aufbau und die Entwicklung einer solchen Tabelle sollten daher gut geplant und dokumentiert sein. Man sollte sich dabei auf wirklich notwendige Informationen beschränken. Um weit auseinander liegende Spalten oder Zeilen direkt einander gegenüberzustellen, bieten qualifizierte Tabellenkalkulationsprogramme die Möglichkeit, den Bildschirm in mehrere Fenster aufzuteilen und Teile der Tabelle einander gegenüberzustellen.

Die Interpretation umfangreicher Zahlenreihen bereitet jedem Nutzer Schwierigkeiten. Die Anschaulichkeit der dahinterstehenden Informationen wird erhöht, wenn die Zahlenreihen in grafische Darstellungen umgewandelt werden. Die Übergabe der Informationen an entsprechende Grafikprogramme funktioniert bei guten Tabellenkalkulationsprogrammen problemlos. Einige Anbieter haben in diese Programme eine Grafikfunktion integriert.

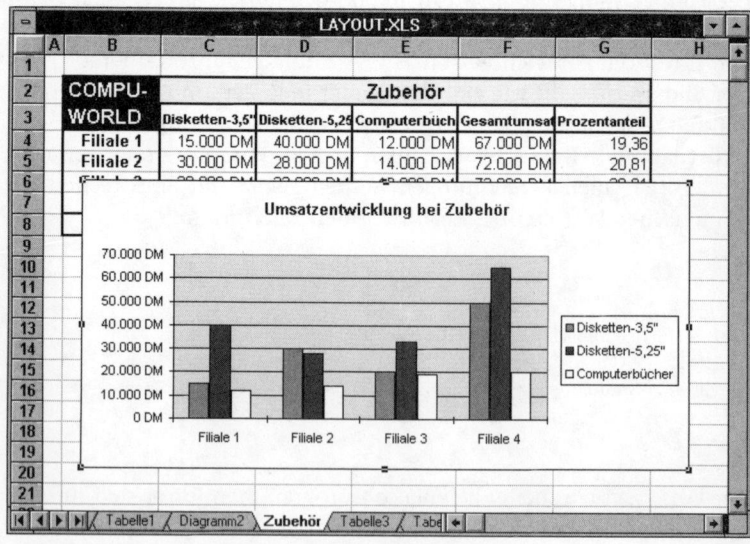

Bei der Beschaffung von Tabellenkalkulationsprogrammen ist darauf zu achten, daß die Dokumentation der Programmfunktionen die Einarbeitung erleichtert. Gute Programme bieten eine Vielzahl von Bibliotheksfunktionen, mit deren Hilfe der Anwender alle kaufmännischen und mathematischen Probleme lösen kann. Der Datenaustausch mit Grafik- und Textverarbeitungsprogrammen sollte möglich sein. Druckformatierungen, um Tabellen in verkleinerter Schrift oder mit Formatierungsmerkmalen wie Fettdruck oder Unterstreichung ausdrucken zu können, sollten Bestandteil des Programms sein. Hochwertige Tabellenkalkulationsprogramme unterstützen die Arbeit eines mathematischen Coprozessors. Umfangreiche Berechnungen lassen sich dadurch erheblich beschleunigen.

■ Grafikprogramme

Unter dem Oberbegriff «Grafikprogramme» werden so unterschiedliche Programme wie Geschäftsgrafik/Präsentationsgrafik, Mal- und Zeichenprogramme sowie CAD-Programme zusammengefaßt.

Die Programme zur Erzeugung von Geschäftsgrafiken dienen in erster Linie dazu, umfangreiche Zahlenreihen aus der kaufmännischen Verwaltung in anschauliche Säulen-, Kreis- und Liniendiagramme umzusetzen. Der Nutzer hat im wesentlichen nur Einfluß auf die Darstellungsart und -größe. Hinweistexte können eingefügt werden. Hochpreisige Programme stellen in einer Bibliothek grafische Symbole zur Verfügung, mit denen die Darstellung noch aussagekräftiger gestaltet werden kann. Für Präsentationen auf Messen, Tagungen usw. ist es häufig notwendig, die Grafiken farbig auf Folien darzustellen. Dies setzt den Anschluß eines farbfähigen Plotters voraus. Geschäftsberichte, Werbetexte u. a. werden durch die Einbindung von Grafiken für den Empfänger interessanter. Aus diesem Grund ist die problemlose Übergabe an ein Textverarbeitungsprogramm ein wesentliches Kriterium bei der Auswahl eines Programms zur Erstellung von Geschäftsgrafiken.

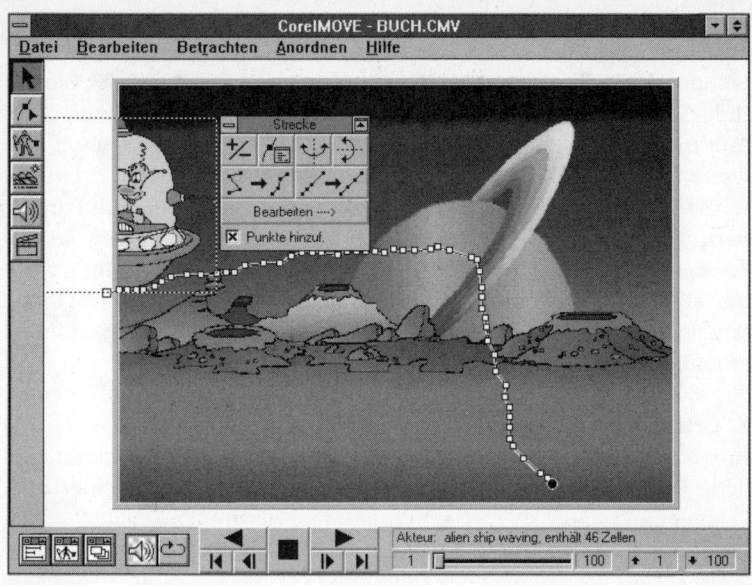

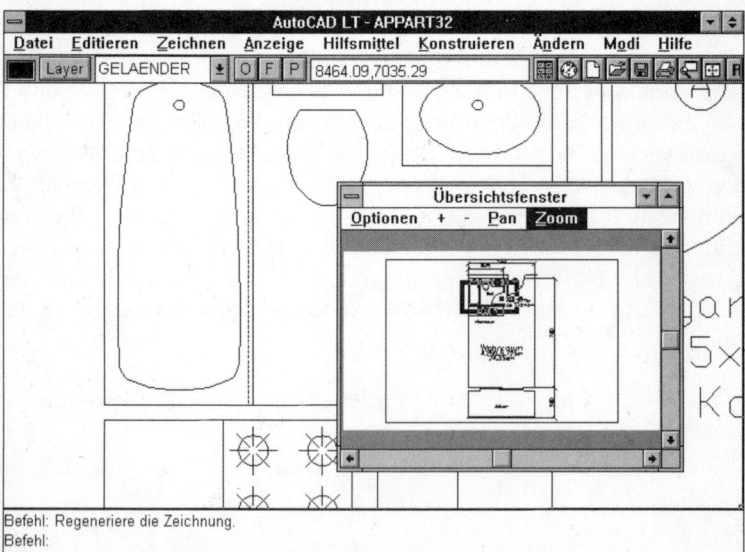

Bei Mal- und Zeichenprogrammen werden Bilder mit Hilfe des Computers erstellt. Maus, Cursortasten und Bildschirm ersetzen Leinwand, Farbpalette, Stifte und Pinsel. Der Nutzer muß auch hierbei über zeichnerisches Können verfügen. Der Hobbynutzer kann auf eine Reihe von Angeboten zurückgreifen, die fast alle die Bezeichnung «Paint» im Namen führen. Mit diesen Programmen lassen sich interessante Briefköpfe, Visitenkarten, Einladungen, Titelseiten von Textdokumentationen usw. entwerfen.

Professionelle Mal- und Zeichenprogramme werden vor allem in Design- und Werbebüros eingesetzt. Sie verlangen eine enorm leistungsfähige Hardware, da die Entwicklung, Bearbeitung, Speicherung und Ausgabe von hochwertigen Farbgrafiken hohe Rechenleistung und große Speicherkapazitäten verlangen. Viele Plakate, Kataloge und selbst Werbefilme sind am Computer entstanden. Dabei ist es auch möglich, Farbfotos zu digitalisieren, d. h., in Grafikpunkte aufzulösen und in den Computer zu übertragen. Am Bildschirm kann man dann im Dialog beispielsweise die Hintergrundfarbe ändern, Personen in das Bild montieren oder Texte einblenden. Die Ausgabe kann über einen Videoausgang erfolgen; die Bilder können über einen Fernsehbildschirm ausgegeben werden.

Technische Zeichnungen lassen sich mit CAD-Programmen erstellen. In Konstruktions-, Architektur-, Statik- und Baubüros werden diese Programme eingesetzt, um den Planungsprozeß zu beschleunigen, qualitativ zu verbessern und kostengünstiger zu gestalten. Wo früher mühsam die unterschiedlichen Perspektiven eines Produkts von Hand gezeichnet werden mußten, werden mit einem CAD-Programm aus einer Zeichnung mit wenigen Anweisungen die verschiedenen Ansichten automatisch produziert und ausgegeben.

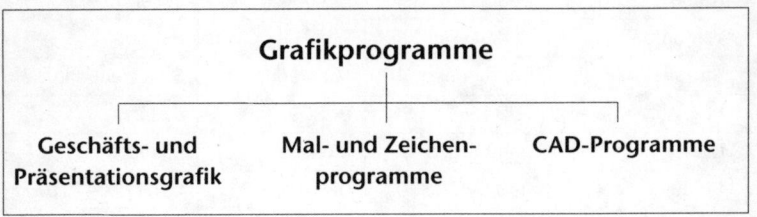

Grafikprogramme

| Geschäfts- und Präsentationsgrafik | Mal- und Zeichenprogramme | CAD-Programme |

▪ Dateiverwaltung

Dateiverwaltung ohne den Computer kennt jeder. So verfügt der Besitzer eines Telefons über ein Telefonverzeichnis mit den Anschriften und Rufnummern.

Name	Vorname	Straße	PLZ	Ort	Rufnummer
Best	Karl	Brauhausstr. 4	22041	Hamburg	040/7639859
Rennert	GmbH	Meisterstr. 25	80809	München	089/960981
Zeller	Helmut	Schützenbahn 16	43127	Essen	0201/206226

Verwaltet ein Nutzer sein Telefonverzeichnis mit dem Computer, so benötigt er ein Programm zur Dateiverwaltung.

Eine **Datei** ist die Gesamtheit aller in einem logischen Zusammenhang stehenden Daten, die nach bestimmten Gesichtspunkten geordnet sind.

Telefonverzeichnisse werden immer alphabetisch geordnet. Um auf die Informationen über eine Person innerhalb des Telefonverzeichnisses zugreifen zu können, muß diese Datei unterteilt sein. Die Informationen zu einer Person bezeichnet man als Datensatz. Eine Datei besteht somit aus einer Vielzahl von gleichartig strukturierten Datensätzen.

Ein **Datensatz** ist eine Zusammenfassung von logisch zusammengehörigen Daten, wobei der Aufbau aller Datensätze einer Datei die gleiche Struktur hat.

Alle Datensätze des abgebildeten Telefonverzeichnisses sind folgendermaßen aufgebaut:

Datenfeldnamen	1. Datensatz	2. Datensatz	3. Datensatz
Name	Best	Rennert	Zeller
Vorname	Karl	GmbH	Helmut
Straße	Brauhausstr. 4	Meisterstr. 25	Schützenbahn 16
PLZ	22041	80809	43127
Ort	Hamburg	München	Essen
Rufnummer	040/7639859	089/960981	0201/206226

Name, Vorname usw. sind die Elemente eines Datensatzes. Ein Element eines Datensatzes wird als Datenfeld bezeichnet.

Ein **Datenfeld** besteht aus einem oder mehreren Zeichen, die einen Begriff bilden.

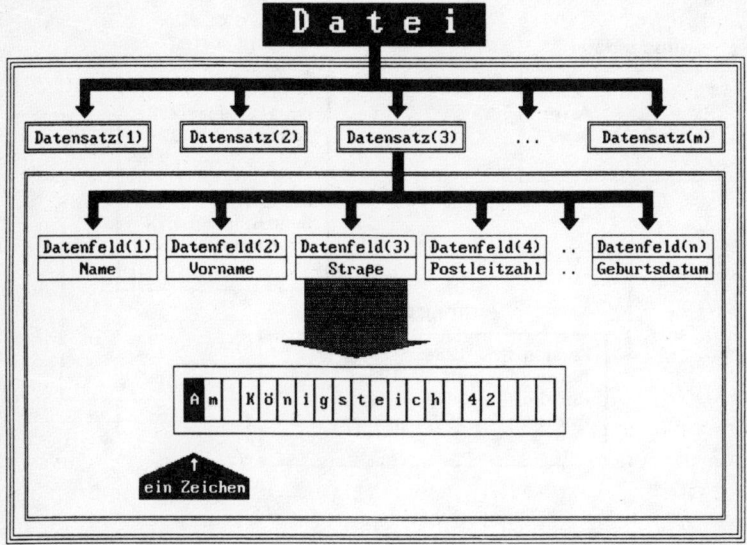

In Unternehmen werden Dateien überwiegend mit dem Computer verwaltet.

Beispiele: Kundendatei, Lieferantendatei, Artikeldatei, Personaldatei, Auftragsdatei usw.

Dabei ergibt sich die Notwendigkeit, diese Datenbestände so zu organisieren, daß im Rahmen eines Arbeitsgangs gleichzeitig auf mehrere Dateien zugegriffen werden kann.

Beispiel: Ein Kunde bestellt telefonisch und möchte gleichzeitig wissen, ob die bestellten Artikel auch sofort lieferbar sind. Der Sachbearbeiter ruft aus der Kundendatei die notwendigen Kundeninformationen ab. An Hand der Artikeldatei kann er ersehen, ob die gewünschten Artikel vorrätig sind. Mit den Daten aus der Kunden- und der Artikeldatei wird der Auftrag erstellt und in der Auftragsdatei gespeichert. Kunden- und Artikeldatei werden ebenfalls fortgeschrieben.

Sind Dateien so organisiert, daß man problemlos die Daten mehrerer Dateien miteinander verknüpfen kann, so spricht man von einem Datenbanksystem.

Eine **Datenbank** beinhaltet Datenbestände aus unterschiedlichen Dateien, wobei diese Dateien so organisiert sind, daß Verknüpfungen zwischen ihnen möglich sind.

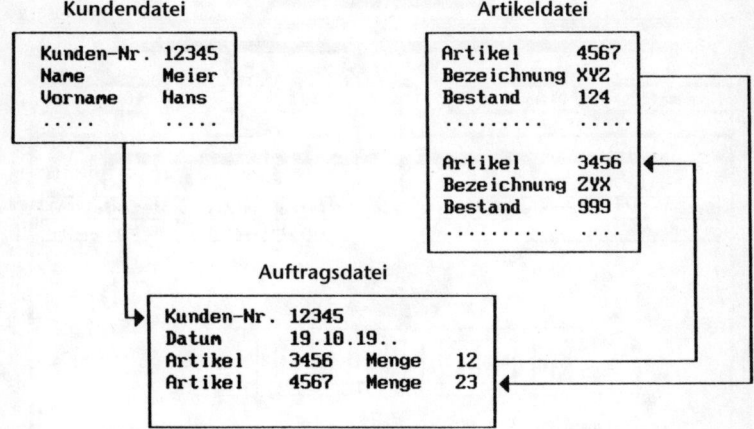

Aus dem Beispiel ersehen Sie, daß die Dateiverwaltung typischerweise kommerziell eingesetzt wird. Dateiverwaltungsprogramme waren bis vor einigen Jahren verknüpft mit den Computern im Bereich der mittleren Datentechnik und der sogenannten Groß-EDV. Mit der zunehmenden Nutzung des Personal Computers und mit der Entwicklung von externen Datenträgern, die über eine ausreichende Kapazität verfügten, standen auch Dateiverwaltungsprogramme für diesen Computertyp zur Verfügung.

Wie bei der Textverarbeitung lassen sich drei Kategorien unterscheiden. Für die Datenverwaltung des privaten Nutzers werden Programme angeboten, die nur eine geringe Zahl von Datensätzen verwalten können. Hierbei muß unterschieden werden zwischen Komplettlösungen für einen ganz bestimmten Zweck, wie beispielsweise Programme für die Verwaltung von Adressen, Schallplattensammlungen, Büchern usw., und Programmen, mit denen der Nutzer den Aufbau seines Datensatzes im Dialog mit dem Computer (Direktmodus) strukturieren kann. Die Eingabe, Auswertung, Korrektur und Ausgabe der Daten erfolgt ebenfalls im sogenannten Direktmodus.

Durch Erstellung kleiner Programme können bestimmte Vorgänge automatisiert werden. Beispielsweise läßt sich das Heraussuchen und Sortieren der Geburtstagsdaten, die im privaten Adreßverzeichnis gespeichert sind, durch ein Programm automatisieren.

Anspruchsvolle private Nutzer und kleine bis mittlere Unternehmen greifen auf Dateiverwaltungsprogramme zurück, die wesentlich größere Datenbestände verwalten können und mehr Komfort hinsichtlich der Auswertung bieten. Die eigentliche Dateiverwaltung wird in diesen Programmen ergänzt durch eine Vielzahl von Hilfsprogrammen. Mit diesen lassen sich schnell und einfach nutzerspezifische Bildschirmmasken erstellen, in denen nur die für den jeweiligen Bearbeitungszweck notwendigen Daten eines Datensatzes dargestellt werden. Neben dem Direktmodus bieten diese Dateiverwaltungsprogramme eine Befehlssprache, die mit ihrem Umfang und ihren Möglichkeiten einer Programmiersprache vergleichbar ist. Der Nutzer kann mit dieser Befehlssprache und unter Anwendung von Befehlen des Direktmodus komplexe Dateiverwaltungsprobleme lösen und so automatisieren, daß auch ein Computerlaie damit arbeiten kann.

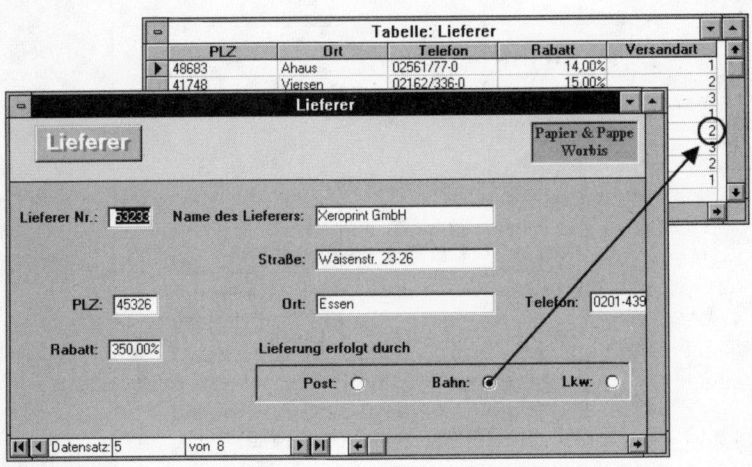

Die dritte Kategorie von Dateiverwaltungsprogrammen bleibt den kommerziellen Nutzern vorbehalten. Sie dienen der Verwaltung von Datenbeständen, die mehrere tausend Datensätze umfassen, wobei jeder Datensatz wiederum mehrere KB groß sein kann. Diese Programme zeichnen sich dadurch aus, daß sie in der Lage sind, große Dateien in Datenbanken zu verknüpfen und Auswertungen in kürzester Zeit vorzunehmen. Integriert in diese Programme ist eine leistungsfähige Datenbankabfragesprache. Als Standard hierfür hat sich SQL (engl. **S**tructured **Q**uery **L**anguage = strukturierte Abfragesprache) etabliert. Auf diese Datenbanksysteme kann man auch aus Programmen zugreifen, die in einer Programmiersprache wie beispielsweise Cobol oder C geschrieben wurden.

Entscheidend für die Leistungsfähigkeit einer Dateiverwaltung ist die Möglichkeit des Zugriffs auf einzelne Datensätze bzw. Datenfelder. Die einfachsten Programme lassen nur einen Reihenfolgezugriff (sequentielle Verwaltung) zu. Sucht der Nutzer beispielsweise in einer Adreßdatei die Daten von Frau Meier, so muß er alle vorhergehenden Datensätze durchblättern. Der Suchvorgang läßt sich beschleunigen, wenn die gesamte Datei in den Arbeitsspeicher des Computers geladen wird. Voraussetzung hierfür ist allerdings, daß der Umfang der Datei klein ist und in den vorhandenen Arbeitsspeicher paßt.

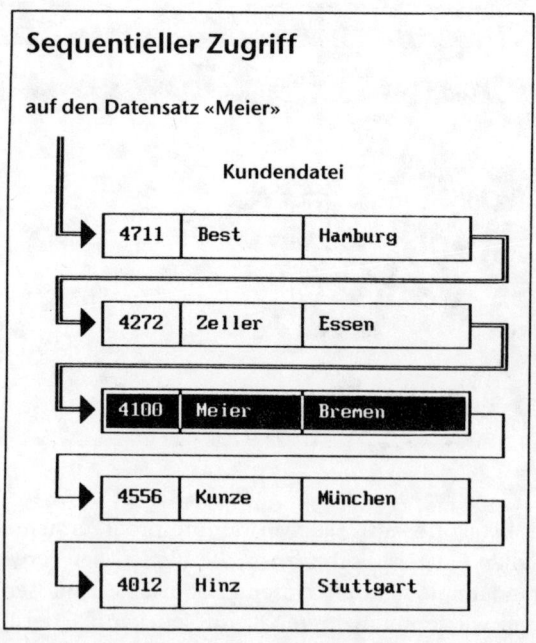

Sequentieller Zugriff

auf den Datensatz «Meier»

Kundendatei

4711	Best	Hamburg
4272	Zeller	Essen
4100	Meier	Bremen
4556	Kunze	München
4012	Hinz	Stuttgart

Dateiverwaltungsprogramme der mittleren Leistungsklasse erlauben einen direkten Zugriff auf einzelne Datensätze. Hierfür werden die Datensätze intern durchnumeriert. Der Computer greift über diese Datensatznummer direkt auf den entsprechenden Datensatz zu (Direktzugriff). Bei dieser Dateiverwaltung kann die Menge der Datensätze sehr groß sein. Die Datensätze verbleiben auf dem externen Speicher, und nur der über die Datensatznummer aufgerufene Datensatz wird in den Arbeitsspeicher geladen. Selbstverständlich kann ein so organisierter Datenbestand auch sequentiell bearbeitet werden. Dies ist beispielsweise bei der Erstellung einer Liste notwendig.

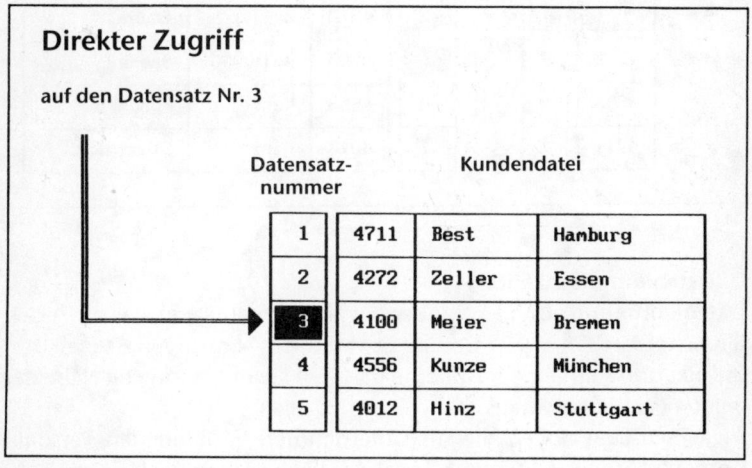

Dateiverwaltungsprogramme der gehobenen Leistungsklasse sind in der Lage, Datenbestände indexsequentiell zu verwalten. Hierbei ist die eigentliche Datei sequentiell organisiert. Aus dieser Datei wird ein Schlüsselfeld (Index), wie beispielsweise die Kundennummer, herausgegriffen und mit der zugehörigen Satznummer in einer gesonderten Datei (Indexdatei) gespeichert. Diese Datei ist nach dem Index, in unserem Beispiel nach der Kundennummer, sortiert. Wird auf einen bestimmten Datensatz zugegriffen, durchsucht der Computer die Indexdatei nach dem angegebenen Index. Durch die dort ebenfalls gespeicherte Satznummer kann er dann im zweiten Schritt direkt auf den Datensatz zugreifen. In unserem Beispiel kann über die Kundennummer der zugehörige Datensatz mit den Stammdaten des Kunden gefunden werden.

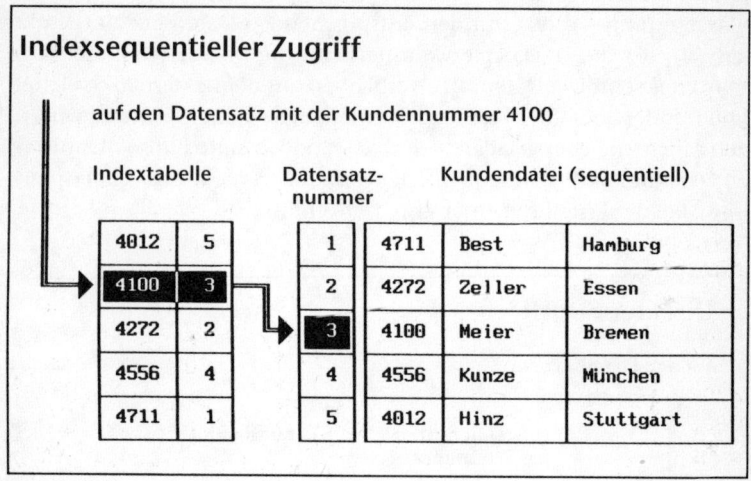

Indexsequentieller Zugriff

auf den Datensatz mit der Kundennummer 4100

Indextabelle		Datensatz-nummer	Kundendatei (sequentiell)		
4012	5	1	4711	Best	Hamburg
4100	3	2	4272	Zeller	Essen
4272	2	3	4100	Meier	Bremen
4556	4	4	4556	Kunze	München
4711	1	5	4012	Hinz	Stuttgart

▪ Datenkommunikation

Datenkommunikation kann über ein Nullmodemkabel, das die seriellen Schnittstellen zweier Computer verbindet, stattfinden. Diese Kommunikation stellt eine Ausnahme dar, weil sie die räumliche Nähe der beiden Computer voraussetzt.

Viele Betriebe binden die im Unternehmen vorhandenen Personal Computer in ein LAN (engl. Local Area Network = lokales Netzwerk) ein. Die Datenverarbeitung kann dadurch optimiert werden. Datenbestände und gegebenenfalls Programme müssen nur einmal zentral gespeichert werden. Teure Peripherie wie beispielsweise ein Laserdrucker steht allen angeschlossenen Computern zur Verfügung. Ein solches Netz muß von einem besonders ausgerüsteten Computer (Server) zentral verwaltet werden. Der Server sollte über einen schnellen Prozessor wie z. B. den Pentium, einen großen Arbeitsspeicher (16 MB oder mehr), ein schnelles Bussystem (z. B. PCI) und eine schnelle Platte mit großer Speicherkapazität (1 Gigabyte oder mehr) verfügen. Das für den Betrieb von Personal Computern notwendige Standardbetriebssystem DOS muß im Netz ergänzt werden durch ein spezielles Netzwerkbetriebssystem.

Für die Datenkommunikation zwischen Computern, die weit voneinander entfernt stehen, muß die Post mit ihren Netzen in Anspruch genommen werden. Bei der einfachsten Form der Datenkommunikation wird die Telefonleitung genutzt. Mit Hilfe eines Modems werden die digitalen Informationen des sendenden Computers in analoge Tonsignale umgewandelt (moduliert) und über das Telefonnetz gesandt. Am Empfangsort werden diese Tonsignale ebenfalls mit einem Modem in digitale Signale zurückgewandelt. Den reibungslosen Ablauf steuert ein Kommunikationsprogramm. Der Nutzer hat hierbei die Möglichkeit, im Dialog mit dem Computernutzer am anderen Ende der Telefonleitung über Tastatur und Bildschirm Daten auszutauschen. Aber auch Datenbestände von den externen Speichern können direkt in den Speicher des Empfangscomputers übertragen werden. Da die Datenübertragung über das normale Telefonnetz sehr langsam ist, hat die Bundespost vor allem für die kommerziellen Nutzer spezielle Datennetze bereitgestellt.

Bundespost, Universitäten, Unternehmen, Computerclubs und einzelne Hobbynutzer nutzen diese Möglichkeiten der Kommunikation zum Betrieb einer Mailbox. Ein solches Programm entspricht quasi einer elektronischen Pinnwand. Nachrichten können gelesen und in der Mailbox gespeichert werden. Durch Paßwörter wird sichergestellt, daß der Zugang nur Berechtigten möglich ist. Dabei können auch bestimmte Zugriffsebenen durch Paßwörter gesichert werden. So kann ein Teil der Mailbox allen offenstehen, während bestimmte Nachrichten nur von bestimmten Gruppen oder einzelnen Anrufern abgerufen werden können.

Bekannte Unternehmen, die weltweit Verbindungen zu Datenbanken und Mailboxen ermöglichen, sind beispielsweise CompuServe und Internet. Hierüber ist es möglich, Informationen zu speziellen Themen abzurufen, Zeitungsartikel einzusetzen, in historischen Quellen zu forschen oder beispielsweise per Computer an einer Führung durch das Weiße Haus in Washington teilzunehmen. Hierfür müssen neben der Postgebühr für Telefonverbindungen noch gesonderte Nutzungsgebühren entrichtet werden.

Computer können auch als Endgeräte für das Bildschirmtextsystem Btx verwendet werden, das von der Post mittlerweile als Datex-J angeboten wird.

Notwendig hierfür ist der Einbau einer speziellen Btx-Karte oder aber der Einsatz eines Btx-Software-Decoders (Btx-Programm). Der Btx-Teilnehmer kann Informationen von Unternehmen abrufen, die entsprechende Btx-Texte im Btx-System gespeichert haben. Im Dialog kann bei Banken gebucht oder bei Versandunternehmen Ware bestellt werden (siehe Abbildung):

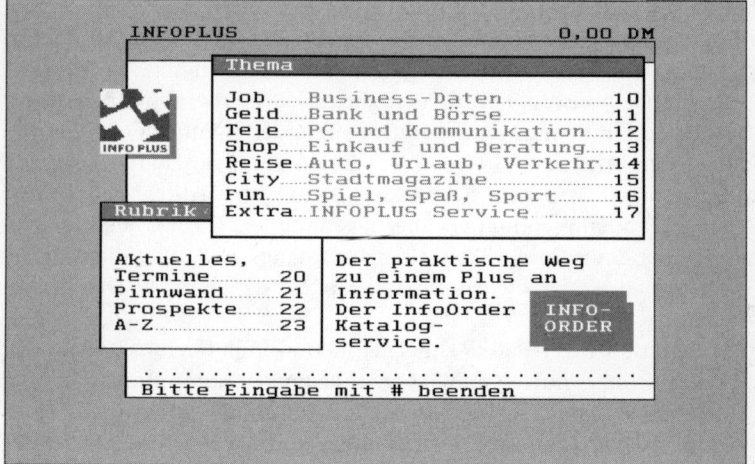

Integrierte Software

Integrierte Software beinhaltet üblicherweise Textverarbeitung, Tabellenkalkulation, Geschäftsgrafik, Dateiverwaltung und Kommunikationssoftware. Solche Software wurde entwickelt, da es für viele Nutzer schwierig ist, mit mehreren unterschiedlichen Programmen zu arbeiten. Bei der täglichen Arbeit mit an sich leistungsfähigeren Einzelprogrammen muß der Nutzer sich meistens von Programm zu Programm auf eine andere Bedienoberfläche umstellen. Auch ist es schwierig, Daten zwischen den einzelnen Programmen auszutauschen. Dieser Austausch ist prinzipiell möglich, setzt aber detaillierte Kenntnisse der jeweiligen Programme voraus.

Integrierte Pakete bieten eine einheitliche Bedienoberfläche und einen einfachen Datentransfer zwischen den einzelnen Modulen des Pakets. Durch das Vordringen grafischer Bedienoberflächen wie Windows werden die Vorteile der integrierten Softwarepakete aufgehoben. Die Bedienoberfläche ist dann die gemeinsame Klammer für unterschiedliche Programme verschiedener Hersteller. Sie bietet eine einheitliche Nutzerführung und erleichtert den Datenaustausch zwischen verschiedenartiger Software.

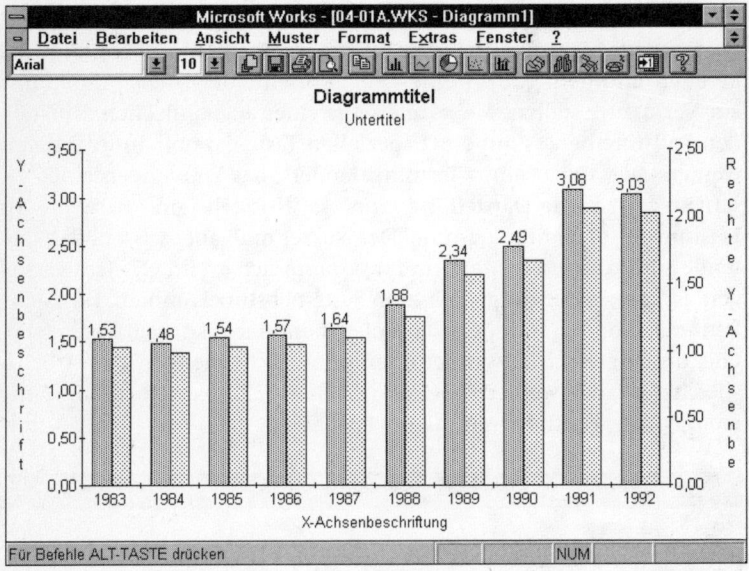

11.2.4 Tools und Hilfsprogramme

DOS ist ursprünglich ein kommandoorientiertes Betriebssystem, das heißt, der Nutzer mußte eine Vielzahl von DOS-Kommandos lernen und beherrschen. Mit neueren DOS-Versionen wurde unter der Bezeichnung DOS-Shell dem Betriebssystem eine Bedienoberfläche beigefügt, über die der Nutzer die wichtigsten DOS-Funktionen aus einem Menü auswählen kann. Sehr frühzeitig wurden auf dem Markt Werkzeuge (engl. tools) zur Erleichterung der Arbeit mit DOS angeboten. Weiterhin enthielten diese Programme nützliche Zusatzfunktionen, zum Beispiel das mehrfache Kopieren einer Diskette.

Auch überwanden diese Programme manche Beschränkungen von DOS. So mancher Nutzer weiß es sicherlich zu schätzen, daß er eine versehentlich gelöschte Datei mit Hilfe eines dieser Tools wieder aktivieren kann. Auch die Möglichkeiten der Datensicherung sind mit diesen Hilfsprogrammen erweitert und vereinfacht worden. Sie werden eingesetzt, um die Verwaltung der Festplatte zu vereinfachen, den Zugriff auf die Daten der Festplatte zu beschleunigen und die Möglichkeiten der Datensicherung zu verbessern.

Daneben gibt es eine Reihe von Hilfsprogrammen, die im Hintergrund arbeiten und dem Nutzer eine Reihe vorteilhafter Dienstprogramme zur Verfügung stellen. Sie können aus einer augenblicklich arbeitenden Software heraus mit einer speziellen Tastenkombination aktiviert werden. Der Aufruf eines Terminkalenders, das Einblenden eines Taschenrechners, die Darstellung einer ASCII-Tabelle sind Beispiele für Leistungen solcher Programme. Der Nutzer muß aber wissen, daß laufende Software und Hintergrundprogramm sich eventuell nicht vertragen. Es kann zu Störungen bis zum Systemabsturz kommen. Da solche Hintergrundprogramme Speicherplatz benötigen, können gegebenenfalls umfangreiche Anwenderprogramme nicht mehr in den Arbeitsspeicher geladen werden. In einem solchen Fall ist auf die Einbindung eines Hintergrundprogramms zu verzichten.

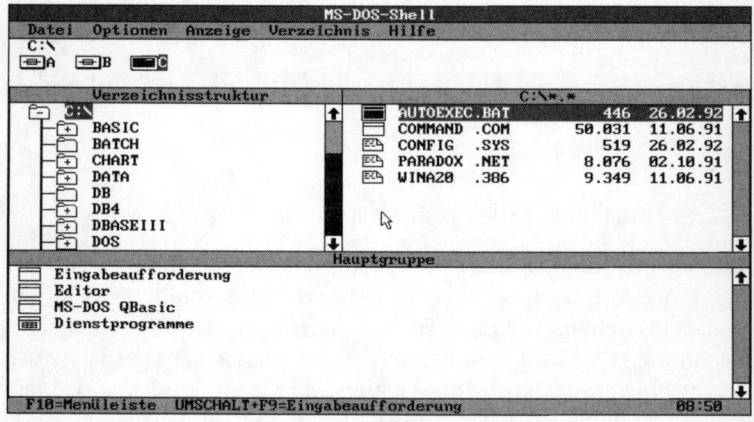

Auch für Windows gibt es mittlerweile eine Vielzahl von Tools. Diese beinhalten hauptsächlich Programme zum Dateimanagement, da sich herausgestellt hat, daß der Datei-Manager von Windows nicht allen Ansprüchen gerecht wird.

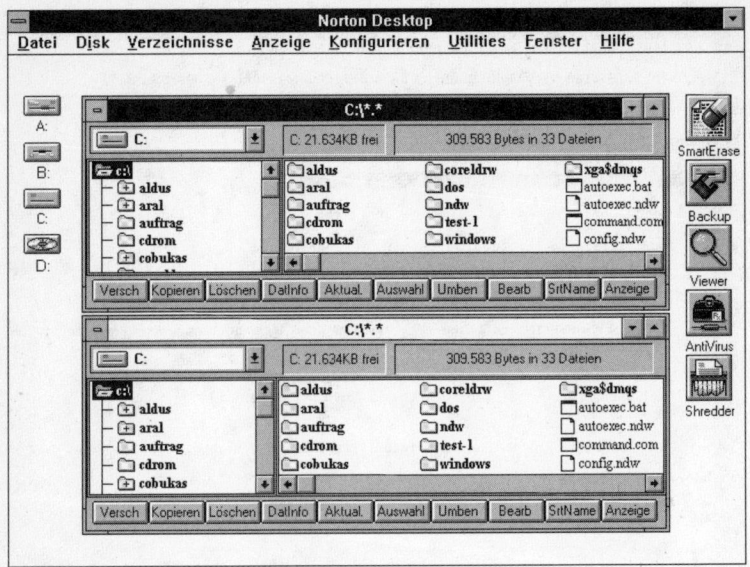

Beim Löschen von Windows-Programmen bleiben viele Dateien bzw.
Eintragungen in Dateien zurück. Zur Optimierung von Windows und
zur Beseitigung solcher überflüssiger Programmrückstände werden
eine Vielzahl von Programmen angeboten.

Mit der Nutzung fremder Disketten ist die Gefahr verbunden, daß Computerviren die Arbeit mit dem eigenen Computer stören oder unmög-
lich machen. Bei den Computerviren handelt es sich um Programme,
deren Ziel die Sabotage des Computersystems ist. Daher ist bei der Nutzung fremder Disketten sicherzustellen, daß diese nicht mit einem Virus verseucht sind. Entsprechende Prüfungen können mit Antiviren-
programmen vorgenommen werden. Sie werden für den privaten
Nutzer häufig als freie Software zur Verfügung gestellt. Auch die neue-
ste Version von DOS enthält ein solches Virenschutzprogramm. Wichtig ist hier allerdings die ständige Aktualisierung des Programms, da
laufend neue Viren beziehungsweise Varianten bereits bekannter Viren
in Umlauf gesetzt werden.

```
SCAN 9.15 V104 Copyright 1989-93 by McAfee Associates. (408) 988-3832
Scanning memory for critical viruses.
Scanning for known viruses.

Drive B: has no volume label.
Scanning boot sector of disk B:
   Found the Form [Form] Virus in boot sector.

Disk B: contains 1 directories and 15 files.

 Found 1 file containing viruses.


SCAN 9.15 V104 Copyright 1989-93 by McAfee Associates. (408) 988-3832

    This McAFEE(TM) software  may  not be used by a business, government
    agency or institution without  payment of  a negotiated license fee.
    To negotiate a license fee contact McAfee Associates (408) 988-3832.
    All use of  this software  is  conditioned upon  compliance with the
    license terms set forth in the LICENSE.DOC file.


    Copyright (c) McAfee Associates 1989-1993. All Rights Reserved.

More? ( H = Help )
```

Zu vielen Endbenutzerwerkzeugen, die sich als Standard auf dem Markt etabliert haben, gibt es Hilfsprogramme. Sie bieten Leistungen, die eine sinnvolle Ergänzung zu den Endbenutzerwerkzeugen darstellen. So gibt es zu Textverarbeitungsprogrammen leistungsfähige Adreßverwaltungssysteme, die eine sinnvolle und für den Nutzer leicht zu beherrschende Verbindung zur Dateiverwaltung herstellen. Manchem Nutzer reicht die oft an der englischen Grammatik ausgerichtete Rechtschreibprüfung und Silbentrennung des Textverarbeitungsprogramms nicht aus. Auch hier bieten zahlreiche Softwarehäuser Ergänzungen zu den gängigen Textverarbeitungsprogrammen.

Im Bereich der Dateiverwaltungsprogramme werden Hilfsprogramme zur grafischen Umsetzung angeboten. So können aus einer Auftragsdatei die entsprechenden Umsätze ohne Einbindung eines Geschäftsgrafikprogramms direkt in einfache grafische Darstellungen umgesetzt werden.

Der Markt für Tools und Hilfsprogramme ist groß und unübersichtlich. Die aufgeführten Beispiele sind daher nur eine kleine Auswahl aus dem Mosaik der vielfältigen Möglichkeiten.

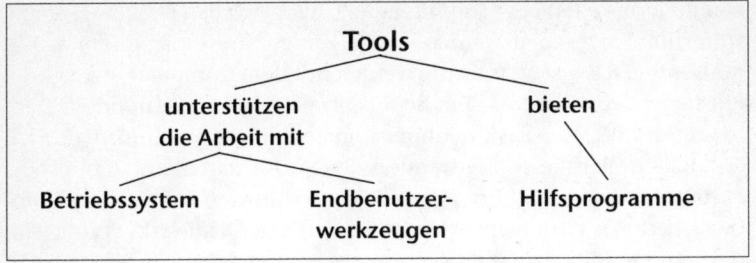

11.2.5 Software für Multimedia

Die Nutzung der Soundkarte für das Erzeugen, Aufzeichnen und Bearbeiten von akustischen Informationen erfordert die Einbindung einer entsprechenden Software. Solche Soundstudio-Software beinhaltet die Simulation digitaler CD-Player und digitaler Audiotapes (Kassettenrecorder). Weiterhin stehen für die Bearbeitung elektronische Mischpulte und Effektsysteme zur Verfügung. Mit ihnen kann man Musiksequenzen ausschneiden, kopieren, einfügen, löschen und mischen, ein- und ausblenden, verzerren und verstärken. Diese Software stellt Gerätekomponenten am Bildschirm dar. Mit der Maus kann der Nutzer die obengenannten Effekte steuern.

Software für Spracherkennung, Sprachsteuerung und Sprachausgabe macht aus dem Computer einen hörenden und sprechenden PC. So ist es mittlerweile möglich, den Computer auf eine Stimme hin zu trainieren. Dieser Nutzer kann dann Texte diktieren, die der Computer direkt im Zeichensatz des Computers (ASCII, unter Windows ANSI) speichert. Mit Hilfe eines Textverarbeitungsprogramms können diese Texte dann weiterbearbeitet zu werden. Weiterhin können bei der Arbeit mit einer Software Befehlsfolgen diktiert werden. Sie brauchen also nicht mehr manuell eingegeben zu werden. Die Sprachausgabe des Computers wird genutzt, um die Bildschirmausgabe zu erläutern. So können beispielsweise Ergebnisse einer Tabellenkalkulation vom Computer akustisch ausgegeben werden.

Die multimediale Nutzung von Videokarten setzt eine entsprechende Software voraus. Diese Software liegt üblicherweise den Karten bei. Mit dieser Software können Ton, Farbe und Umfang der Bildsequenzen festgelegt und gespeichert werden. Die Festlegung der Größe der Ausgabe auf dem Bildschim, das Einbinden von Titeln, die Manipulation von Bildern stellen das Morphing dar. Hierbei werden Objekte beliebig verformt. Vorgegeben werden das Ausgangs- sowie das Endbild. Die notwendigen Zwischenschritte werden mit dem Computer erzeugt.

Ein neuer Trend ist mit dem Schlüsselwort «Cyber» verbunden. Dem Nutzer des PC wird das dreidimensionale Erleben von Informationen ermöglicht. Beispielsweise wandert der Nutzer durch eine Bibliothek, anstatt sich durch Suchlisten zu quälen. Architekten können ihren Auftraggebern das räumliche Erlebnis des geplanten Bauwerks vermitteln, statt nur zweidimensionale Zeichnungen vorzulegen.

11.3 Auswahl geeigneter Software

Die Ausführungen zur Software haben gezeigt, wie groß und vielfältig das derzeitige Angebot an Software ist. So mancher Nutzer wird sich in diesem Zusammenhang fragen, nach welchen Kriterien er die für sein Problem passende Lösung auswählen soll. Unbedingte Voraussetzung für die Softwareauswahl ist, daß der Nutzer sich darüber klar ist, welches Problem er mit dem Computer lösen will und welches Ergebnis er erwartet. An einer sorgfältigen Problemanalyse kommt kein Nutzer vorbei. Im Idealfall sucht er nach der Problemanalyse die Software und erst dann die hierfür notwendige Hardware aus. Da in vielen Fällen schon ein Computer vorhanden ist, muß die Software unter Berücksichtigung der Möglichkeiten dieses Geräts ausgesucht werden.

Checklisten, wie sie in vielen Computerzeitschriften abgebildet werden, können die Prüfung der Software erleichtern. Einen guten Überblick über den Leistungsumfang gängiger Software bieten entsprechende Einkaufsführer.

Bei der Auswahl von Software sollten generell folgende Beurteilungskriterien berücksichtigt werden:

▓ Benutzerbezogene Beurteilungskriterien
Die Qualität der Bedienerführung, die Gestaltung der Bildschirmmasken, die Erlernbarkeit und die angebotenen Hilfen des Programms sowie die Möglichkeit, das Programm an die eigenen Bedürfnisse anzupassen, sind vom Nutzer zu prüfen.

▓ Systembezogene Beurteilungskriterien
Die Weiterentwicklung des Programms, die Möglichkeit des Zukaufs

weiterer Module und ein adäquates Zeitverhalten müssen bei einem guten Programm gewährleistet sein. Weiterhin sollte ein Programm automatische Maßnahmen zur Sicherung der Daten zur Verfügung stellen.

▨ Anbieterbezogene Beurteilungskriterien

Hierbei ist auf die notwendige Hardwareausstattung, die Eignung des Lieferanten (Serviceleistungen, Garantie, Wartungsdienst) und die Vertragsbedingungen zu achten.

▨ Urheberrechte

Programme sind im Prinzip urheberrechtlich geschützt. Dem privaten Nutzer, der überwiegend Endbenutzerwerkzeuge einsetzt, werden gegen Erstattung der Materialkosten eine Vielzahl von kostenlosen Programmen angeboten. Diese bezeichnet man als Public-Domain-Software. Daneben gibt es Programme, die der Nutzer gegen Zahlung eines geringen Entgeltes testen kann. In der Testversion sind häufig die Funktionen oder die Nutzungszeit begrenzt. Möchte der Nutzer dieses Programm dauerhaft und mit allen Funktionen einsetzen, ist an den Vertreiber eine Lizenzgebühr zu entrichten. Diese Art von Programmen wird als Shareware bezeichnet.

Entwickelt der Nutzer mit Hilfe einer Programmiersprache, wie beispielsweise Pascal, eigene Problemlösungen, so besitzt er hierfür das Urheberrecht (Copyright). Das Recht zur Nutzung dieses Programms kann er kostenlos oder gegen Entgelt an andere Nutzer übertragen.

11.4 Zusammenfassung

▨ Der Anwender hat bei vielen Problemstellungen die Wahl, individuelle, auf seine speziellen Probleme zugeschnittene Software oder Standardsoftware einzusetzen.

▨ Die Kosten für die Software übersteigen in Unternehmen die Kosten für die Hardware. Hinzu kommen noch die Kosten für die Pflege der Software und die Schulung des Personals.

▨ Software gliedert man in Betriebssysteme, Programmiersprachen und Anwendersoftware.

▨ Die Programmentwicklung ist ein systematischer Prozeß, dem eine genaue Zielformulierung vorausgehen muß.

▨ Im Bereich von Personal Computern gehören die Programmiersprachen Basic, Pascal, Cobol und C zu den wichtigsten Computersprachen.

▨ Die Sprachen unterscheiden sich hinsichtlich Anweisungs- und Datenstrukturen, Unterprogrammtechnik und Erlernbarkeit.

▨ Branchensoftware bietet kostengünstige Lösungen für Klein- und Mittelbetriebe. Module für allgemeine Anwendungen wie Textverarbeitung sind oft integriert.

▨ Für die wesentlichen betrieblichen Funktionen, wie beispielsweise Lager- oder Finanzbuchhaltung, wird eine Vielzahl von funktionsorientierter Software angeboten.

▨ Endbenutzerwerkzeuge gibt es für die Bereiche Textverarbeitung, Tabellenkalkulation, Grafik, Dateiverwaltung und Datenkommunikation.

▨ Textverarbeitungsprogramme sind die am meisten nachgefragten Softwarepakete. Für alle Anforderungen, von der gelegentlichen Nutzung bis hin zur Erstellung von Publikationen, gibt es geeignete Programme.

▨ Tabellenkalkulationsprogramme bieten die Möglichkeit, auch komplexe Berechnungen am Bildschirm durchzuführen.

▨ Grafikprogramme stehen für Geschäftsgrafik, Malen und Zeichnen sowie für computerunterstütztes technisches Zeichnen zur Verfügung.

▨ Programme zur Dateiverwaltung ermöglichen es dem Nutzer, umfangreiche Dateien ohne großen Aufwand zu verwalten.

▨ Sind Dateien so organisiert, daß man problemlos die Daten mehrerer Dateien miteinander verknüpfen kann, so spricht man von einem Datenbanksystem.

▨ Komplexe Datenbanksysteme verfügen über eine herstellerunabhängige Datenbankabfragesprache (SQL), mit der auf einfache Weise umfangreiche Datenbestände ausgewertet werden können.

▨ Kommunikationssoftware ermöglicht den direkten Datenaustausch zwischen verschiedenen Computern. Erfolgt der Datenaustausch ohne Nutzung eines öffentlichen Netzes, so spricht man vom Inhouse-Netz (LAN). Datenaustausch über öffentliche Netze setzt den Einsatz eines Modems oder Akustikkopplers voraus.

▨ Bei integrierter Software hat der Nutzer den Vorteil einer einheitlichen Bedienoberfläche. Oft sind ihre Komponenten nicht so leistungsfähig wie entsprechende Einzelprogramme.

▓ Wegen der nicht benutzerfreundlichen kommandoorientierten Bedienung von DOS wird eine Vielzahl von Tools und Hilfsprogrammen (Utilities) mit einer grafischen Bedienoberfläche angeboten, die den Umgang mit dem Computer erleichtern.

▓ Auch zu Endbenutzerwerkzeugen gibt es sinnvolle Ergänzungsprogramme, wie z. B. Adreßverwaltungsprogramme zur Textverarbeitung.

▓ Die Auswahl geeigneter Software ist eines der schwierigsten Probleme für den Nutzer. Benutzer-, system-, hersteller- und händlerbezogene Beurteilungskriterien müssen dabei sorgfältig abgewogen werden.

11.5 Aufgaben

1. Ordnen Sie die Begriffe «Problemanalyse», «Pflichtenheft», «Algorithmus», «Compiler» und «Interpreter» den folgenden Aussagen zu:

a) Genaue Beschreibung der einzelnen Schritte zur Lösung eines Problems.

b) Beschreibung des vorhandenen Problems und der erwarteten Lösung.

c) Übersetzer, der das vom Programmierer geschriebene Programm komplett in das Maschinenprogramm überträgt.

d) Genaue Beschreibung der von einem Programm erwarteten Leistung.

e) Programm, das ein in einer höheren Programmiersprache geschriebenes Programm Befehl für Befehl in die Maschinensprache übersetzt und jeden einzelnen Befehl sofort ausführt.

2. Stellen Sie fest, auf welche Programmiersprache die folgenden Aussagen zutreffen.

a) Sie ist keine Programmiersprache für den Anfänger und ermöglicht, maschinennah zu programmieren.

_____

b) Diese Sprache ist eine Einsteigersprache, mit der man sehr rasch einfache Programme schreiben kann.

_____

c) Die meisten Programme im kaufmännischen Bereich werden in dieser Programmiersprache geschrieben.

_____

d) Diese Sprache zwingt den Programmierer zur strukturierten Programmierung. Sie wird daher besonders gern zu Schulungszwecken genutzt.

_____

3. a) Mit der _____ werden Programme zur Lösung betrieblicher Probleme bestimmter Wirtschaftszweige angeboten. Hierbei werden _____ angemessen berücksichtigt. Zusätzlich werden meistens Programmbausteine für _____ , wie beispielsweise eine einfache Textverarbeitung, integriert.

b) _____ wird für einzelne betriebliche Funktionen wie Lagerverwaltung, Finanzbuchhaltung usw. entwickelt. Nach dem _____ lassen sich diese Programme zu einer _____ zusammenstellen. Die problemlose Übergabe der Daten zwischen _____ muß dabei gewährleistet sein.

4. Für welche allgemeinen Problemlösungen werden Endbenutzerwerkzeuge angeboten?

a) _____
b) _____
c) _____
d) _____
e) _____
f) _____

5. Grafikprogramme gibt es für

   a) _____

   b) _____

   c) _____

6. Was versteht man unter einer Datenbank?

   _____

   _____

   _____

7. Notieren Sie drei Möglichkeiten des Zugriffs auf einzelne Datensätze.

   _____

   _____

   _____

8. Tools unterstützen die Arbeit mit dem _____ und verschiedenen _____ . Darüber hinaus gibt es eine Vielzahl von _____ , die die tägliche Arbeit mit dem Computer erheblich erleichtern.

9. Welche Beurteilungskriterien sollten bei der Auswahl von Software beachtet werden?

   _____

   _____

   _____

11.6 Lösungen

1. Ordnen Sie die Begriffe «Problemanalyse», «Pflichtenheft», «Algorithmus», «Compiler» und «Interpreter» den folgenden Aussagen zu:

   a) Genaue Beschreibung der einzelnen Schritte zur Lösung eines Problems.
      Algorithmus

   b) Beschreibung des vorhandenen Problems und der erwarteten Lösung.
      Problemanalyse

   c) Übersetzer, der das vom Programmierer geschriebene Programm komplett in das Maschinenprogramm überträgt.
      Compiler

d) Genaue Beschreibung der von einem Programm erwarteten Leistung.
Pflichtenheft

e) Programm, das ein in einer höheren Programmiersprache geschriebenes Programm Befehl für Befehl in die Maschinensprache übersetzt und jeden einzelnen Befehl sofort ausführt.
Interpreter

2. Stellen Sie fest, auf welche Programmiersprache die folgenden Aussagen zutreffen.

a) Sie ist keine Programmiersprache für den Anfänger und ermöglicht, maschinennah zu programmieren.
C

b) Diese Sprache ist eine Einsteigersprache, mit der man sehr rasch
einfache Programme schreiben kann.
Basic

c) Die meisten Programme im kaufmännischen Bereich werden in
dieser Programmiersprache geschrieben.
Cobol

d) Diese Sprache zwingt den Programmierer zur strukturierten Programmierung. Sie wird daher besonders gern zu Schulungszwecken genutzt.
Pascal

3. a) Mit der *Branchensoftware* werden Programme zur Lösung betrieblicher Probleme bestimmter Wirtschaftszweige angeboten. Hierbei werden *die spezifischen Eigenheiten* angemessen berücksichtigt. Zusätzlich werden meistens Programmbausteine für
allgemeine Aufgabenstellungen, wie beispielsweise eine einfache
Textverarbeitung, integriert.

b) *Funktionsorientierte Software* wird für einzelne betriebliche Funktionen wie Lagerverwaltung, Finanzbuchhaltung usw. entwickelt.
Nach dem *Baukastenprinzip* lassen sich diese Programme zu einer *Gesamtlösung* zusammenstellen. Die problemlose Übergabe
der Daten zwischen *den einzelnen Programmen* muß dabei gewährleistet sein.

4. Für welche allgemeinen Problemlösungen werden Endbenutzerwerkzeuge angeboten?

   a) *Textverarbeitung*
   b) *Tabellenkalkulation*
   c) *Grafik*
   d) *Dateiverwaltung*
   e) *Datenkommunikation*
   f) *integrierte Software*

5. Grafikprogramme gibt es für

   a) *Geschäfts-/Präsentationsgrafik*
   b) *Mal- und Zeichenbereich*
   c) *CAD*

6. Was versteht man unter einer Datenbank?

   Eine Datenbank beinhaltet Datenbestände aus unterschiedlichen Dateien, wobei diese Dateien so organisiert sind, daß Verknüpfungen zwischen ihnen möglich sind.

7. Notieren Sie drei Möglichkeiten des Zugriffs auf einzelne Datensätze.

   Reihenfolgezugriff (sequentielle Verwaltung)
   Direktzugriff
   indexsequentieller Zugriff

8. Tools unterstützen die Arbeit mit dem *Betriebssystem* und verschiedenen *Endbenutzerwerkzeugen*. Darüber hinaus gibt es eine Vielzahl von *Hilfsprogrammen*, die die tägliche Arbeit mit dem Computer erheblich erleichtern.

9. Welche Beurteilungskriterien sollten bei der Auswahl von Software beachtet werden?

   benutzerbezogene Beurteilungskriterien
   systembezogene Beurteilungskriterien
   hersteller- und händlerbezogene Beurteilungskriterien

11.7 Literaturverzeichnis

Freese, Peter: Standardbetriebssystem MS-DOS, Reinbek 1990

Hambusch, Rudolf/Schmalohr, Rolf/Parkmann, Alexander/Seemann, Lutz: Organisationslehre − Wirtschaftsinformatik − DOS − PASCAL, Darmstadt 1989

Kuhlmann, Gregor: Programmiersprache TURBO-PASCAL, Reinbek 1990

Kuhlmann, Gregor: Programmiersprache TURBO-PASCAL für Fortgeschrittene, Reinbek 1990

Parkmann, Alexander/Röhl, Joachim/Verhuven, Johannes: Programmiersprache BASIC unter DOS, Reinbek 1990

Parkmann, Alexander/Röhl, Joachim/Verhuven, Johannes: Programmiersprache BASIC für Fortgeschrittene, Reinbek 1990

Robbins, Judd: Das DOS 4.01 Buch, Düsseldorf 1990

Robbins, Judd: Das DOS Referenz-Handbuch, Düsseldorf 1990

Röhl, Joachim/Verhuven, Johannes: Textverarbeitung MS-Word, Reinbek 1990

Röhl, Joachim/Verhuven, Johannes: Software-Kopplung, Reinbek 1990

Schieb, Jörg: Das PC-Harddisk-Buch, Düsseldorf 1989

Hinweis

Benutzte Produkt- bzw. Warennamen

Write, MS-Windows, MS-Word, MS-DOS sind eingetragene Warenzeichen der Microsoft Corporation.

CPM-86, DR-DOS sind eingetragene Warenzeichen der Digital Research Inc.

PC-DOS, OS/2, MCA sind eingetragene Warenzeichen der IBM.

Turbo-Pascal ist ein eingetragenes Warenzeichen der Borland Inc.

11.8 ASCII-Tabelle

ASCII-Code (Industriestandard Set#2)

0	1	2	3	4	5	6	7	8	9	10	11	12	13	14	15	16	17	18	19
NULL	☺	☻	♥	♦	♣	♠	BEL	◘	TAB	LF	VT	FF	CR	♫	☼	►	◄	↕	‼
20	21	22	23	24	25	26	27	28	29	30	31	32	33	34	35	36	37	38	39
¶	§	▬	↨	↑	↓	→	←	∟	↔	▲	▼	BLANK	!	"	#	$	%	&	'
40	41	42	43	44	45	46	47	48	49	50	51	52	53	54	55	56	57	58	59
(	)	*	+	,	-	.	/	0	1	2	3	4	5	6	7	8	9	:	;
60	61	62	63	64	65	66	67	68	69	70	71	72	73	74	75	76	77	78	79
<	=	>	?	@	A	B	C	D	E	F	G	H	I	J	K	L	M	N	O
80	81	82	83	84	85	86	87	88	89	90	91	92	93	94	95	96	97	98	99
P	Q	R	S	T	U	V	W	X	Y	Z	[	\	]	^	_	`	a	b	c
100	101	102	103	104	105	106	107	108	109	110	111	112	113	114	115	116	117	118	119
d	e	f	g	h	i	j	k	l	m	n	o	p	q	r	s	t	u	v	w
120	121	122	123	124	125	126	127	128	129	130	131	132	133	134	135	136	137	138	139
x	y	z	{			}	~	⌂	Ç	ü	é	â	ä	à	å	ç	ê	ë	è	ï
140	141	142	143	144	145	146	147	148	149	150	151	152	153	154	155	156	157	158	159
î	ì	Ä	Å	É	æ	Æ	ô	ö	ò	û	ù	ÿ	Ö	Ü	¢	£	¥	₧	ƒ
160	161	162	163	164	165	166	167	168	169	170	171	172	173	174	175	176	177	178	179
á	í	ó	ú	ñ	Ñ	ª	º	¿	⌐	¬	½	¼	¡	«	»	░	▒	▓	│
180	181	182	183	184	185	186	187	188	189	190	191	192	193	194	195	196	197	198	199
┤	╡	╢	╖	╕	╣	║	╗	╝	╜	╛	┐	└	┴	┬	├	─	┼	╞	╟
200	201	202	203	204	205	206	207	208	209	210	211	212	213	214	215	216	217	218	219
╚	╔	╩	╦	╠	═	╬	α	β	Γ	π	Σ	σ	µ	τ	Φ	Θ	Ω	δ	∞
220	221	222	223	224	225	226	227	228	229	230	231	232	233	234	235	236	237	238	239
▀				▄	ß	Γ	π	Σ	σ	µ	τ	Φ	Θ	Ω	δ	∞	ø	€	∩
240	241	242	243	244	245	246	247	248	249	250	251	252	253	254	255				
≡	±	≥	≤	⌠	⌡	÷	≈	°	∙	·	√	ⁿ	²	■					

ANSI-Zeichensatz

0	1	2	3	4	5	6	7	8	9	10	11	12	13	14	15	16	17	18	19
								RS	TAB				CR						
20	21	22	23	24	25	26	27	28	29	30	31	32	33	34	35	36	37	38	39
												BLANK	!	"	#	$	%	&	'
40	41	42	43	44	45	46	47	48	49	50	51	52	53	54	55	56	57	58	59
(	)	*	+	,	-	.	/	0	1	2	3	4	5	6	7	8	9	:	;
60	61	62	63	64	65	66	67	68	69	70	71	72	73	74	75	76	77	78	79
<	=	>	?	@	A	B	C	D	E	F	G	H	I	J	K	L	M	N	O
80	81	82	83	84	85	86	87	88	89	90	91	92	93	94	95	96	97	98	99
P	Q	R	S	T	U	V	W	X	Y	Z	[	\	]	^	_	`	a	b	c
100	101	102	103	104	105	106	107	108	109	110	111	112	113	114	115	116	117	118	119
d	e	f	g	h	i	j	k	l	m	n	o	p	q	r	s	t	u	v	w
120	121	122	123	124	125	126	127	128	129	130	131	132	133	134	135	136	137	138	139
x	y	z	{			}	~													
140	141	142	143	144	145	146	147	148	149	150	151	152	153	154	155	156	157	158	159
160	161	162	163	164	165	166	167	168	169	170	171	172	173	174	175	176	177	178	179
BLANK	¡	¢	£	¤	¥	¦	§	¨	©	ª	«	¬		®	¯	°	±	²	³
180	181	182	183	184	185	186	187	188	189	190	191	192	193	194	195	196	197	198	199
´	µ	¶	·	¸	¹	º	»	¼	½	¾	¿	À	Á	Â	Ã	Ä	Å	Æ	Ç
200	201	202	203	204	205	206	207	208	209	210	211	212	213	214	215	216	217	218	219
È	É	Ê	Ë	Ì	Í	Î	Ï	Ð	Ñ	Ò	Ó	Ô	Õ	Ö	×	Ø	Ù	Ú	Û
220	221	222	223	224	225	226	227	228	229	230	231	232	233	234	235	236	237	238	239
Ü	Ý	Þ	ß	à	á	â	ã	ä	å	æ	ç	è	é	ê	ë	ì	í	î	ï
240	241	242	243	244	245	246	247	248	249	250	251	252	253	254	255				
ð	ñ	ò	ó	ô	õ	ö	÷	ø	ù	ú	û	ü	ý	þ	ÿ				

RS   **RÜCKSCHRITT**   = löscht das Zeichen links von der Cursorposition.
TAB   **TABULATOR**   = springt zur nächsten Bildschirmtabulatorposition.
CR   **CARRIAGE RETURN** = neue Zeile am linken Bildschirmrand beginnen.

11.9 Sachwortregister